MANCHESTER NEW GERMAN TEXTS

Märkische Forschungen

Günter de Bruyn

Märkische Forschungen:
Erzählung für Freunde der Literaturgeschichte

edited with introduction and notes by
Dennis Tate
School of Modern Languages and International Studies,
University of Bath

Manchester University Press ꝏ
Manchester and New York

distributed exclusively
in the USA and Canada by St. Martin's Press

German text of *Märkische Forschungen* © Mitteldeutscher Verlag, Halle (Saale), 1979
All matter in English © Dennis Tate 1990

Published by Manchester University Press
Oxford Road, Manchester M13 9PL, UK
and Room 400, 175 Fifth Avenue,
New York, NY 10010, USA

Distributed exclusively in the USA and Canada
by St. Martin's Press, Inc.,
175 Fifth Avenue, New York, NY 10010, USA

British Library cataloguing in publication data
Bruyn, Günter
   Märkische Forschungen: Erzählung für Freunde der
   Literaturgeschichte. − (Manchester new German Texts)
   I. Title II. Tate, Dennis III. Series
   833.914

Library of Congress cataloging in publication data
De Bruyn, Günter, 1926−
   Märkische Forschungen: Erzählung für Freunde der
   Literaturgeschichte / Günter de Bruyn: edited with introd. and
   notes by Dennis Tate.
      p. cm. − (Manchester new German texts)
   Introd. and notes in English: text in German.
   Includes bibliographical references.
   ISBN 0 7190 2897 3. − ISBN 0 7190 2872 8 (pbk.)
   I. Tate, Dennis. II. Title. III. Series.
PT2662.R88M28 1990
833'.914 − dc20   90-5568

ISBN 0 7190 2897 3 *hardback*
    0 7190 2872 8 *paperback*

Typeset by Williams Graphics, Llanddulas, N. Wales

Printed in Great Britain
by Biddles Ltd., Guildford and King's Lynn

Contents

Preface

The *Manchester new German texts* series has been devised in response to recent curricular reforms at school and undergraduate level. A major stimulus to the thinking of the editorial board has been the introduction of the new A Level syllabuses. The Manchester editions have accordingly been designed for use in both literature and topic-based work, with the editorial apparatus encouraging exploration of texts through the medium of German. In addition to the features normally included in an advanced Modern Languages series, the editions contain a new and distinctive section entirely in German called the *Arbeitsteil*. It is envisaged that the Manchester editorial approach, in conjunction with a careful choice of texts and material, will equip students to meet the new demands and challenges in German studies.

Acknowledgements

I would like to thank my colleagues and friends who contributed so helpfully to the discussion of *Märkische Forschungen* arising from papers I gave at the conferences on *Die Frauenliteratur der DDR* at the Gesamteuropäisches Institut, Vlotho, in July 1988, and on *The Reception of Romanticism in the Literature of the GDR* at the University of Edinburgh in August 1989; the Publicity Department of S. Fischer Verlag, Frankfurt/Main, for providing me with an invaluable dossier of reviews of their edition of the text; and the members of the Editorial Board of the Manchester New German Texts series for their advice and support. I am especially indebted to Günter de Bruyn himself, for discussing his story with me in such a patient and friendly way when we met in Berlin, and for his readiness since then to continue the dialogue on various points of detail in our correspondence.

DT

Introduction

Origins of the story

In 1974 an academic study of a neglected German author was published in the GDR. It was a formidable book, over 600 pages long, intent on proving that the neglected author was actually very important because he had done more than any other German living at the time of the French Revolution to encourage his fellow-Germans to follow the French example. The East German academic was a well-known figure, and his book was highly praised in the GDR's main literary journals, which have a special interest in the more radical political aspects of their cultural heritage (*Kulturerbe*). The book included a single reference (in a footnote on page 603) to another East German who had been working on the same neglected author for years but, as it later emerged, had reached rather different conclusions about the latter's 'revolutionary' credentials.

To this extent there is a direct link between real events in the GDR and the situation described in *Märkische Forschungen*, which was published four years later, in 1978. The book was Wolfgang Harich's *Jean Pauls Revolutionsdichtung*; the full name of the neglected German author whose work was analysed in such detail was Jean Paul Friedrich Richter (1763–1825); while the other researcher mentioned in a footnote was Günter de Bruyn himself.[1] This does not, however, imply that *Märkische Forschungen* is simply a thinly-disguised portrayal of this particular academic dispute. What de Bruyn did in the intervening years was to transform this personal experience into a broader statement about East German society, demonstrating that the issue was anything but a purely 'academic' one; it was one which, on the contrary, revealed quite fundamental problems about individual rights, attitudes to awkward truths, and the nature of the political élite in the GDR.

As part of this transformation the original personal details were decisively altered. First, there is a considerable difference between Winfried Menzel, the pillar of the GDR's establishment depicted in *Märkische Forschungen*, and the complex personality of Wolfgang Harich. After a brilliant start to his academic career in the 1950s Harich spent several years in prison for alleged subversive activity during one of the bleakest periods of the Cold War. Rehabilitated in the middle 1960s, he appeared surprisingly sympathetic to the policies of the SED (*Sozialistische Einheitspartei*

Deutschlands), but it took some time before he was permitted to publish again.[2] There were, however, many lifelong Party conformists far less gifted than Harich in positions of academic authority, who might have been willing to distort their research findings to further their career, in a way that Harich could not have been accused of doing in *Jean Pauls Revolutionsdichtung*. It was this kind of opportunism which de Bruyn particularly sought to highlight through his portrayal of Menzel. Moreover, de Bruyn himself, a member of the same generation as Harich and the GDR's new élite, had become closely acquainted with the world of its universities and research institutes in the 1950s, when he earned his living as a librarian in Berlin. Although he liberated himself from the constricting atmosphere of this world in becoming a 'freischaffender Schriftsteller' in 1961, he remained acutely aware of the temptations of a comfortable conformist existence and made this dilemma into a central issue of his novels *Buridans Esel* (1968) and *Preisverleihung* (1972). De Bruyn's recognition that he too might have developed into a figure like Menzel ensured that there was no danger of his portrait of Menzel degenerating into easy caricature.

Conversely, de Bruyn took care to prevent Menzel's antagonist, the village schoolteacher Ernst Pötsch, from emerging as the unquestioned hero of the piece. Pötsch is certainly no straightforward self-portrait: whereas he is a naive newcomer to cultural life, de Bruyn was already a successful novelist when he turned his attentions to the life of Jean Paul. In his earlier writing he had become progressively more critical of East German citizens who failed to put their socialist principles into practice in everyday life. He had also weathered the hostile reviews of academics who still expected literature to conform to the dogma of what they called 'socialist realism' and provide an endless supply of 'positive heroes' and uplifting happy endings. The change in the SED leadership which ushered in the Honecker era (1971–89) had, however, also led to significant reforms in cultural policy, with the new Party Secretary Erich Honecker promising that there would be 'no taboos' for authors firmly committed to socialism. De Bruyn had shown himself as determined as any other author in the GDR to put this promise to the test. The publication of Harich's book, with de Bruyn consigned to the footnote on page 603, did not, therefore, interfere at all with his plans for an 'unheroic' biography of the same author. Indeed, by awakening fresh interest in this contemporary of Germany's great classical authors Goethe and Schiller, it probably paved the way for the acclaim de Bruyn enjoyed when *Das Leben des Jean Paul Friedrich Richter* was published the following year, in 1975.

Yet for de Bruyn the point was not that he had successfully challenged the notion of Jean Paul as a revolutionary. It was rather that his fellow-citizens, and especially the GDR's younger generation, were frequently being thwarted in their attempts to question Party authority, whether the issue was cultural, political, or something of a more personal nature. Even though many of them might not have been specially interested in the personality of a writer who died 150 years previously, they would profoundly understand the kind of conflict in which this ordinary school-teacher finds himself. Ernst Pötsch may be endowed with elements of de Bruyn's personality, but he is clearly conceived as a more 'average' GDR citizen in the way that the odds are stacked against him from the beginning.

The third individual in the original conflict, the author Jean Paul, is transformed in exactly the same way into a fictional figure typical of the age in which he lived. One of the obvious disadvantages about retaining Jean Paul as the author under scrutiny was the fact that he had few direct links with those parts of Germany included in the GDR. Apart from brief periods of residence in cultural centres like Weimar and Berlin, he spent most of his life in the small principality of Ansbach-Bayreuth, which has been part of Bavaria since 1810. As a result, de Bruyn reminds us in his biography, 'die wichtigsten Jean-Paul-Gedenkstätten' are inaccessible to East German citizens.[3] He therefore opted to draw on his encyclopedic knowledge of German authors of the late eighteenth and early nineteenth centuries and invent an author, Max Schwedenow, into whose personality he could blend a variety of their experiences. Schwedenow's fictitious biography could then be related to the historical events of the French Revolutionary era, which provided a major point of reference for any discussion of socialist progress in the GDR. Just as importantly, his life could be rooted in the territory of the GDR, in the part of the country-side where de Bruyn lives when he is not in Berlin: the area around the town of Beeskow, to the south-east of Berlin, which has a fascinating cultural history largely neglected in GDR literature.

By 1976 *Märkische Forschungen* had taken shape sufficiently to allow de Bruyn to submit a lengthy excerpt to *Neue Deutsche Literatur*, the monthly publication of the East German Writers' Union. The first seven chapters appeared in the September issue of the same year. Although they show us how exactly de Bruyn had by this stage worked out the characters of Menzel and Pötsch, the details of their chance meeting which sparks off the action, and the setting (contrasting the country backwater and the exclusive 'Villensiedlung'), they also give us a fascinating insight into aspects of the story which were still causing him some difficulty. In particular, we find the narrator referring to himself, in the first person, as a friend of the Pötsch family, a figure less ironically distanced from events than the anonymous narrator in the book version; we also discover that Pötsch's wife Elke is a rather different personality from the model

3

of tolerance we encounter in our text. In the earlier version we see her suffering deeply in her marriage and eager to leave the isolation of her village home when the opportunity arises for a move to Berlin.[4]

The two-year delay before the book appeared may have been partly due to the revisions de Bruyn needed to make to his narrative structure and characterisation, but it was mainly a result of the political controversy which descended on cultural life in the GDR soon after the excerpt from *Märkische Forschungen* had been published in *Neue Deutsche Literatur*. In November 1976 the poet and song writer Wolf Biermann was expatriated from the GDR in the middle of a concert-tour of the FRG — a move which threatened to bring to an end the 'no taboos' policy introduced by Honecker in 1971. Most of the GDR's leading authors, including de Bruyn, protested vigorously against this decision by the Party leadership, and a long period of confrontation followed. Many critical works on the verge of publication were banned, and a number of authors became so disillusioned that they emigrated from the GDR to the West. Others, such as de Bruyn and Christa Wolf, whose reputations were by now so well established in both German states that they could not have been prevented from publishing without provoking a major scandal, managed to get important new works into print in the GDR once the immediate crisis had subsided. *Märkische Forschungen* is one of them. While relations between authors and the SED's 'Kulturpolitiker' were to remain strained right up to the autumn of 1989, when the GDR's 'peaceful revolution' transformed the cultural climate, works like *Märkische Forschungen* helped to restore the credibility of GDR literature in the later years of the Honecker era, as a vehicle for critical discussion of moral and political issues deeply relevant to the state's future development.

The reception of *Märkische Forschungen* in the two German states

Märkische Forschungen was published at the end of 1978 in the GDR (by Mitteldeutscher Verlag) and early in 1979 in the FRG (by S. Fischer Verlag), following the pattern established in the 1970s which allowed leading East German authors to have their work produced virtually simultaneously in both states. It was extensively reviewed by the major cultural journals in the GDR and the FRG.

In the GDR Menzel's apparent 'victory' over Pötsch caused special difficulties for the book's most eminent commentators. The Deputy Minister for Culture, Klaus Höpcke, would clearly have been happier if the work had ended on a note of optimism for the future of socialism in the GDR: he refused to accept 'Deutungen, denen zufolge der Realismus des Buches darin liege, daß Menzel die Oberhand behalte'. The distinguished historian

4

Jürgen Kuczynski also complained about the 'schlechtes Ende' of the story, arising from Pötsch's failure to mount an effective challenge to Menzel, once Menzel's determination to suppress the alternative version of Schwedenow's biography becomes clear. There was concern about whether *Märkische Forschungen* was sufficiently 'ausgewogen' and 'fair' in the wake of de Bruyn's exceptionally balanced biography of Jean Paul. While his reviewers all praised the precision of his social analysis and claimed to have enjoyed the subtleties of his structure, none of them was prepared to acknowledge that people like Menzel might be more than a regrettable *minority* amongst the political and cultural establishment of the GDR.[5]

The book's reception in the Federal Republic was much more mixed. De Bruyn's ironical narrative style was seen by some reviewers as quaintly old-fashioned, if not simplistic: their use of adjectives like 'trivial', 'sentimental', 'brav' and 'bieder' in describing the story reflected dubious assumptions about the inherent inferiority of GDR literature to its Western counterpart. There were even suggestions that *Märkische Forschungen* was the work of a timid conformist afraid of falling foul of the East German censor. But about half of its Western reviewers did express strong support for its subtle and successful blend of traditional methods and contemporary content, as indicated by Jürgen Beckelmann's phrase 'eine glänzend geschriebene, amüsante und gescheite Erzählung'. Some also suggested that the conflict portrayed by de Bruyn was by no means restricted to the GDR, finding similarities in the character of Menzel to the 'Stars ... [des] westlichen Wissenschafts- und Kulturbetriebs'.[6]

Märkische Forschungen has been widely enjoyed by ordinary readers in both states. In the GDR the hardback version has gone through six editions (totalling around 100,000 copies) and has sold out immediately each time: paradoxical though it may seem from a Western perspective, the comment 'noch immer steht das Buch in Buchhandlungen nicht herum' is the ultimate proof of a work's continuing popularity and of the special importance of independently-minded literature in the GDR, rather than a sign of the public's indifference.[7] Because of the state's admirable policy of keeping book prices low (often only about a third or a quarter of the equivalent West German price), most interested readers automatically buy the hardback edition. It is therefore no surprise that there has only been one paperback version of *Märkische Forschungen*: it appeared together with de Bruyn's earlier novel *Preisverleihung* in the series bb-taschenbücher (Aufbau Verlag) in 1982. In the Federal Republic, in contrast, there has only been a single hardback edition of the story, while S. Fischer Verlag's paperback version has been constantly available since 1981. The GDR's state film company DEFA produced a sensitive adaptation of the story in 1982, directed by Roland Gräf, which has subsequently also been shown on West German television.

Günter de Bruyn

De Bruyn was born in 1926 in Berlin, in the suburb of Neu-Kölln, which became part of the Western half of the divided city. (His family name is Dutch – his forebears emigrated to Germany around 1800 – and is pronounced 'de Bräun'.) As a member of this generation of Germans he grew up into the dictatorship of Adolf Hitler: he was compelled to join in the activities of organisations like the *Hitler-Jugend* and then to serve in the German army in the latter stages of the Second World War, although without ever becoming a convinced Nazi. After the war he worked for a few years as a volunteer teacher in a village near Berlin, in what had now become the Soviet Zone of Occupation, and in 1949, the year in which the German Democratic Republic was created, he began his training as a librarian. By this stage he had firmly committed himself to work for the new socialist state, but – if the evidence of his partly autobiographical first novel, *Der Hohlweg* (1963), is to be trusted – retained a sceptical attitude to the claims of the new SED regime that it could rapidly transform the ruins of Hitler's Germany into a socialist Utopia. Between 1953 and 1961 he worked as a research assistant in the 'Zentralinstitut für Bibliothekswesen' in East Berlin, before taking the risky step of becoming an independent writer.

It took some time for de Bruyn to find his distinctive voice as a writer. His generation of authors in general had a difficult time overcoming the confusion caused by the dogmatic imposition of the Soviet doctrine of socialist realism on East German cultural life in the 1950s. The idea that literature should educate its readers into political support for the state, by providing them with 'positive heroes' with whom they should identify, led even a discerning author like de Bruyn to distort crucial elements of his experience in his early writing. *Der Hohlweg*, the story of the progress of de Bruyn's generation from the battlefront of 1944–45 to commitment to the new socialist state, remains one of the most readable works of its day, but he has virtually disowned it since. His literary breakthrough in both German states came with *Buridans Esel* (1968), a novel which presents human weaknesses in an amusing, ironical light, while showing that he expects socialist society to live up to its moral aspirations. It also established the range of themes we find in all his mature writing: the everyday life of ordinary (unheroic) citizens such as teachers and librarians; changing male-female relationships in the context of female emancipation; the tensions between career-conformism and being true to oneself; and the contrast between life in East Berlin, a very imperfect socialist metropolis, and the surrounding countryside. The popularity, as well as the importance, of *Buridans Esel* is indicated by its subsequent adaptation both as a stage-play and as a film, under the title *Glück im Hinterhof*. De Bruyn's other landmark on the way to *Märkische Forschungen* was the novel *Preisverleihung* (1972), which, like the later story, takes us step by step towards a public lecture that fails to produce the dramatic climax we may have hoped for.

The combined success of *Das Leben des Jean Paul Friedrich Richter* and *Märkische Forschungen* in the later 1970s has confirmed de Bruyn's reputation. Just as notably, perhaps, it has given a naturally reticent man the authority to make public pronouncements on moral and political issues affecting the GDR's future. In 1981, for example, he joined many of the best-known authors in the two German states in a vigorous protest against the new Cold War developing between the USA and the USSR (and their respective allies): using the New Testament Sermon on the Mount as his starting-point, de Bruyn directly criticised the GDR leadership for adopting repressive attitudes towards Christian and pacifist dissenters at home while they praised the commitment of activists with similar convictions in the West German peace movement. Then, at the GDR Writers' Congress of 1987, he placed himself in the forefront of the struggle to achieve *glasnost* in his own state: he raised the previously taboo subject of censorship for the first time at such a prestigious official event, calling on the state to abandon its 'practice of approving the printing of books' ('Druckgenehmigungspraxis') and allow authors to take the responsibility for what they publish.[8]

Between these two speeches de Bruyn directly experienced the absurdities of this 'Druckgenehmigungspraxis', when the printing of his latest novel, *Neue Herrlichkeit*, was held up in the GDR at the last moment after previously being approved for joint publication in the two Germanies. Although the reason was never specified, it appeared that someone in the Ministry of Culture finally panicked at his depiction of the life-style of the SED establishment, which is more central to this novel than to *Märkische Forschungen*. The result was that the West German edition appeared as planned in 1984 and was very favourably reviewed, while its East German counterpart only emerged − totally unchanged and still without a word of explanation − over a year later.

De Bruyn is today widely regarded, beside fellow East Germans like Christa Wolf or Heiner Müller, as one of the small number of authors who have succeeded in keeping alive the vision of a future Germany capable of combining respect for the individual with genuine socialist values, a hope which sustains many citizens in both German states as the post-1945 division of their nation comes to an end.

7

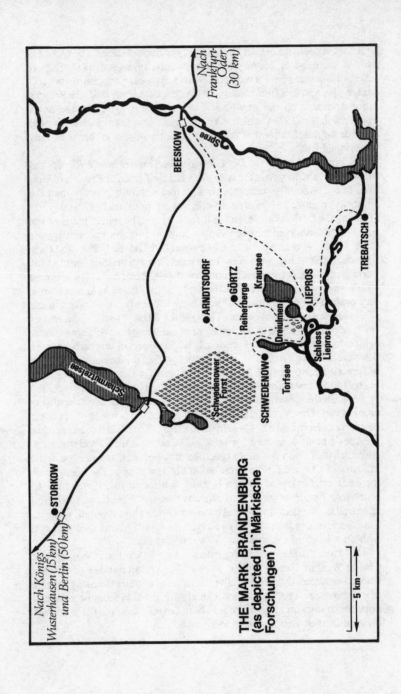

THE MARK BRANDENBURG
(as depicted in 'Märkische Forschungen')

5 km

Berlin and the Mark Brandenburg

One of West Germany's foremost critics of GDR literature has suggested that de Bruyn's work is part of 'eine neue Provinz- oder Heimatliteratur'.[9] This is a misleading phrase, since it conjures up notions of parochial obscurity and irrelevance to a wider readership. De Bruyn may of course appear to confirm this view of his work when he informs us that he took the title of *Märkische Forschungen* from a nineteenth-century 'heimatkundlich-historische Zeitschrift' of the same name,[10] or when he describes Ernst Pötsch as a 'Fanatiker des Details', an amateur local historian 'mit Lupe auf platter Erde, wo jede Hecke ihm den Blick verstellte' (39). Yet, to the extent that he has endowed Pötsch with elements of his own personality, this is only self-mockery. De Bruyn is not only an expert in the history, topography and culture of the Berlin area; he also has the same acute awareness of a broader context displayed by outstanding modern authors such as James Joyce, whose microscopic account of the events of a single day in the Dublin of 1904 has not prevented his *Ulysses* (1922) from enjoying international acclaim. As de Bruyn has argued, 'die große Literatur unseres Jahrhunderts ist immer regional sehr konkret'.[11]

Although de Bruyn has been able to build on the achievements of German authors who vividly portrayed the Berlin of earlier eras − the nineteenth-century Prussian capital immortalised in the work of Theodor Fontane (1819−98) or the overwhelming metropolis of the 1920s in Alfred Döblin's novel *Berlin Alexanderplatz* (1929) − his Berlin is a very different, impoverished city. The course of recent European history has obliged him to restrict his focus to the Eastern half of a city crudely divided by the Wall erected by the GDR in August 1961. The surprising thing is that he has managed to make Berlin into a credible literary setting again, given the SED regime's reluctance to permit any honest portrayal of life in the divided city or of the adverse psychological effects the building of the Wall has had on its citizens.

One unexpected consequence of the severe damage done to the city as an entity has been for de Bruyn the rediscovery of its natural hinterland, the *Mark Brandenburg*, whose organic links with Berlin seem to have been forgotten in a century preoccupied with the city's role as an international political and cultural centre. In the nineteenth century Theodor Fontane stimulated popular awareness of this aspect of Berlin's heritage by publishing his *Wanderungen durch die Mark Brandenburg*, which appeared in five volumes between 1862 and 1889. Like his novels, the *Wanderungen* stressed the interrelationship between the city and its surrounding countryside, as it began to be threatened by the effects of rapid industrialisation and urban growth. The *Mark* is a large, sparsely populated plain, characterised by its lakes, pine forests and sandy soil, which was transformed from an outpost of the German Empire in the Middle Ages into the heartland of Prussia. It previously consisted largely of the rural estates of the Prussian nobility, and is still peppered with the castles and stately homes which they built.

Most of the action in *Märkische Forschungen* occurs in the area around the market-town of Beeskow (part of the historical *Mittelmark*), which de Bruyn knows especially well. Although he thinly disguises the names of the villages at the centre of his story, he has made no secret of the exact location he has in mind.[12] His fictional Liepros, the home of Max Schwedenow, with its stately home beside the River Spree, its 'Herrenhaus' and adjacent church, is closely modelled on the village of Kossenblatt, as the reader of the relevant essay in Fontane's *Wanderungen* will recognise.[13] Even though no real-life writer has ever lived there, the fact that Schloß Kossenblatt has a history of its own, recorded by a writer of Fontane's distinction, gives the fiction a further layer of authenticity. Liepros and its neighbouring village of Schwedenow (Schwenow in real life) merge naturally in *Märkische Forschungen* into a world familiar to many East German citizens – the towns of Beeskow and Storkow, the railway branch-line to Königs Wusterhausen, and the connecting S-Bahn into the centre of Berlin. Judging by the minor characters introduced by de Bruyn into this world, however, the rich heritage of Prussian history and of authors like Fontane is a closed book to most of today's inhabitants of the *Mittelmark*, and he evidently sees it as part of his job as a writer to rekindle their intellectual curiosity about what ought to be an important element in their sense of identity.

The contrast which *Märkische Forschungen* makes between Pötsch's rural environment and Menzel's 'Villensiedlung' suggests, however, that there are far more serious problems rooted in the exclusive southern suburbs of Berlin. Menzel's surroundings highlight the extent to which Honecker's GDR was a class-society with a privileged minority, whose neo-Gothic villas are full of art treasures, who enjoy food and drink of a quality unavailable to ordinary citizens, and who protect themselves from the outside world with high fences and electrically-controlled gates. Menzel's fiftieth birthday provides the perfect opportunity for a satirical portrayal of this new social élite, who may well, like Menzel himself, owe their wealth and prestige to their opportunism, their skill at adapting to the twists and turns of Party policy and suppressing their real feelings. As Elke Pötsch observes, 'die Kluft ..., die sie und ihresgleichen von diesen hier trennte' (88), extends to every aspect of their existence.

Unusually for de Bruyn, there is no attempt in this story to introduce a further dimension of contrast between this world of suburban privilege and the unspoilt 'Altstadt' of Berlin. When he became a full-time writer in 1961, he moved from the suburbs into a flat in the old city centre, convinced that its network of nineteenth-century tenements – Berlin's distinctive 'Mietskasernen' with their inner courtyards and very basic amenities – would provide a genuine sense of community previously lacking in his life. The novel *Buridans Esel* (1968) displays his intimate knowledge of the streets and the history of old Berlin, as well as his concern for the damage the city's unimaginative rebuilding programme might do to this environment. It is generally regarded as the GDR's first successful 'Berlin novel'. When he wrote it, de Bruyn seemed cautiously optimistic about the prospects for the revival of Berlin, even in its divided state, into something like the stimulating metropolis of the 1920s. The absence of old Berlin from *Märkische Forschungen* therefore seems curious, especially since we learn that Pötsch was a student there for four years in the 1960s. He and his family consider swapping their farmhouse in Schwedenow for a 'Zweizimmerwohnung in der Innenstadt' (98), but we gain no idea of what advantages that might offer other than closeness to his prospective new place of work. The 'Zentralinstitut für Historiographie und Historiomathie' is also located in the city, but this 'schäbiges Bürohaus' (64) rapidly loses its appeal, once Pötsch's respect for the great Menzel has begun to wane. Later, in the course of his research, Pötsch comes face to face with the infamous Wall dividing the city, and we are given an example of GDR bureaucracy in its most frustratingly inflexible form. Yet it would probably be wrong to construe this as evidence of disillusionment on the part of an author who has continued to live in the inner city himself, since the main focus of the story is the contrast between the worlds in which Menzel and Pötsch live. A detailed portrayal of the 'Altstadt' would have meant turning this finely gauged story into a fully-blown novel of a different kind. Nevertheless, its almost total omission leaves an uneasy sense that de Bruyn's fictional world has become bleaker and more fragmented than it appeared in the 1960s.

'Erzählung [nur] für Freunde der Literaturgeschichte'?

The sub-title of *Märkische Forschungen* may initially arouse apprehension in English-speaking readers who do not regard themselves as having the scholarly expertise which the phrase 'Freunde der Literaturgeschichte' seems to imply. It may therefore come as a relief to discover that de Bruyn is not writing simply for the benefit of a small circle of intellectuals, and that his sub-title has the same ironic flavour as many other aspects of the text. The fact is that, because of the unexciting and conformist nature of

11

mass media such as the press and broadcasting in the GDR, literature has been regarded there as the most reliable source of critical information, political orientation, and what is often referred to in general terms as 'Lebenshilfe'. It would therefore not be an exaggeration to describe most critically-minded East German citizens as 'Freunde der Literatur', sensitive to the subtleties of literary forms of expression and well trained in the art of 'reading between the lines'.

Historical awareness is also far from being the preserve of a scholarly minority. In 1973 one of the GDR's other major authors, Volker Braun, contrasted the sense of amnesia ('Gedächtnisschwund') evident in West European culture with the 'Geschichtsbewußtsein' of East German literature. He argued that we in the West are so overwhelmed by the flood of information about the present day from our mass media that we have lost our sense of history and our awareness of the direction our society is taking. In countries like the GDR, however, literature had an important role to play in promoting historical consciousness, since 'Geschichtsbewußtsein' is also 'Selbstbewußtsein'. This historically informed self-consciousness is crucial, Braun believed, to enable his fellow-citizens to judge how much progress their society has made in the 'revolutionären Prozeß' of working towards a genuinely communist society; it is clear from the tone of his essay that he felt there was nothing particularly impressive about the GDR's progress so far.[14] Although events have overtaken Braun's revolutionary analysis of mankind's historical development towards communism, his reference to the dangers of Western 'Gedächtnisschwund' presents us with a serious challenge, and our response to literary texts with an historical dimension is part of that challenge.

The main target of Braun's criticism was, however, not so much his Western readers as the GDR's own 'Kulturpolitiker', the SED politicians and theorists responsible for cultural affairs. They had always tried to demonstrate their commitment to history by stressing the importance of their German *Kulturerbe*. In the field of literature this had meant promoting authors whose humanistic writing was seen as having established the values on which the GDR claimed to be based, ensuring that their work was available in cheap editions and included on the school curriculum. Particular emphasis had always been given to Germany's two great Classical authors, Johann Wolfgang von Goethe (1749–1832) and Friedrich Schiller (1759–1805): works like Goethe's drama *Faust*, his novel *Wilhelm Meisters Lehrjahre*, and Schiller's poem 'An die Freude' (which forms the climax of Beethoven's Ninth Symphony) had been viewed as capable of inspiring the GDR's citizens to commit themselves to the socialist cause. At the time when Günter de Bruyn was working at his *Märkische Forschungen*, the official *Deutschlehrplan* for final-year pupils (fifteen/sixteen-year-olds) attending the GDR's comprehensive schools (*Allgemeinbildende Poly-technische Oberschulen*) stated that they should study 'das klassische-bürgerliche Humanitätsideal' found in the work of Goethe and Schiller, because it shows the individual as 'eine lebensbejahende, schöpferisch-tätige, allseitig ausgebildete und harmonische Persönlichkeit'.[15] The trouble with this educational concept of learning by imitating the idealised individuals portrayed in the literature of another era was, of course, that it had been no more appealing to East German teenagers than it would be to their contemporaries elsewhere, who tend to be much more interested in fictional anti-heroes with problems they can relate to more easily. The spectacular success in the GDR of Ulrich Plenzdorf's story of a teenage dropout, *Die neuen Leiden des jungen W.* (1972), provides an obvious example of this disenchantment with the official view of *Kulturerbe* (even though an awareness of another of Goethe's best-known works, *Die Leiden des jungen Werther*, greatly adds to our appreciation of it).[16]

Another reason for the focus in the GDR's cultural policy on Goethe and Schiller was that their most fruitful period of collaboration in Weimar in the 1790s occurred in the immediate aftermath of the French Revolu-tion. The highly influential Marxist critic Georg Lukács argued that they had done more than any other German authors of their day to advance the ideas of the Revolution, even though they had made little practical progress in the reactionary world of small German states in which they lived. Their political accommodation with the Duke of Weimar was viewed as a pragmatic necessity, allowing them to produce their creative master-pieces without interference from the authorities, and as a wiser response to their disappointment at the failure of the Revolution than that of an author like Friedrich Hölderlin (1770- 1843), who drove himself into the 'verzweifelte Sackgasse' of mental illness.[17]

What began to concern East German authors like de Bruyn and Volker Braun from the middle 1960s onwards was not just the ineffectiveness in educational terms of the official view of their *Kulturerbe*, but also the feeling that the political compromise made by Goethe and Schiller with the authorities of the 1790s was being taken by cultural politicians in the GDR as a model for their own authors; in other words, that conformism to Party policy was being made into a greater virtue than commitment to the revolutionary process of making the GDR a genuinely communist state. This explains why in the 1970s there was a spate of novels, plays, biographies and essays centred on the lives of German authors of the late eighteenth and early nineteenth centuries, taking a fresh look both at German responses to the French Revolution and at the unhealthy dominance of Goethe and Schiller over the cultural life of their day. These were genuine voyages of discovery, involving impressive research into

13

many figures who had previously been dismissed as irrelevant to the GDR's cultural heritage; but they inevitably also had the effect of exposing present-day conformist tendencies within the SED to a more searching scrutiny than had hitherto been possible.

The 1970s were, by coincidence, a good time to begin this process of historical reassessment. There was a succession of convenient anniversaries of authors who had previously remained in the shadow of the 'Weimar Classicists': the bicentenary of the births of Friedrich Hölderlin and Heinrich von Kleist fell in 1970 and 1977 respectively, and the 150th anniversary of Jean Paul's death occurred in 1975, to take the most important examples. And since the GDR rarely allowed an occasion of this kind to pass without major conferences and publications – as the build-up in *Märkische Forschungen* to the 165th (!) anniversary of the (disputed) year of Schwedenow's death satirically reminds us – it had to tolerate a radical overhaul of its idea of cultural heritage over the decade. This had quite unpredictable consequences. Above all, the era of the French Revolution was now viewed primarily from the perspective of the political *restoration* which followed it. In France itself, Napoleon had betrayed the spirit of the revolution by installing himself as Emperor in 1799, and his ultimate defeat by the alliance of other European powers in 1815 was followed by the restoration of autocratic rule throughout the continent, even in Prussia, where political reformers had successfully led their state's 'Wars of Liberation' as recently as 1813.

The underlying issue was, of course, whether the SED was now in the same way betraying, by its own repressive tendencies, the revolutionary hopes of the GDR's pioneering generation. Some East German authors, notably Christa Wolf, began to talk about 'Restaurationszeiten' in the plural as a recurring phenomenon confronting them as much as their predecessors with an intolerable dilemma: 'der Dichter, vor die Wahl gestellt, sich an unerträgliche Zustände anzupassen und sein Talent zu ruinieren, oder physisch zugrunde zu gehen'.[18] This led in turn to the widespread portrayal of authors of the Goethe era as *victims*: Hölderlin's insanity or Kleist's suicide in 1811, for example, were depicted as the direct result of the callous indifference of the Weimar establishment to creative originality.[19]

De Bruyn, however, resisted the temptations of this sort of dramatic over-simplification, which runs the risk of distorting historical fact just as much as the official idealisation of Goethe and Schiller. His biography of Jean Paul stands out as a perceptive study of the *contradictions* in the personality and work of a fascinating author, whom de Bruyn was not prepared to portray as a victim of the Goethe era, however difficult Jean Paul's life might at times have been. Equally, it exposes the

14

misguidedness of Wolfgang Harich's attempt to put him on a pedestal beside the Weimar Classicists as a revolutionary *hero*. One passage effectively makes the point about the dangers of idealisation from either perspective:

Wie jedes bewegte Leben, wird auch das seine [Jean Paul's] voll von Widersprüchen sein; voll von Widersprüchen auch sein Werk: darin liegt dessen Größe, dessen Grenze, dessen Schönheit und Faszination ... Nur wer wenig weiß oder absichtlich viel übersieht, kann mit der Geste der Gewißheit auftreten ... Auf den von Biographen gesponnenen roten Faden läßt sich ein Genie wie dieses nicht wickeln. Wenn Biographie mehr sein will als Denkmalsbau, darf sie die Widersprüche nicht zudecken.[20]

It was also not at all unusual in this turbulent era around 1800 to find writers who had originally been sympathetic to the French Revolution later assisting the forces of political reaction. De Bruyn's extensive research into the period made him aware of many such cases: one of them was the virtually forgotten Wilhelm Friedrich Meyer (1759–1829), who, as an almost exact contemporary of Jean Paul, born in the same part of Southern Germany, attracted de Bruyn's particular attention. Discovering the truth about Meyer was no easy task, however: in contrast to Jean Paul, whose biographical details have always been well-known, our knowledge of Meyer's life '[besteht] vorwiegend aus Lücken'. Before de Bruyn set to work, it was unclear what his subject's real name was, whether Meyern or Mayern or Meyer, when and where he was born, and at what stage he had added a 'von' to his surname. No one knew for years that he was the anonymous author of the popular novel *Dya-Na-Sore*, a work which more recent critics have variously described as a revolutionary attack on feudalism and a reactionary glorification of war! Meyer had fought in the Austrian army against Napoleon, but later became a diplomat in the service of Metternich, the architect of European Restoration after 1815, and little is known about what he actually did between then and his death in 1829. A selection of his work had appeared in 1842, but did not help to solve the puzzle about what sort of person he was.[21]

This biographical enigma provided de Bruyn with an invaluable supply of ideas for his characterisation of the fictitious Schwedenow/von Massow, not least regarding the dispute between Menzel and Pötsch about the time and circumstances of his death. Did the legendary Schwedenow really die a heroic death in the cause of political reform during the Wars of Liberation, like the poet Theodor Körner (1791–1813), whose poem about his service in Lützow's volunteer militia is still used to arouse patriotic pride:

Das Hurra jauchzt und die Büchse knallt,
Es fallen die fränkischen Schergen.
Und wenn ihr die schwarzen Jäger fragt:
Das ist Lützows wilde verwegene Jagd.[22]

— or was he actually von Massow, the Prussian equivalent of Meyer, censoring the work of his erstwhile radical friends and supporting the Restoration by publishing vicious pamphlets against German democrats of the post-1815 period?

By highlighting the existence of such enigmas and contradictions in *Märkische Forschungen*, a story focused on a fictitious author, de Bruyn arguably achieved a deeper sense of historical authenticity than his many East German colleagues who identified less critically in their works with real authors of the French Revolutionary era. He also produced a work of continuing political significance in Germany because of the clarity with which he focused on central issues in the *Kulturerbe* debate. The fact that he provided, in addition, a wealth of entertainment for dedicated 'Freunde der Literaturgeschichte', through the way in which he integrated his extensive knowledge of authors such as Jean Paul, Hölderlin and Kleist into the text of *Märkische Forschungen*, can only be mentioned in passing here (although the Notes to the text will provide an indication of the remarkable range of these references as they occur).

Märkische Forschungen as a work of fiction

1 Structure of the story

De Bruyn is, in his own words, not a real novelist. 'Wirkliche Romane, das Erzählen über lange Zeiträume hinweg, das ist nicht meine Art. Ich neige immer dazu, das Geschehen auf einen bestimmten Punkt zu fixieren.'[23] The point of departure in his stories is always a decisive moment of change or crisis in the lives of his protagonists, and his focus is directed on their efforts to come to terms with its consequences. This allows him to dwell on psychological conflicts and highlight periods of dramatic intensity which the author of a full-scale novel would have to deal with in a more restricted, incidental way as part of a broader network of events and relationships. De Bruyn has this basic distinction in mind when he categorises *Märkische Forschungen* in his sub-title as an 'Erzählung'.

His fictional action covers several months in 1976. (The year has no special significance in terms of the story: the only indication of historical time comes in Chapter 7 with the reference to the planned celebrations 'im übernächsten Jahr' of the 165th anniversary of Schwedenow's supposed death in 1813, although the various references towards the end of the story to the heatwave also tally with memories of 1976 as a particularly hot summer throughout Europe.) The fateful meeting between Pötsch and Menzel comes in January, while the public lecture which marks the end of their working relationship takes place late in the summer (September?). The only date specified in between is 15 June, the date of Menzel's fiftieth birthday, the day when Menzel and Pötsch declare their 'Brüderschaft', even as the gulf separating them becomes unbridgeable. These three days, around which the story is structured, are described in great detail: Chapters 1–4 are devoted to the chance encounter in January and Pötsch's immediate reactions; Chapters 10-13 to Menzel's birthday and its impact on the Pötsch family's plans; Chapters 17–19 (as well as the 'Vorspiel', to which we shall return later) are focused on and around the lecture. The linking thread of the narrative between these dates is provided by Pötsch's researches into the life and death of the man who, he is convinced, only used Schwedenow as his *nom de plume*. The intervening chapters are episodic, summarising Pötsch's progress with his historical detective work, first in the spring of 1976, then over the summer months. The narrative focus shifts, however, between Pötsch himself and the other two characters whose lives are most directly affected by his quest for the truth: his wife Elke and Menzel. In the course of the action all three of them are forced to reconsider the life they have hitherto led, and their differing responses to this challenge determine the outcome of the story. The flow of events is temporarily interrupted in Chapter 8, the longest in the story, almost half of which is devoted to Brattke's 'unpublishable' analysis of Menzel's book and his parody of Menzel's interpretative methods. Here we may wonder whether de Bruyn is trying to smuggle too solid a block of literary criticism into his narrative, although the entertainment value of the 'revolutionary' version of Little Red Riding Hood may persuade many of us that the interruption is well worth while.

However preoccupied we may become with the fortunes of the main fictional characters, it is important to realise that de Bruyn is doing more than simply recounting their particular story. One of his aims as a writer is to create 'Modellsituationen ..., die man auf eigene Erfahrungen übertragen kann'.[24] Achieving this involves introducing elements of 'Verfremdung' into the narrative which establish a critical distance from the fictional action and encourage readers to consider its wider significance for their own lives. In this respect both the 'beginning' and the final chapter of *Märkische Forschungen* are of particular significance.

The 'Vorspiel auf dem Theater' is not a prologue of the usual kind (such as we find under the same title in Goethe's *Faust*, where the theatre-manager, the leading actor and the dramatist are seen discussing the play which is about to be performed). What it does is to provide a preview of the climax (Pötsch's lecture, described in detail in Chapter 18) in the form of something like a silent film. There is no dialogue, the protagonists are not named (Pötsch is referred to throughout as 'der Referent', Menzel variously as 'der zweite Mann', 'der andere Herr' and later 'der Gefeierte'). We are invited to reflect on the routine course of a public lecture, on the nature of 'Öffentlichkeit' in general, with nothing more to go on than the external evidence of expressions, body movements and the audience's reactions. The situation is reduced to its bare essentials. And then it becomes clear that there is something disconcertingly different about public life in this society: no one is interested in the lecturer or his ideas; the 'Prominentensüchtige' amongst the audience, and the media, are totally preoccupied with the master-of-ceremonies, who has been controlling them like puppets throughout. The *Erzählung* is thus placed in a wider context which is doubly worrying: not only is this manipulation occurring, but the public is conniving at it and ignoring the speaker who is questioning this cosy 'normality'.

The final chapter is also set at a deliberate distance from the rest of the story. The chronological progress of events suddenly gives way to a timeless, static scene, and the narrative changes from the past to the present tense. Pötsch's search for the final piece of evidence he needs to prove his case becomes open-ended, and the onus is switched to the reader to decide whether a 'happy ending' is possible, not so much whether Pötsch will find a brick with the name Dorette carved into it, as whether the East German society so unflatteringly depicted in the 'Vorspiel' is capable of supporting this kind of challenge to the official version of the truth (about Schwedenow or any other controversial issue). Readers in the GDR will have drawn a parallel between Pötsch's obstinate digging and the ending of Erwin Strittmatter's *Ole Bienkopp* (1963), the first East German novel in which a 'positive hero' — in this case an enterprising farmer — dies a lonely death attempting singlehandedly to unearth large quantities of organic fertiliser for his agricultural collective, after his ideas have been obstructed by the uncomprehending authorities.[25] The only thing which has so far prevented Pötsch from suffering a similar fate is the selfless support provided by his wife Elke. The alternative, tragic ending is therefore still a clear possibility, unless the political circumstances which have caused this crisis can be changed, and it is here that the East German reader's active response in real life to the kind of situation depicted fictionally in *Märkische Forschungen* became crucial.

2 The Narrator – the most important character?

Like every other prose-writer, de Bruyn had to make the difficult decision before putting pen to paper about the perspective from which his story was to be narrated. As he reminded us in his lecture 'Zur Entstehung einer Erzählung', this is what determines 'das eigentlich Literarische'. It is, in other words, what distinguishes this piece of creative writing from, say, a journalistic article on the problems of young academics in the GDR, or a sociological study of the new social élite, or an autobiography:

> Von ersten Überlegungen an bis hin zum letzten Wort, das man schreibt, spielen Formfragen mit hinein. Kann die gleiche Geschichte doch von vorn oder von hinten erzählt, die Chronologie auch völlig zerbrochen werden. Ihr Ton kann sachlich, pathetisch, ironisch sein; ihr Erzähler kann in Erscheinung treten, sogar mitspielen oder aber sich verstecken. Theoretisch steht einem (am Anfang!) jede Erzählform offen ...[26]

These issues are never easy to resolve: we have already noted (p. 3 above) that de Bruyn only finally made up his mind on the identity of his narrator after the publication of part of the story in *Neue Deutsche Literatur* in 1976. There the narrator appeared in the guise of a personal friend of the Pötsch family and referred to himself as 'Ich', claiming to have been told the story by Ernst 'erst später, viel später, als alles vorbei war'.[27] This created an obvious difficulty, since, in other sections of the 1976 excerpt, Menzel's personality was being discussed by the narrator in a way which implied he knew everything about him, from what is technically called an 'omniscient' perspective; an ordinary individual on the fringe of the action in Schwedenow could not realistically have had this degree of inside knowledge.

It is therefore not surprising to find in the later book version that the narrator has become an anonymous voice in the traditional role of the storyteller who is omniscient about all of his characters. However objective this kind of narrator claims to be, he invariably colours his story with his own views on the characters and the society in which they live. In doing so, he is also endeavouring to influence the reader's responses in a subtle way, with the help of a variety of stratagems. This is a game which prose-writers play, with the aim both of entertaining us and of getting us on their side, and their narrators are just as much performers in this game as the characters they are describing. In this sense the narrator is the most important character in any work of fiction, and we need to be on the look-out constantly for any clues which indicate the sort of person he or she is. Our personal response to the narrator is then likely to influence our response to the work as a whole.

In the opening chapters of *Märkische Forschungen* we can identify many features of this narrator's approach. He is, for example, keen to enter into a friendly dialogue with us: note the various references to 'der Leser' in Chapter 2, in which he anticipates our reactions to the meeting of Menzel and Pötsch. He then ensures that we have enough background information to appreciate the historical issues raised and to understand these two characters, by giving us a potted biography of Schwedenow and a neat contrast of the personalities of Menzel and Pötsch. In Chapter 1 he has already given us a clear visual impression of the landscape of the Mark around Liepros, which will be extended at the moment we need it, in Chapter 3. Similarly, we are given key details about the relationship between Ernst and Elke, or Menzel's home environment, only when these can be economically linked into the plot. Above all, he sets out to entertain us with a succession of amusing scenes: the sophisticated Menzels stuck in their car on a flooded country road, Pötsch's bewildered attempts to gain access to the Menzel household, the seductive effects of an unexpected gift of cyclamen on the long-suffering Elke, and so on.

Scenes like these can readily be visualised as comic set-pieces (even if Elke's romantic transformation is questionable in psychological terms), but our enjoyment of many other details of the narrative depends on our appreciation of the narrator's skill in playing with words, and especially of his use of *irony*. Irony derives from the incongruity between the way in which something is said and its actual meaning; it can convey a wide range of feelings, from sympathetic amusement to profound embitterment. In Chapter 1, for example, the breakdown of the Menzels' car leads to a row of the kind the couple frequently have. The narrator chooses, however, not to let us hear what they actually say to one another; he describes the scene in totally inappropriate indirect terms. It is an obvious understatement of Frau Menzel's irritation at her husband's refusal to turn back from the flooded stretch of road to suggest 'Umkehr [schien ihr] angebracht', while the 'Ironie' with which she praises 'das fahrtechnische Können [ihres] Mannes' is clearly of the most biting kind. The narrator's amusement at their reluctance to ruin their shoes walking through the water is reflected by his use of the antiquated phrase 'städtisch-feines Schuhwerk' (35). This is good-humoured fun, but the narrator's use of irony becomes more differentiated later, according to which character he is discussing. Menzel, who is so skilled at dominating others, is often sharply cut down to size: as he 'tests' Pötsch's knowledge of Schwedenow, he complacently notes the latter's areas of weakness, while remaining blind to his strengths: 'Biographische Details dagegen und deren Widerspiegelung im Werk beherrschte der Prüfling besser als der Prüfer. Doch das übersah der Professor' (43). To an even greater degree,

Frau Eggenfels, another manipulator of the unwary, is the target of barbed comment: in Chapter 17 the heartlessness behind her tearful arguments is underlined by the narrator's reference to her dramatically massaging 'die Stelle ..., unter der sie hinter Fleisch und Fett ihr Herz vermutete' (120). At the other end of the scale we find Pötsch viewed mainly with the 'liebevolle Ironie' which de Bruyn has identified as a characteristic of Jean Paul's narrators.[28] His rural naivety regarding the everyday concerns of Berlin's cultural establishment makes him the butt of many amused comments. For example, his response to Menzel's question 'wo er seine Forschungen zu publizieren gedenke' is bewildered silence: 'Die optisch eindrucksvollste Wiedergabe von Pötschs Reaktion wären hier drei Zeilen mit Fragezeichen' (44).

So far we have referred to 'the narrator' as a single presence in the text at a distance from the fictional action, on the basis of the evidence which points to his similarity to the traditional storyteller. Yet it is an over-simplification to think of him in this way. The last thing de Bruyn would have wanted, after liberating himself from the view that socialist realism needed to provide strong ideological messages, was the kind of omniscient narrator who sits authoritatively in moral judgement on his characters. Although there is an element of this in the narrator's comic treatment of the minor figures in the story, he has a more complex, and apparently more 'democratic', relationship with his main characters. Not only do we gain a precise impression of their thoughts and feelings; he also, as part of his story-telling strategy, lets some of them determine the narrative perspective at important points in the action. The most radical criticisms of Menzel's work – the unpublished review of his Schwedenow biography and the 'Red Riding Hood' parody of his interpretative techniques – are provided by Brattke in sections of Chapter 8 in which there are none of the narrator's usual interventions and asides. Similarly, the most bitingly satirical sequence in *Märkische Forschungen* – the account of the com-placency and materialistic obsessions of the establishment figures at Menzel's birthday party in Chapter 10 – is presented as Elke's response to what she sees. It encapsulates in one particularly powerful passage the condescending attitudes of the new élite to the hardworking majority of ordinary citizens in this avowedly socialist state:

Durch ihre Intelligenz, durch ihre Planung war alles ja so gut geworden, wie es war: Kühlschrank und Fernsehapparat in jedem Haus, das Auto in manchem umgebauten Pferdestall. Sie waren die Missionare, die den Ureinwohnern raten konnten, ihnen kostenlos auch die nötige Kultur noch brachten, die stolz waren auf diese pflichttreuen Menschen, die nachts in Schnee und Regen ins übernächste Dorf zur Frühschicht in den modernsten aller Rinderställe fuhren, die morgens in den Bussen, die sie ins Kombinat beförderten, fest schliefen (89).

The brief narrator comment immediately following this passage – 'Elke wurde immer ungerechter' – is so patently tongue-in-cheek that it seems safe to assume that he is entirely in accord with his character throughout the chapter.

On one occasion even Menzel is permitted to speak for himself without being subject to the narrator's ironical comments – in Chapter 12, the only time he is prepared to be honest about his inner emptiness and loneliness, and thus becomes a more credible witness than he usually is. Pötsch, the most vulnerable of the main characters, is never permitted to 'take over' the narration to the extent the others do, perhaps because we view events from a perspective fairly close to his, and are fully aware of his feelings, throughout the story. There is one significant moment when he appears to gain control over his own destiny. In Chapter 18, in the middle of his lecture, he finally realises why Menzel will stop at nothing to suppress the 'alternative' view of Schwedenow. This moment of insight, of thinking 'so klar und scharf, wie es ihm danach nie mehr vergönnt war' (123), is short-lived, however, and he soon reverts to the blinkered obsession with the minute details of Schwedenow's life which has hitherto prevented him from articulating his thoughts without the sympathetic assistance of the narrator.

Thus we can see how the narrator's strategy of playing down his own importance and switching perspective at significant moments in the story provides clear clues as to which characters deserve particular scrutiny. The major consequence of this is to suggest that we need to look closely not only at Menzel and Ernst Pötsch, the two obvious protagonists of *Märkische Forschungen*, but at the more subtle roles played by Elke Pötsch and Brattke as well.

3 Characterisation

De Bruyn's comments about the origins of *Märkische Forschungen* have made it abundantly clear that **Professor Menzel** was the figure he particularly wanted to write about. Wolfgang Harich's book *Jean Pauls Revolutionsdichtung*, allied with de Bruyn's general sense of the destructive power wielded by the academic establishment in the GDR, caused 'die Erschütterung ..., die Literatur meist entstehen läßt'.[29] By creating the character of Menzel de Bruyn was attempting to expose the dangers inherent in this abuse of power (as well as assisting his personal recovery from the crisis provoked by 'das Urbild Menzels').

What is particularly remarkable about his characterisation of Menzel is the extent to which he managed to avoid turning him into an emotionally charged caricature. The fact that de Bruyn was tempted to do so is indicated by the surname he chose for this character: the nineteenth-century author, Wolfgang Menzel (1798– 1873) was, as de Bruyn subsequently reminded us, another historical example of a youthful radical who became a middle-aged reactionary.[30] As in his earlier novel *Buridans Esel*, however, de Bruyn opted to make his decidedly unheroic protagonist more authentic by integrating aspects of his own biography into the portrait. He makes Menzel an exact contemporary, born like de Bruyn in 1926, and therefore part of the generation who became the pioneers of the new socialist state in the late 1940s, involved with the SED's youth movement, the *Freie Deutsche Jugend*, and, at first, blindly loyal to the Soviet leader Josef Stalin (as the souvenirs produced at Menzel's party remind us). But as a privileged group amongst a generally hostile population they were faced fairly soon thereafter, once their naive confidence in Stalin and the communist system had been shaken by the course of events in the Cold War, with a basic dilemma, as Menzel explains with uncharacteristic openness in Chapter 12. Were the temptations of career and power – 'der Weg nach oben' – stronger than the qualities of friendship and personal integrity (represented by Menzel's unnamed friend who died young)?

Menzel puts his career first and is rewarded with various influential posts in the educational world, including his Professorship at the 'Zentral-institut', before receiving a 'Nationalpreis' for distinguished service to the state from the SED leader Walter Ulbricht some time in the 1960s (97). Now he enjoys the popularity of a television personality, yet desperately needs the academic respectability that success with his Schwedenow biography could bring. He has got where he is by manipulating and exploiting others, but there are also hints that he could have been a strong voice working for the reform of this new class-system, had he not sacrificed too much of his identity in the process. He is well-informed and sensitive, an 'ausgezeichneter Lehrer' (56), capable of educating others in a positive sense, but is now trapped in his public role. When he compares himself to suffering heroes like Prometheus and Hamlet, he is now merely deluding himself; he reveals his true face when he puts his dreams of fame above historical truth, the 'Phantom, das du ... Wahrheit nennst', as he says to Pötsch (123).

Ernst Pötsch inhabits a totally different world to Menzel's. It is not just the city/country contrast of their living environments, but also a generation gap which sets them apart. We have a much vaguer sense of his biography: as a man in his thirties he is entirely a product of the GDR, and it reflects well on the state education system that his humble origins in Schwedenow have not prevented him from attending the sixth-form college ('Erweiterte Oberschule') in Beeskow as a boarder and then studying in Berlin, before being employed as a history teacher at the local comprehensive school ('Polytechnische Oberschule'). Although he is potentially the 'hero' of the story in his role as the tenacious and ingenious detective, de Bruyn also makes it clear that there are less attractive sides to Pötsch's personality – the obsessiveness with which he investigates Schwedenow, his male-chauvinist assumption that his wife will be content with the life of a traditional housewife, and his wider neglect of her individual needs.

The crisis into which Pötsch is plunged by Menzel's offer of a research post in Berlin indicates his underlying unhappiness with his existence as a 'Landlehrer'. (It seems symptomatic of his disinterest in his schoolwork that we discover so little about it.) He is an outsider in his native surroundings, and his idealised view of an academic community blinds him to the nature of Menzel's offer, which would turn him into a powerless underling. As the product of a state which does little to encourage critical thinking and participation in decision-making, Pötsch is in awe of authority and naively convinced that the truth (about Schwedenow) will prevail over ideological simplifications. It is therefore no surprise to find him bewildered by the realities of Menzel's world. Brattke's warnings leave him 'verstört' (74) and Menzel's cynical talk of books being written for 'Zielgruppen' brings him 'durcheinander' and causes 'Verwirrung' (78–9) – terms then used as motifs to convey Pötsch's continuing confusion as the story progresses (e.g. 104, 110), until the fateful day of the lecture, when he abandons his illusions about collaborating with Menzel and determines to be true to himself in the only way he feels he can, in isolation.

De Bruyn's anti-heroic portrayal of Pötsch is not only consistent with his critical estimation of the prospects for East German society; it is also culturally rooted in his admiration for Jean Paul Richter, whose work includes a number of biographies of country schoolteachers – *Das Leben des vergnügten Schulmeisterlein Wutz in Auerthal* (1793) and *Das Leben des Quintus Fixlein* (1796), for example – which emphasise how little scope there was for self-fulfilment in the uninspiring parochial society of his day.[31] The fact that such analogies can be drawn between the late eighteenth-century Germany portrayed by Jean Paul and the GDR of the 1970s is, of course, a fundamental aspect of de Bruyn's critique of his own state's failure to make significant progress towards its socialist goals.

Brattke is the most enigmatic of the main figures. We never discover what his first name is, let alone any details of his earlier life: he is presented to us simply as a research assistant in the 'Zentralinstitut' with an eccentric taste in clothes. He nevertheless plays a significant part in the education of Pötsch (and the reader) into the nature of the GDR's academic world. After providing a bleak account of the feudal conditions under which the institute operates and taking over the narrative completely in order to demolish Menzel's *magnum opus*, Brattke reappears on the scene for all the decisive moments in the action: the birthday celebrations, where he immediately allies himself with Elke in trying to extricate Pötsch from Menzel's clutches; the end of the Schwedenow lecture, when he appears dismayed that Pötsch has had the courage to express his criticisms openly, suggesting that 'moralischer Sieg' and 'Selbstmord' are virtual synonyms (125); and in the final chapter as an occasional, but sympathetic visitor during Pötsch's excavation work.

Brattke's survival strategy depends on his ability to conceal his true opinions and play a conformist role in his working life. It is apparently based on a sober assessment of his surroundings, and there is virtually no hint in the narrator's attitude to him of the kind of ironical distancing which might encourage us to see him as excessively pessimistic. Yet neither do we get close enough to Brattke to view him sympathetically; he would need to reveal something more of Pötsch's fighting spirit to persuade us that he is not wasting his productive potential.

The most problematic of the main figures, however, is **Elke Pötsch**, whose characterisation provoked considerable annoyance amongst feminist readers in the GDR. Karin Hirdina summarised their responses as follows: 'Viele sind böse auf ... Elke in *Märkische Forschungen*, finden in [dieser Figur] Polemik gegen die Emanzipation der Frau und Rückgriffe auf ihre alte Rolle als Mittelpunkt von Heim und Familie, als Dienerin des Mannes.'[32] This irritation was heightened by the awareness that de Bruyn had, in his earlier work, provided sympathetic portraits of women endeavouring to emancipate themselves in the male-dominated GDR. In *Buridans Esel*, for example, the two female protagonists develop impressively while their counterpart, Karl Erp, fails miserably to overcome his mid-life crisis; furthermore, his story 'Geschlechtertausch' was one of the most praised contributions to the anthology *Blitz aus heiterm Himmel* (1975), which highlighted the extent of discrimination against women in the GDR.[33] The fact that de Bruyn considerably changed his portrayal of Elke between the 1976 draft of the story and the final version points to the dilemma her character was causing him. The original Elke was a woman highly frustrated by her role as a provincial housewife in an unfulfilling marriage, who saw the possibility of a move to Berlin as a welcome opportunity to liberate herself (quite possibly from her husband as well as her surroundings). Compared to this, her portrayal in Chapter 7 of the book seems highly conventional: she is content with her domestic role, even if her marriage is 'körperlich tot' (60), and she gains considerable satisfaction from the practical assistance she offers virtually everyone in the community. In the book version it is only the sudden upheaval in Ernst's life which begins the process of change in her, shaking her out of her complacency – although not to the extent of making her want to move to Berlin or leave her husband. We learn simply: 'In ihr ... hatte sich etwas verändert, das sie verwirrte. Neues hatte begonnen; noch wußte sie nicht, ob neues Gutes oder neues Böses' (62).

The rest of the text implies that this is a decidedly positive change in her personality, in the sense that it makes her more aware politically of the world outside the Mark, and of the dangers it represents to her unwary husband. When Ernst uses Menzel's influence to secure his transfer to the 'Zentralinstitut', she objects to his unthinking adoption of Menzel's methods and language: 'Pötsch sprach, als er von dem Erfolg berichtete, von einem Draht nach oben, und Elke fand *mit Recht* [my emphasis of this sign of the narrator's approval], daß es ihm nicht gut stand, Professor Menzels Redensarten nachzuplappern' (84). Thereafter she rapidly advances into her role in Chapter 10 as the narrator's ally in exposing the GDR's new class-society to ridicule, and displays the same critical sharpness in Chapter 17 in seeing through Frau Eggenfels's dramatic display of concern for Ernst. It is Elke's solidarity with her husband in his pursuit of the truth which stands out towards the end of the story, an attitude which raises questions about the wisdom of the self-sacrifice it entails. We are told that she has given up trying to get Ernst to think of the future beyond his Schwedenow investigations, and that he is totally dependent on her for his physical well-being. Has her belated process of self-emancipation therefore ground to a halt? The open ending provides no answer, although the impression is growing that she is also becoming the victim of a society which is as hostile to female self-fulfilment as it is to her husband's pursuit of historical truth.

The narrator's interest in psychological analysis does not extend significantly beyond these four main characters who also contribute directly to the variety and unpredictability of the narrative. His other characters are essentially caricatures, occasionally bitter, as in the case of Frau Eggenfels, but generally reflecting a good-humoured tolerance of human failings in a far from perfect society, and providing elements of light relief from the serious conflicts at the heart of the story.

4 Language and ideology

One of de Bruyn's underlying themes is the abuse of language for ideological ends. His generation of East German authors, after living through the propaganda battles of the Cold War in the 1950s and 1960s, have been especially determined in their creative writing since to avoid clichés of any kind in their portrayal of the GDR. We have already seen how the ironical perspective in *Märkische Forschungen* ensures that, in a story centred on the theme of 'Wahrheitsfindung', there are no easy answers. De Bruyn's criticism of those in authority who claim such easy answers do exist extends logically from his ironical portrayal of their personalities to the smallest details of the way they express themselves. He indicates a number of forms their abuse of language can take.

First, there is the language of overt propaganda. Menzel's biography of Schwedenow is full of pseudo-Marxist jargon: Schwedenow is made out to be a 'kleinbürgerlich-revolutionärer Demokrat fronbäuerlicher Herkunft' (46) who died heroically 'für König, Vaterland und Freiheit' (49); there is an extensive list of negative '-isms' for 'bourgeois' scholars who think differently — 'Historismus', 'Positivismus', etc. Brattke's parody is spiced with similar clichés — 'Ausbeuter', 'parasitäre Oberschicht', 'reaktionäre Germanistenclique' for the opposition, 'leidenschaftlicher Verkünder der Volksbewaffnung', 'Banner der Revolution', 'hohe künst-lerische Meisterschaft' in relation to the historical hero (75–6). (Menzel's additional idiosyncrasy in such propagandistic passages is his love of foreign loan-words, which he tends to misuse in his attempts to impress — 'fulminant', 'exorbitant', 'eskamotieren', etc.)

Second, we find various instances of the kind of marketing jargon which Western readers will be more likely to associate with the world of advertising. Menzel also proves to be a skilled exponent of this kind of language. 'Zwecke' dominate his thinking; his work is packaged to appeal to a specific 'Zielgruppe' and to guarantee the large sales which would follow from its being designated a compulsory 'Lehrbuch' on GDR's school curriculum; the public's awareness is to be ruthlessly controlled, as the phrase 'ins Bewußtsein ... hämmern' indicates, and 'sämtliche Massenmedien' are to be 'aktiviert' (60–1), not a difficult task when the *Funk- und Fernsehzeitung* and the daily *Zeitung* are under firm Party control, and when Menzel himself is on the editorial board of major academic journals.

Third, the establishment unwittingly reveals its authoritarian nature in many ways. It may pretend to itself that it permits some open discussion of controversial issues, but the description of Menzel's birthday party shows how limited this tolerance is: it only occurs when the Party élite feels safely cut off from the outside world and adopts the 'Ton ... des Wir-sind-ja-unter-uns' (97). Even then the subjects they bring up refer safe-ly to earlier years (the Cold War delusions about being 'die Sieger der Geschichte' and reuniting Germany, or the mannerisms of the now deceased former Party leader Walter Ulbricht). Other sectors of society which do not form part of the establishment — such as 'die junge Intelligenz des platten Landes' (92) — are flattered in a patronising way as long as they appear willing to co-operate. Later, Frau Eggenfels even attempts to draw Pötsch into this cosy conspiracy with her plea that his dispute with Menzel should be viewed as a 'Familienstreit' and only be discussed behind closed doors. But whenever there is a direct challenge to the monopoly on truth which the 'gutes [und kluges] Kollektiv' of the Party claims to hold, then the tone abruptly changes (117). Menzel at first tries to obscure the nature of the dispute by focusing on the alleged stylistic deficiencies of Pötsch's work; when this tactic fails, he resorts to the well-worn techniques of defamation. De Bruyn provides a long list of the terms of abuse employed in the attempt to discredit and isolate critical voices in the GDR — 'Besserwisser', 'Nörgler', 'Querulanten' (58), 'Meckerer' (71), 'Einzelgänger', 'Eigenbrödler' (117), 'Frondeure' (77) — a list which even extends to people guided by the vision of a genuinely communist society — 'Träumer' and 'Utopisten' (58). The qualities which such individuals are alleged to have include pettiness, obstinacy and self-righteousness: Pötsch finds himself accused by Menzel of 'Klein-kariertheit', 'Detailbesessenheit', 'Standpunktlosigkeit', and of being a mere 'Hobby-Historiker' (110–11); Frau Eggenfels later continues in the same vein with 'Selbstgerechtigkeit', 'Halsstarrigkeit' (117) and so on. The real purpose behind these attacks is finally revealed by Menzel's admission that, for him, truth is 'ein Phantom', entirely dispensible when the self-interest of the establishment is threatened.

The other language-register which comes in for specific criticism is that relating to the organisation of work and society. The emphasis in academic life (as exemplified by the 'Zentralinstitut') is on efficiency and planning: Menzel has researched 'systematisch und konsequent auf seinem Fach-gebiet' to produce a biography which conforms exactly with the Party's general view of 'Kulturerbe' (38); his colleagues have to submit a 'Schwer-punktplan' (107) for their research over the coming five years. The totally centralised and hierarchical nature of this system leads Brattke to compare it to medieval feudalism in his references to 'Frondienst', 'Leibeigenschaft', 'Feudalherr', 'Fürstenhof', etc. (70, 107). In its bureaucratic nature it is an exact replica of the organisation of society as a whole, as Pötsch discovers when his researches bring him close to the Berlin Wall. He can only gain access to the cemetery he wishes to visit 'über Dienstwege', with the support of the 'Organ, für das er die Ermittlungen führte', by means of an official 'Antrag' which will be considered by 'die beiden zuständigen Ministerien'. The situation is one of Kafkaesque complexity for the ordinary individual: 'das würde lange dauern, wäre sicher erfolglos, aber der einzige Weg. Mit der Erklärung, er sei sein eignes Organ, machte Pötsch sich nur verdächtig und gab es auf' (83).

Although de Bruyn does not attempt a direct comparison of academic life in the two German states, he raises the question, through the figure of Alfons Lepetit, of whether the independently-minded researcher would fare any better in the Federal Republic. Lepetit's language certainly appears to mirror Menzel's to a disturbing degree: he is equally intent on popularising an ideologically determined view of Schwedenow's era, and his references to 'gesunder Konservatismus', to 'Geistesfreiheit' and to Metternich as 'dieser wahre Friedensfürst' represent a similarly dishonest distortion of history (128). While this implied similarity may be too much of a fringe issue in the story to deserve closer attention, it may serve as a timely reminder to us to be as vigilant about the manipulation of language in the West as de Bruyn has been about its abuse by those in authority in the GDR.

Notes to the Introduction

(See the Select Bibliography for full details of all titles referred to in brief here)

1 Harich's book was published in both German states in 1974: the page reference is to the West German edition. De Bruyn made his criticisms of Harich's thesis clear both in a conference paper entitled 'Jean Paul und die neuere deutsche Literatur' (published in the *Jahrbuch der Jean-Paul-Gesellschaft* 10, 1975, 205–11) and in the afterword to *Das Leben des Jean Paul Friedrich Richter*, although in each case he also indicated some respect for Harich's achievement.

2 Harich's career up to the publication of *Jean Pauls Revolutionsdichtung* is usefully outlined by Manfred Jäger in the essay 'Mit Geduld und Kompaßnadel: Wolfgang Harich als Essayist', in his book *Sozialliteraten: Funktion und Selbstverständnis der Schriftsteller in der DDR*, Opladen, 1975, 138–50.

3 *Das Leben des Jean Paul*, 280.

4 *Neue Deutsche Literatur* 24, No. 9 (1976), 74–99, esp. 98 (for the identity of the narrator) and 94–5 (for the character of Elke).

5 See Höpcke, *Probe für das Leben*, 55; Kuczynski, *Sinn und Form* (1979), 914; Hirdina, *ibid.*, 918.

6 See the reviews by Marggraf, *Frankfurter Rundschau*; Gregor-Dellin, *Frankfurter Allgemeine Zeitung*; Beckelmann, *Stuttgarter Zeitung*; and Fehr, *Neue Zürcher Zeitung*.

7 This comment by Hirdina, *Günter de Bruyn*, 32, actually refers to the popularity of *Buridans Esel*, but the point is a more general one.

8 See *Berliner Begegnung zur Friedensförderung: Protokolle des Schriftstellertreffens am 13/14 Dezember 1981*, Darmstadt, 1982, 80–2; the Congess speech was first published in the *Frankfurter Allgemeine Zeitung*, 5.12.87.

9 Emmerich, 205.

10 'Zur Entstehung einer Erzählung', *Lesefreuden*, 319.

11 See his interview in Hirdina, *Günter de Bruyn*, 17.

12 'Zur Entstehung', 320–1.

13 'Schloß Kossenblatt', in Fontane, *Die schönsten Wanderungen durch die Mark Brandenburg*, 85–118. (Photocopies of some of Fontane's sketches of Kossenblatt and notes relating to the essay have also been included by de Bruyn in this volume of the series *Märkischer Dichtergarten*.)

14 Braun, 'Literatur und Geschichtsbewußtsein', in *Es genügt nicht die einfache Wahrheit: Notate*, Leipzig, 1979, 133–40. For a detailed discussion of this issue, see Andy Hollis's Introduction to his edition of Braun's *Unvollendete Geschichte* in the Manchester New German Texts series.

15 Quoted by Bernd Leistner, *Unruhe um einen Klassiker: Zum Goethe-Bezug in der neueren DDR-Literatur*, Halle-Leipzig 1978, 113–14.

16 *Die neuen Leiden* is available in a very informative edition, with Introduction and Notes by J. H. Reid, in the Harrap series (London, 1979).

17 Lukács, 'Hölderlins "Hyperion"' (1935), reprinted in his *Deutsche Literatur in zwei Jahrhunderten*, Neuwied, 1964, esp. 182– 3.

18 Wolf, *Lesen und Schreiben: Aufsätze und Betrachtungen*, Berlin, 1972, 204.

19 See, for example, Gerhard Wolf's *Der arme Hölderlin* (1972) and Christa Wolf's *Kein Ort. Nirgends* (1979). I have discussed these and other related works in my study *The East German Novel*, 177– 224.

20 *Das Leben des Jean Paul*, 113.

21 'Taten und Tugenden: *Dya-Na-Sore*, Meyern und Arno Schmidt' (1979), in *Lesefreuden*, 72–108.

22 Quoted by Hans-Wolf Jäger in his essay 'Trägt Rotkäppchen eine Jakobiner-mütze?', 165.

23 See the Interview in Hirdina, *Günter de Bruyn*, 26.

24 *Ibid.*, 18.

25 The allusion is discussed by Reinhard Hillich in his essay on the reception of *Ole Bienkopp*, in Inge Münz-Koenen (ed.), *Werke und Wirkungen: DDR-Literatur in der Diskussion*, Leipzig, 1987, 82.

26 Hirdina, *Günter de Bruyn*, 150.

27 *Neue Deutsche Literatur* 24, No. 9 (1976), 98.

28 *Das Leben des Jean Paul*, 122. De Bruyn goes on to define the narrator/protagonist relationship in Jean Paul's work in a way which seems to apply equally to his attitude to Pötsch: 'Ein gespaltener Wissender betrachtet die ungespaltene Existenz eines Beschränkten'.

29 Hirdina, *Günter de Bruyn*, 149. (See also the interview in the same volume, 26.)

30 *Ibid.*, 152.

31 De Bruyn produced a new edition of *Quintus Fixlein* in 1976; he discusses these schoolmaster figures in *Das Leben des Jean Paul*, 116–24.

32 Hirdina, *Günter de Bruyn*, 19.

33 'Geschlechtertausch' is now included in the collection of de Bruyn's shorter prose *Babylon*, Frankfurt, 1986, 94–122. For the original context, see Edith Anderson, 'Genesis and Adventures of the Anthology *Blitz aus heiterm Himmel*', in *Studies in GDR Culture and Society*, ed. Margy Gerber *et al.*, Vol. 4, Lanham, 1984, 1–14.

Zeittafel
Max Schwedenow/Maximilian von Massow

1770	*Geboren in Schwedenow in der Mittelmark (dunkle fronbäuerliche Herkunft oder Sohn eines preußischen Obristen?)*
1789	Ausbruch der französischen Revolution
1790	*Verliebt sich in Dorette, Pfarrerstochter in Liepros*
1792—95	Feldzüge der preußisch-österreichischen Koalition gegen die neue französische Republik *Nimmt der Obristensohn und spätere Autor einer Geschichte dieser Feldzüge selber daran teil?*
um 1793	*Aufenthalt in Paris zur Zeit des jakobinischen Terrors und Begegnung mit Robespierre?*
1795	Frieden von Basel. Preußen zieht sich elf Jahre lang aus den europäischen Kämpfen zurück
1795—1804	*Rückkehr nach Berlin. Verteidigt die Ideen der französischen Revolution gegenüber deutschen Konservativen wie Gentz. Greift die Aristokratie in seinen frühen satirischen Schriften an. Verkehrt aber auch in adligen und künstlerischen Kreisen — Bekanntschaft mit Königin Luise (?), Madame de Staël, usw.*
1799	Nach seinem Staatsstreich wird Napoleon französischer Kaiser
1804—10	*Zieht sich aus dem gesellschaftlichen Leben Berlins zurück. Wohnt isoliert im Lieproser Armenhaus. Endgültige Aufgabe seiner Hoffnung auf Dorette. Schreibt seine Hauptwerke: die Geschichte der Koalitionsfeldzüge, die Roman-Trilogie ('Barfus', 'Rusticus', 'Emil'), den Gedichtband 'Verwelkter Frühlingskranz'*
1806	Preußen tritt wieder in die napoleonischen Kriege ein und wird in den Schlachten bei Jena und Auerstedt zerschlagen
1807	Frieden von Tilsit. Napoleon und Zar Alexander teilen sich die 'Herrschaft über die Welt'. Im besetzten Preußen wird die absolutistische Ordnung durch eine bürgerliche Reformbewegung abgeschafft.

1807–08?	*Schreibt seine patriotische Erzählung 'Verlorene Ehre' und seine Kampfschrift 'Der Friedensbund'*
1812	Napoleons Niederlage in der Offensive gegen Rußland
1813	Das reformierte Preußen führt seine Befreiungskriege als Teil der Allianz gegen Napoleon. Viele Dichter werden von der Welle patriotischer Begeisterung erfaßt
	Läßt sich beim 4. Freiwilligen-Jäger-Regiment einschreiben
	Nach der unentschiedenen Schlacht bei Lützen gewinnen die Alliierten die 'Völkerschlacht' bei Leipzig
	Legende des Todes von Max Schwedenow bei Lützen?
1815	Endgültige Niederlage Napoleons in der Schlacht bei Waterloo. Wiener Kongreß. Restauration der absolutistischen Herrschaft im Deutschen Bund unter der Führung Metternichs
	Verheiratet sich mit Elisabeth von Quandt?
nach 1815	*Arbeitet beim Ober-Zensur-Kollegium in Berlin? Greift in seinen Broschüren deutsche Demokraten an? Unterstützt die Karlsbader Beschlüsse [1819]?*
1820	*Beerdigt mit militärischen Ehren in Berlin?*
?	*Veröffentlichung der 'Nachgelassenen Briefe an Freunde' (angeblich 1815, vermutlich etwas später)*

Märkische Forschungen

Erzählung für Freunde der Literaturgeschichte

Vorspiel im Theater

Das Theater[1] ist bis auf den letzten Platz besetzt, was aber wenig besagt, denn es ist das kleinste der Hauptstadt, mehr Theaterzimmer als -saal. Kein Stück wird gespielt, ein Vortrag wird gehalten, der erste der Reihe „Vergessene Dichter – neu entdeckt".

Der Referent müht sich mit den Schlußfloskeln ab. Der zweite Mann auf der Bühne, der einleitende Worte sprach, macht sich bereit, Dank- und Abschiedsworte zu sprechen. Schon löst er den Rücken von der Sessellehne, richtet sich sitzend auf, wendet sein Gesicht vom Referenten ab und dem Publikum zu, lächelt – und erhebt sich, um, schnell und witzig, mit seinen Schlußsätzen dem Beifall zuvorzukommen, der dann heftig losbricht.

Man klatscht lange. Auch die eiligen Zuschauer, die ihre Gardeobenmarken schon in der Hand haben, wagen noch nicht zu gehen. Der Referent lächelt einige Sekunden krampfhaft ins Publikum, deutet sitzend eine Verbeugung an und beginnt mit nervösen Bewegungen seine Papiere zu ordnen. Aber der andere, der, dem Referenten zugewandt, mit weitausholenden Armbewegungen mitgeklatscht hat, eilt jetzt zu ihm hin, nimmt mit beiden Händen seinen Arm und zieht ihn nach vorn bis zur Rampe, wo er ihn stehen läßt, um von der Bühnenecke her, immer wieder mit ausgestrecktem Arm auf ihn deutend, sein Klatschen fortzusetzen. Der Referent verbeugt sich einmal, zweimal, sucht dann nach Fluchtmöglichkeiten, wird von dem anderen aber wieder gefaßt. Arm in Arm mit ihm steigt er in den Zuschauerraum hinunter. Auf der Bühne stehen nur noch die beiden Sessel, Empire,[2] rot und golden. Requisit jener Zeit, von der zwei Stunden lang die Rede war. Der Beifall schwillt an, als auf die Rückwand des Bühnenraums das Bild des einst vergessenen und nun wiederentdeckten

Dichters[3] projiziert wird, das Porträt, das einmal die Lesebücher unserer Enkel schmücken wird: das lange, schmale Gesicht über dem Spitzenjabot, die hohe Stirn, die sich fast bis zur Mitte des Hauptes weitet, das spärliche Blondhaar, der kleine Mund, von dessen Ecken sich strenge Linien zu den Nasenflügeln ziehen, die großen Augen.

Was geschieht, wenn der Beifall verebbt, meint jeder, der Vortrags-, Rezitations- oder Dichterlesungsabschlüsse kennt, zu wissen: Die Masse der Besucher verläßt mehr oder weniger eilig den Raum und drängelt sich an der Garderobe, einige besonders Interessierte oder Prominentensüchtige[4] aber gehen nach vorn, um dem Referenten noch Fragen zu stellen, Meinungen anzubringen oder Lobsprüche zu spenden. So erwartet man das auch hier – und irrt sich. Zwar staut die Menge sich wirklich an den Ausgängen, eilt zur Garderobe, zwar streben zwölf bis fünfzehn Leute tatsächlich der Bühne zu, aber ihr Ziel ist nicht der Referent mit den tiefliegenden Augen im schmalen Grüblergesicht (ihn lassen sie vielmehr unbeachtet zwischen der Bühne und der ersten Stuhlreihe stehen), sondern der andere Herr, der den Abend auf der Bühne verbrachte, vorwiegend schweigend, aufmerksam lauschend, der nur einige wenige, allerdings geistreiche, Worte sprach und dessen Gesicht nicht schmal ist, sondern rund und gesund.

Diesem also strebt man zielbewußt zu, erwartungsvoll oder beflissen lächelnd die einen, ernst, ehrfürchtig oder schüchtern die anderen. Ihm strecken sich Hände entgegen, er wird beglückwünscht, für seine Ohren sind die Worte des Lobs, des Danks, der Überraschung, des Entzückens bestimmt, ihm stellt man die Fragen, seiner Meinung wird die eigne entgegengesetzt.

Er antwortet jedem, dankt, wehrt ab, widerspricht, erklärt, alles mit der lauten, volltönenden Stimme des Mannes, der Öffentlichkeit liebt und gewohnt ist. Man schart sich um ihn. Auch die Schüchternen wagen nun ihre Bemerkung. Man lacht. Ein Bildreporter erklimmt die Bühne und fotografiert die Gruppe von oben. Als der Gefeierte dessen gewahr wird, winkt er ab, hebt sich auf Zehenspitzen, sieht umher, bahnt sich einen Weg durch den Kreis der Verehrer. Er sucht den Referenten, findet ihn noch an der Garderobe, holt ihn zurück.

Jetzt werden beide fotografiert, vor der Bühne und auf ihr,

stehend und sitzend. In der Funk- und Fernsehzeitung[5] der kommenden Woche wird aber nur das Bild des einen zu sehen sein: Der durch seine Sendereihe ,,Unsere Geschichte und wir'' bekannte Professor Dr. Menzel stellt sich den Fragen seiner Zuschauer. So oder so ähnlich wird die Bildunterschrift lauten.

1. *Kapitel* Begegnung im Walde

An einem Januartag begegneten sich Winfried Menzel und Ernst Pötsch auf dem wenig befahrenen Weg zwischen Liepros und Schwedenow[6] zum ersten Mal. Die bewaldeten Höhen, von deren Sandboden der seit den Weihnachtstagen andauernde Regen willig aufgesogen worden war, hatte Menzel ohne Schwierigkeiten passiert, in der in den Torfsee auslaufenden Niederung aber, wo die Abflußgräben über die Ufer getreten waren, die Wiesen überschwemmt und auch den Weg überflutet hatten, war die Autotour zu einem vorläufigen Ende gekommen. Trotz der Warnungen seiner Frau, der Umkehr angebracht erschienen war, hatte Menzel, unter Ausnutzung des linken, erhöhten Wiesenrains,[7] die ausgedehnte Pfütze zu durchfahren versucht, war aber links in dem schwarzen, von Forstfahrzeugen in Morast verwandelten Boden steckengeblieben. Versuche, durch Rückwärtsfahrt wieder festen Boden zu gewinnen, hatten die Räder noch tiefer in den Schlamm getrieben, bis schließlich der Wagenboden auf dem Rain aufgelegen hatte und jede weitere Bemühung sinnlos geworden war. Der Ironie, mit der Frau Menzel das fahrtechnische Können des Mannes gelobt hatte, hätte es nicht bedurft, um die Stimmung zwischen den Eheleuten gereizt zu machen. Da aber beide auf Situationen dieser Art trainiert waren, hatte sich die Aggressivität in dem schrägliegenden Auto nur indirekt entladen, bei der Behandlung der Frage nämlich, wer mit seinem städtisch-feinen Schuhwerk den Wagen verlassen und durch Wasser und Schlamm nach dem drei Kilometer entfernten Schwedenow zurückgehen und Hilfe holen sollte. Scheinobjektive Gründe hatte es für beide Varianten gegeben, und da, wenn es um Menge und Güte[8] von Argumenten ging, Menzel immer der Findigere war, wären wohl eher ihre als seine Füße naß geworden, wenn nicht in diesem Moment die Begegnung erfolgt wäre, auf die es hier ankommt: Pötsch radelte heran.

Was eine Freundschaft werden sollte, begann mit hastigem Herabdrehen des Autofensters, mit Hallo-Ruf, mit schwerfälligem Abstieg vom Rad, vorsichtigem Nähertreten in Gummistiefeln, mit Nicken zu den Redeschwällen der Frau, mit Gutachterblick zwischen die Autoräder hindurch – dann schob Pötsch, des Wassers nicht achtend, sein Rad weiter, über die Brücke, die Anhöhe hinauf, das Ehepaar aber blieb im Warmen, rauchte, wartete, beobachtete besorgt die Verringerung des Abstands zwischen rechter Wagentür und Wasserspiegel und stritt darüber, ob das Tiefersinken des Autos oder das Steigen des Hochwassers Ursache dafür war. Es regnete ohne Unterbrechung.

Als die Dämmerung sich zur Dunkelheit zu verdichten begann und das Wasser die Türöffnung erreichte, lärmte ein Trecker heran, auf dem, hinter dem mißmutigen Fahrer, Pötsch stand, der dann auch das Zugseil einhakte und, als das Auto wieder festen Boden unter sich hatte, die Geldforderung des Traktoristen vorbrachte, die Menzel mäßig fand, den dreifachen Betrag aus dem Fenster reichte und dazu sagte, Pötsch möge sich das mit dem Fahrer teilen – was ihn später beschämte. Denn Pötsch reichte die Scheine, ohne sie anzusehen, dem Traktoristen (der übrigens sein Bruder war) hinauf, hob zur Andeutung eines Abschiedsgrußes die Hand und wollte wieder das Treckergestänge erklettern, als ein erneutes Hallo ihn zurückrief.

Menzel hatte noch eine Frage, und die Antwort darauf enthielt das Stichwort, das die beiden zusammenführte. Ob, bevor er in Liepros die Chaussee erreichte, noch weitere Gefahrenstellen zu passieren wären, wollte Menzel wissen, und Pötsch antwortete darauf, ja, kurz vor dem Dorf, wo der Wald sich zur Spreeniederung senke und die Kreuzung dreier Wege vor dem verschilften Flußarm eine Art Platz, Dreiulmen genannt, bilde, müsse er sich dicht am Wald halten, um erneutem Schlammbad zu entgehen.

,,Dreiulmen?'' fragte Menzel darauf. ,,So heißt das noch immer? Steht auch vielleicht das Armenhaus noch?''

,,Sie kennen die Gegend?''

,,Nur aus Büchern.''

,,Aus Büchern?''

,,Aus denen Max Schwedenows.''

Da öffnete Pötsch, dessen Gesichtsbildung und Gebaren[9] ihn

36

als einen Menschen auswiesen, der dreimal gebeten werden muß, ehe er es wagt, eine Bequemlichkeit für sich in Anspruch zu nehmen, ohne Aufforderung die hintere Wagentür, setzte (Frau Menzel stockte der Atem) seine schlammverschmierten Gummistiefel auf den Teppichboden, ließ sich, vor Nässe triefend, in die Polster fallen und sagte, fassungslos vor Überraschung:

„Sie kennen Max von Schwedenow? Dann sind Sie vielleicht Professor Menzel?"

2. Kapitel Der Vergessene

Daß diese Frage nur zustimmend beantwortet werden konnte, ist dem Leser klar. Ja, es war Professor Menzel, der sich da, mit Frau, durch märkischen Sumpf und Sand bewegte und fast ein Opfer unbewältigter Naturkräfte geworden war. Auch der Fahrradbenutzer, der das Ehepaar aus der feuchten Bewegungslosigkeit befreite, ist schon bekannt. Wer aber, wird der Leser fragen, ist der Dritte, der hier zwar mit Namen genannt, aber nie in Person vorgeführt werden kann, dieser Bücherschreiber von, wie es scheint, etwas unsicherem Adel,[10] dieser Max von (oder auch nicht von) Schwedenow?

Beste (für Zwecke dieses Berichts sicher zu ausführliche) Auskunft über ihn könnten die beiden geben, die ihren Freundschaftsbund[11] in seinem Namen schlossen und die nie müde wurden, über ihn zu reden. Doch nutzt es wenig, ihren Gesprächen über ihn zu lauschen, weil sie, jeder beim anderen, (mit Recht) das Wissen voraussetzen, das dem Leser fehlt, das primitivste und fundamentalste, das Schulwissen, die Lexikonweisheit, die aber vorläufig schwer zu finden ist, weil nämlich gängige Konversations-, Schriftsteller- und Gelehrtenlexika, Handbücher der Geschichtswissenschaft und Literaturgeschichten seinen Namen nicht verzeichnen und auch die Allgemeine Deutsche Biographie[12] von ihm nichts weiß – weshalb es also sich empfiehlt, die kurze Autofahrt der drei vom Torfsee bis nach Liepros (auf der sich nichts ereignete als Gespräche, die Uneingeweihte nicht verstehen) zu einer Kurzinformation zu nutzen, die nachgeborene Leser nicht mehr nötig haben werden, weil schon die Elementarschule sie ihnen geliefert haben wird, mit Bild im Lese- oder im Geschichtsbuch: ein Porträt in Öl von unbekannter Hand, aus dem ein schlecht genährter junger Mann mit Kinderaugen ernst und streng auf den Betrachter blickt.

Max Schwedenow, geboren 1770, gestorben 1813, fortschrittlicher Historiker und revolutionärer Dichter, wird aller Voraussicht nach darunter stehen und damit schon alles liefern, was vorläufig gebraucht wird, um zu begreifen, worauf sich die Freundschaft, die sich auf dunklem Waldweg anbahnte, gründete: auf einen Gegenstand der Forschung und der Interpretation, zu dem die zwei auf sehr verschiedenen Wegen gelangt waren.

In einem Radio-Interview danach befragt, hatte sich Professor Menzel kürzlich erst dazu geäußert. Das bekannte, die kulturelle Erbschaft betreffende Goethe-Zitat[13] (das er sicher deklamieren konnte) hatte er zum Ausgangspunkt genommen, es erst bedeutungsvoll, wegweisend, gültig über seine Zeit hinaus genannt, sich aber dann gefragt, ob es denn alles zu diesem Problemkreis gehörige auch erfasse, und diese Frage, sich selbst antwortend, kühn verneint. Das Erbe der Kultur, das zu erwerben uns aufgegeben, sei mehr als das, was wir von unseren Vätern erbten: das von ihnen verschmähte, verschleuderte oder vergessene[14] nämlich auch. Denn was bei Goethe hier umschreibend Väter hieße, das sei für uns doch wohl die Bourgeoisie,[15] die zwar ihre Profitmacherei kulturell zu drapieren, nicht aber progressive Traditionen zu pflegen willens gewesen sei. Früh, schon als Student, sei die Erkenntnis, daß die Landkarte der Vergangenheit noch weiße Flecken habe, die zu entdecken nötig sei, in ihm gereift und habe ihn befähigt, systematisch und konsequent auf seinem Fachgebiet (er sei, wie allgemein bekannt, Historiker) nach zu Unrecht, aber nicht zufällig, Vergessenen zu forschen. Durch einen versteckten Hinweis Mehrings[16] sei er auf Schwedenow gestoßen. Daß dieser sich auch als exorbitant[17] bedeutender Dichter erwiesen habe, sei seinen individuellen Neigungen entgegengekommen. Bald würde er über diesen Vertreter deutschen revolutionären Demokratismus sein Buch, Produkt jahrelanger Studien, der Öffentlichkeit präsentieren. Der von ihm gewählte Titel: ,,Ein märkischer Jakobiner‘‘[18] mache die Bemerkung eigentlich überflüssig, daß durch diese Neuentdeckung dem reichen Schatz revolutionärer Traditionen ein Edelstein von besonderer Leuchtkraft hinzugefügt würde. ,,Denn in Max Schwedenows historischem und literarischem Werk‘‘, so hatte Professor Menzel seine Ausführungen geschlossen, „wurde die fulminanteste Antwort gegeben auf die Frage, die der Sturm auf die Bastille auch an Deutschland gestellt hatte."

Von dieser Systematik, dieser Konsequenz, von diesem Blick aufs Allgemeine auch, mit dem man große Aufgaben sieht, um sie in seinem Einzelgebiet zu erfüllen, war bei Ernst Pötsch die Rede nicht, als Menzel ihn (wir greifen damit vor in eine Zeit, in der die beiden Freunde schon auf du und du verkehrten) nach seinem Weg zu Schwedenow mal fragte. Da war, nach langem Zögern, langem Überlegen, nach dem Versuch, die Frage mit der Bemerkung: Durch Zufall! abzutun, schließlich von nichts als von ihm selbst die Rede, von seinen Gefühlen, seinen Vorlieben, seinen Interessen, von einer Liebschaft auch, aus der nichts wurde, von seinem Unterricht, den durch Ortsgeschichtliches aufzulockern er bestrebt war oder dies zumindest vorgab, um Grund zu haben, das Studium der Kirchenbücher dem seiner Lehrbücher vorzuziehen, wenn beispielsweise eine in Schwedenow-Briefen erwähnte Lieproserin namens Dorette dokumentarisch zu belegen ihm wichtig schien.

Wie immer, wenn Pötsch von sich selbst reden sollte, geriet ihm alles durcheinander, und Menzel hatte nicht Geduld genug zu folgen, entschied also: „Du kamst zu M. S. durch das Lokale", und hatte, in Teilen wenigstens, damit durchaus Richtiges getroffen.

Denn Pötsch liebte, was ihm nah war, und nahm es dadurch in Besitz, daß er es so genau wie möglich kennenlernte. Stand Menzel gleichsam auf einem Aussichtsturm und schaute durch ein Fernrohr in die Weite, so Pötsch, mit Lupe auf platter Erde, wo jede Hecke ihm den Blick verstellte. Sein Wissen war begrenzt, doch innerhalb der Grenzen universal. Er hatte kein ausgeprägtes Interesse für Botanik, doch die Kiefern, die das Dorf umstanden, interessierten ihn bis hin zu der Struktur des Holzes. Bautechnik war sein Fach nicht, aber wie man vor 150 Jahren, als das Haus, in dem er wohnte, gebaut wurde, die Feldsteine gespalten hatte, um glatte Außenwände zu bekommen, wollte er wissen. Das Ausheben einer Baugrube regte ihn zu geologischen Studien an, ein Gespräch mit Landvermessern zu mathematischen. Jede Fahrt in eine andere Gegend wurde eine des Vergleichs, und der schönste

Teil der Reise war die Heimkehr. Er war kein kühner Denker, aber ein genauer, Fanatiker des Details, Polyhistor des Vertrauten. Daß Max von Schwedenow in Schwedenow geboren war, war Grund genug, sich mit ihm zu beschäftigen. Daß Liepros Handlungsort seiner Romane war, genügte, um sie ihm lieb und wert zu machen.

Menzel hatte recht: Lokalgeschichtliches war durchaus eine Quelle des Stroms der Schwedenow-Besessenheit, die nie versiegte, aber doch nur eine. Die andere war: Pötsch fühlte sich dem Mann verwandt. In Schwedenows Dichtung fand er sich selbst. Seine Gefühle waren dort formuliert, seine Sehnsüchte beschrieben, seine Gedanken vorgedacht. Pötsch sah in Schwedenows Romane und Gedichte wie in einen Spiegel — und war von sich entzückt.

Man sollte ihm das gönnen, es aber nicht, wie er es tat, ein Wunder nennen, schon deshalb nicht,[19] weil sicher manches, was er in der Dichtung von sich zu finden meinte, erst durch sie in ihn hineingekommen war. Wer will entscheiden, ob wir lieben, was uns ähnlich ist, oder ob wir dem ähnlich werden, was wir lieben?

Menzel hegte lange den Verdacht, daß, wäre der berühmte Ludwig Leichhardt[20] nicht im 10 Kilometer entfernten Trebatsch, sondern in Liepros oder Schwedenow geboren, Pötsch sich auf Australien-Forschung spezialisiert hätte. Pötsch nahm die Frage ernst, als Menzel sie ihm stellte, und überlegte lange, ehe er verneinte: Er nahm es Leichhardt übel, daß weder in den ,,Beiträgen zur Geologie Australiens" noch im ,,Journal der Expedition von der Moreton-Bay nach Port Essington" von Trebatsch oder der Oberspree die Rede ist.

3. *Kapitel* **Die Prüfung**

An der Dreiulmen genannten Stelle, wo die von Arndtsdorf, Schwedenow und Görtz herkommenden Waldwege sich zu einem vereinigen, stand, wie alte Meßtischblätter ausweisen, noch zu Anfang unseres Jahrhunderts das Lieproser Armenhaus, in dem (als es noch keines war) von 1804 bis 1810 der dem Leser schon bekannte Historiker, Romancier und Lyriker gelebt und dort seine wichtigsten Spätwerke[21] verfaßt hatte: die dreibändigen ,,Denkwürdigkeiten der Koalitionsfeldzüge bis zum Baseler Frieden", die Kampfschrift ,,Der Friedensbund", den Gedichtband ,,Verwelkter

Frühlingskranz" und die Romane „Barfus", „Rusticus" und die „Geschichte Emils des Deutschen". Die Ulmen („fröhlich drängt ihr, ihr Starken, aus kräftigen Wurzeln hinauf in die Freiheit des Äthers", heißt es in dem Gedicht „Mein Heim" über sie) hatten schon zu Zeiten Franz Roberts,[22] des ersten Schwedenow-Forschers, nicht mehr gestanden, das Haus, das nie eine Gedenktafel geziert hatte, war nach dem ersten Weltkrieg, als das Dorf sich bis an den Spreearm ausgedehnt hatte, zu Bauzwecken abgerissen worden. Um das Fundament zu finden, hatte Pötsch graben müssen.

Im Dunkeln stand er mit Menzel zwischen den Kiefern und erklärte die Aussicht, die man vor 170 Jahren, als die Hänge noch waldfrei gewesen waren, gehabt haben mußte, wenn man aus der Tür trat: in der Mitte das Dorf, unter Linden versteckt, links der Krautsee, zu dem der damals noch schiffbare Flußarm sich erweiterte, rechts das Schloß auf der von Spree, Spreearm und Burggraben gebildeten Insel. Das Armenhaus übrigens (der Ziegelform nach zu urteilen vor 1730 gebaut) entsprach in Maßen und vermutlichem Äußeren genau dem im „Emil" beschriebenen. Sogar Reste der Geißblattlaube, in der das entscheidende Gespräch Emils mit seinem Vater stattfand, glaubte Pötsch entdeckt zu haben.

Er konnte fließend und anschaulich reden, wenn es um Details ging, und er vollbrachte das Wunder (ohne freilich zu wissen, daß es eins war), den Professor zum schweigenden Zuhörer zu machen.

Menzels Interesse war groß, größer allerdings seine Angst vor Erkältung. Schon spürte er auf den Schultern die Nässe, und da seine Frau, die im Auto geblieben war, in Minutenabständen die Hupe betätigte, drängte er bald zum Aufbruch.

Minuten später hielten sie auf der breiten Allee inmitten des Dorfes, wo im Schein spärlicher Straßenbeleuchtung die Umrisse von Pfarrhaus, Kirche und altem Herrenhaus durch beschlagene Scheiben bewundert werden konnten. Genau an dieser Stelle, so erläuterte Pötsch, sprang der junge Graf Barfus[23] aus der Kutsche, als er aus Frankreich heimkehrte und das Schloß in Flammen stand. Und an dieser Linde dort rechts mußte der 20-jährige Max im Finstern gelehnt haben, wenn er von Schwedenow herübergeschlichen war, um wenigstens den Schatten Dorettes am Fenster des Pfarrhauses sehen zu können. Den Fußpfad aber zum

Trebatscher Wäldchen,[24] wo Dorette sich ihm mit den Worten „Nun bin ich ganz dein und auf ewig" anverlobt hatte, gab es nicht mehr; dort vorn, wo der neue Laden jetzt stand, mußte er abgezweigt sein. Das Wäldchen war erst kürzlich dem Bau eines Silos gewichen.

Nach jahrelangen Studien auf einen Menschen getroffen zu sein, der deren Gegenstände so genau wie man selbst kannte, war für Menzel und Pötsch gleichermaßen ein denkwürdiges Ereignis, vergleichbar der Freude des Reisenden, der, sprachunkundig, in der Fremde einem Landsmann begegnet, der ihn versteht, mit dem er reden kann, als sei er zu Hause, der auch Untertöne begreift, bei dem jeder Witz, jede Anspielung ankommt.

Sie redeten über Max und Dorette, über Graf Barfus, über Emil und den Obristen[25] wie über gemeinsame intime Bekannte, beschworen (in Andeutungen nur, mehr war nicht nötig) Gespräche, Abenteuer, Gesten und Mienenspiele in einem Ton herauf, als tauschten sie eigne bewahrenswerte Erinnerungen aus. Gedichtzeilen wurden von einem begonnen, vom andern triumphierend beendet. Der Forschung offen gebliebene Fragen wurden gestellt, und die Meinungen dazu kurz umrissen. War er, wie die Pariser Tagebuchnotiz vermuten ließ, Robespierre[26] tatsächlich begegnet? War mit der „Hohen Frau" die Gräfin Liepros oder vielleicht die Königin Luise[27] gemeint? Wo waren die letzten Tagebücher geblieben? Wer war der Freund, der die Briefe des Nachlasses herausgab? Wann genau war der Verehrte gestorben, wo begraben?

Die Freude an diesen Gesprächen war beiden gemeinsam, verschiedenartig aber waren die Antriebe dazu. Während sich bei Pötsch nur angestautes Mitteilungsbedürfnis frei machte, waren bei Menzel vom ersten Moment an Zwecke wirksam. Das scheinbare Redechaos wurde von ihm unauffällig gelenkt. Die Fragen, die er aufwarf, ohne sie direkt an Pötsch zu stellen, waren Prüfungsfragen. Er testete den potenziellen Bundesgenossen. Und dieser bestand, wenn auch nicht auf allen Gebieten gleichmäßig, so doch im ganzen glänzend. Die Erwähnung selbst drittrangiger Nebenfiguren machte keine Erklärung nötig, jede Jahreszahl, jeder Handlungsort wurde richtig zugeordnet, auch sozialgeschichtliches und politisches Wissen war immer parat. Schwächen zeigten sich bei Pötsch nur, wenn es um Geschichtsschreibung, Philosophie und außerdeutsche Literatur ging. Biographische Details dagegen und deren Widerspiegelung im Werk beherrschte der Prüfling besser als der Prüfer. Doch das übersah der Professor.

„Nein, ein andermal!" Das sagte die Frau, ungefragt, anstelle des Mannes, der lächelnd die Achseln zuckte. Pötsch, maßlos in seiner Begeisterung und durch sie unfähig gemacht, die Stimmungslage Frau Menzels zu erkennen, hatte noch die Besichtigung des Schlosses vorgeschlagen, das nur zu Fuß über den Wirtschaftshof des ehemaligen Guts zu erreichen war. Auch sein Hinweis auf die Kürze des Wegs (es waren nur etwa 200 Meter) konnte die Frau nicht zur Meinungsänderung bewegen. Die Vorstellung der Dreckmenge, die Profilsohlen von Gummistiefeln aufzunehmen und im Auto (dessen Reinigung ihre Sache war) abzugeben vermochten, wie auch ihr Abendbrotshunger hätten allein schon genügt, sie unnachgiebig auf Heimfahrt bestehen zu lassen; hinzu kam aber noch, daß sie sich vernachlässigt fühlte — völlig mit Recht.

Zwar war sie es gewöhnt, daß jeder, der in ihr Haus kam, es ihres Mannes wegen tat und sich für ihre Tätigkeit (sie war Kinderärztin) nur interessierte, wenn er sie brauchte (wenn die lieben Kleinen krank waren also); doch handelte es sich bei diesen Leuten immer um wohlerzogene, die sich bemühten, ihr die Zweitrangigkeit erträglich zu machen, indem sie ab und zu ihren Mann zur Auflockerung der Fachthematik zwangen, ein wenig Klatsch einstreuten, das Gespräch mit Gewalt auf medizinische Randgebiete brachten, um ihr Gelegenheit zu Bemerkungen zu geben, oder doch wenigstens Flirtversuche machten, ihr selbst entworfenes (wenn auch nicht selbst geschneidertes) Kleid lobten oder auf ihre jugendlich wirkende Schlankheit anspielten. Für diesen Pötsch aber schien sie als selbständiges Individuum überhaupt nicht zu existieren. Wenn er sie während seiner historischen Kleinmalerei aus tiefliegenden Augen ansah, war dieser Blick nicht anders als der, den er für ihren Mann hatte. Keine schöne Frau, kaum älter als er, war sie in diesen Augen, sondern nichts als Gemahlin oder (diesen Ausdruck fand sie in ihrem Ärger besonders treffend) ein Stück Professor. Gleiche Kenntnisse und gleiche Interessen setzte Pötsch bei ihr als selbstverständlich voraus, und er war insensibel genug, nicht zu merken, wie schnell bei ihr der Mechanismus zu wirken begann, der sich durch jahrelange Belästigung mit Schwedenow-Problemen in ihr herausgebildet hatte: die bloße Erwähnung[28] des Historikernamens genügte zur Erzeugung eines Gähnreizes, den größte Willensanstrengung nicht unterdrücken konnte. Auch wiederholte Blicke zur Uhr nahm Pötsch nicht zur Kenntnis. Ihr beharrliches Schweigen kam seiner beharrlichen Redewut nur entgegen. Erst ihr festes Nein zu seinem Schloß-Besichtigungs-Vorschlag brachte ihn zum Verstummen, und zwar so plötzlich, daß sie ihre Grobheit sofort bereute. Beim Abschied fand sie deshalb noch viele Worte für die bloße Tatsache, daß ihrem Mann (nicht etwa ihr) diese Begegnung viel bedeutet hätte.

Als Pötsch schon draußen stand, im noch immer gleichmäßig fallenden Regen, öffnete Menzel noch einmal die Tür und überraschte ihn mit der Frage, wo er seine Forschungen zu publizieren gedenke.

Die optisch eindrucksvollste Wiedergabe von Pötschs Reaktion wären hier drei Zeilen mit Fragezeichen. Er wußte nämlich keine Antwort und war nicht einmal fähig zu sagen, daß er darüber noch nicht nachgedacht hatte.

Menzel wiederum war nicht in der Lage, dieses Schweigen richtig zu deuten. Er hielt es für Taktik, die er respektierte.

,,Wir reden noch darüber. Wann kommen Sie?"

,,Bald, wenn ich darf."

,,Rufen Sie vorher an."

Zum erstenmal in seinem Leben wurde Pötsch eine Visitenkarte überreicht. Er barg sie sorgfältig in der Innentasche seiner Wattejacke. Der einstündige Fußweg nach Schwedenow wurde ihm nicht lang. Daß der Regen in Schnee überging, nahm er kaum zur Kenntnis. Er versuchte, sich über das Thema des Aufsatzes, den er schreiben würde, klar zu werden. Als er die überflutete Wegstrecke am Torfsee passierte, wußte er schon den Titel: ,,Suche nach einem Grab".

4. Kapitel **Goldene Träume**

Mit Frau Pötsch kommen gleich vier andere Personen in die Geschichte hinein, die, um Überbevölkerung zu vermeiden, besser

44

unterschlagen würden, wäre das möglich ohne Verfälschung der Heimkehrszene, in der in Pötsch Gefühle zu keimen begannen, die sich im Laufe der Zeit zu Giftpflanzen beträchtlicher Größe auswachsen sollten.

Die vier Personen hießen Alwine, Fritz, Ludwig und Dorette, waren Pötschs Mutter, Bruder und Kinder, saßen in der Küche am Eßtisch, aßen viel und laut, tranken Wurstbrühe dazu, ließen sich von der zwischen Tür und Herd hin und her hastenden Hausfrau bedienen und unterbrachen, als der äußerlich naßkalte, innerlich aber von Schreibgedanken erwärmte Pötsch eintrat, ihre Gespräche nicht. Die Erwachsenen, Mutter Alwine (Omama genannt) und Bruder Fritz also, sprachen von Heuverkäufen, die Kinder von Intimitäten der Lieproser Lehrer. Sollte man auf Pannwitzens Tauschangebot (Heu gegen Ferkel) eingehen oder lieber warten, bis im Frühjahr das Heu noch knapper wurde? Bekam die Russisch-Lehrerin nun ein Baby oder nicht, und wenn ja, dann von wem?

Pötsch, ganz erfüllt von Erlebnissen und Träumen, die wieder-zugeben ihn drängte, wurde in die Gespräche gezogen, die ihn nichts angingen. Er aß und trank, äußerte sich über die Marktlage von Futtermitteln, vermied konkrete Aussagen über den Wahr-heitsgehalt von Schulgerüchten und wartete auf das Ende der Mahlzeit, die ihm ausgedehnter erschien als jede zuvor. Die Erkenntnis, daß er in dieser Runde immer gelitten hatte, gestand er sich zum erstenmal ein und dachte sie in klassischen Worten: ein Fremdling im eignen Hause.[29]

Aber endlich war es soweit. Omama schlurfte ins Wohnzimmer vor den Fernseher. Bruder Fritz griff Mütze und Jacke und machte sich auf den Weg in die Kneipe. Die Kinder gingen, mehrmaligen Ermahnungen folgend, ins Bett. Er war mit der Frau allein. Jetzt konnte er reden.

Doch bevor er reden darf, muß, um seine ersten Worte (,,Dein berühmter Namensvetter ...") verständlich zu machen, erwähnt werden, daß Frau Pötsch, Elke mit Vornamen, zwar nicht in Schwedenow, sondern in der Kreisstadt[30] Beeskow geboren war, aber in ihren vorehelichen Zeiten doch Schwedenow geheißen hatte, wie übrigens auch zwei von den 11 Familien, die Schwedenow bewohnten. Wer die Gegend kennt, weiß, daß das so ungewöhn-lich nicht ist. Auch in Liepros gibt es eine Familie Liepros, in

Arndtsdorf einen Bäcker Arndtsdorf, und wer sich nach Görtz auf den Friedhof bemüht, kann dort die Erinnerung an zahlreiche Tote finden, die wie ihr Ort geheißen haben. Franz Robert, dem ersten Schwedenow-Forscher, war diese Tatsache nicht entgangen, und sie hatte ihn zu der Annahme bewogen: die von Freunden des Historikers und Dichters nach dessen Tod verbreitete Behauptung, Max von Schwedenow sei ein Pseudonym und bedeute nichts als der Max, der aus Schwedenow stammt, wäre falsch; er stammte vielmehr (so Franz Roberts Theorie) aus einer der bäuerlichen Schwedenower Schwedenow-Familien und habe sich das Von nur aus jugendlicher Eitelkeit zugelegt. Beweisen ließ sich diese These, da Urkunden fehlten, genau so wenig wie die erste, doch hatte Professor Menzel sie freudig übernommen, das Von also gestrichen, dafür aber dem Dichter das ehrenvolle Prädikat „kleinbürgerlich-revolutionärer Demokrat fronbäuerlicher Herkunft"[31] verliehen (wodurch für ihn Frau Pötsch zu einer Ur-Ur-Ur-Enkelin Schwedenows werden wird, wenn er Monate später, im Früh-sommer, sie einer großen Gesellschaft als geborene Schwedenow aus Schwedenow vorstellt, um daran, zu Pötsch gewandt, die Bemerkung zu knüpfen: nun wisse man endlich, wie wissenschaft-liche Leistung entstehe: durch die Liebe zu Frauen nämlich).

Sehr witzig wird das der Professor sagen, nur stimmen wird es nicht: Nicht durch die Frau kam Pötsch zum Dichter. Da wäre es schon weniger falsch zu sagen: Über den Dichter kam er zu der Frau. Denn daß der Name der Erwählten für den Junggesellen bedeutsam war, ist nicht zu leugnen. Nicht nur den Anlaß, sich ihr zu nähern, bot er dem schüchternen Internats-Oberschüler,[32] er machte sie auch interessant für ihn. Er verehrte Max von Schwedenow und kam aus Schwedenow; wie sollte eine Elke Schwedenow da nicht Reize für ihn haben, wenn sie nur sonst nicht reizlos war. Und war es nicht sogar denkbar, ja wahrscheinlich, daß irgendeine Art Verwandtschaft zwischen dem Dichter Max und dem Mädchen Elke bestand? Doch hätte wohl[33] auch die Gewiß-heit einer solchen, wie zu hoffen ist, den Ausschlag nicht gegeben bei der Wahl. Wäre sie hartherzig, geschwätzig, dick oder luxus-süchtig gewesen, wäre mit Sicherheit die Liebe nicht entbrannt. Er liebte sie nicht ihres Namens wegen, aber ihr Name war einer der Gründe, sie zu lieben; und er war besessen genug von seinen

Studien, um den Gedanken zu denken (wenn auch nicht auszusprechen): Vielleicht sind unsere Kinder mit Max von Schwedenow verwandt.

Beim zweiten Kind, der Dorette, dachte er das schon nicht mehr, weil ihm inzwischen, wenn auch widerstrebend, klargeworden war, daß die von Franz Robert angeblich widerlegte Legende, Max von Schwedenow sei ein Pseudonym, doch leider stimmte.

Und deshalb begann er an diesem Regen- und Schneeabend, als die Kinder endlich im Bett waren, Omama vor dem Fernseher schlief und Bruder Fritz seine Heu-Verhandlungen mit Pannwitz in der Kneipe weiterführte, seine Erzählung nicht mit den Worten „Dein berühmter Urahne...", sondern er sprach nur vom berühmten Namensvetter der Frau, der nun auch ihn berühmt machen würde.

Weil er fröhlich war und weil er es komisch fand, seine künftige kleine Berühmtheit mit der künftigen großen des Dichters zu vergleichen, lachte er nach diesem Anfangssatz, und seiner Frau hätte es gut gestanden, mitzulachen. Doch das tat sie nicht. Sie fragte vielmehr, ohne ihren Abwasch zu unterbrechen, ohne sich umzusehen, in ihre Schüssel hinein: „Wieso?" – was auch nicht schlecht war, weil Fragen Interesse vermuten lassen und er nun erzählen konnte, vom steckengebliebenen Auto an bis zu der Frage, wo er denn zu publizieren gedenke, lebhaft, ausführlich, mit wörtlicher Rede her und hin. Doch als die Autotür (in seiner Erzählung) zuschlug und er selig im Regen stand, hinter sich das Glück des ersten Schwedenow-Fachgesprächs, vor sich den goldnen Traum des Gedrucktwerdens, da fiel der Frau nichts ein als die Bemerkung: daran gedacht, seinen Retter nach Hause zu fahren, habe der Herr Professor wohl nicht?

Statt zu antworten, schwärmte Pötsch von den Wonnen der Schreib-Planung, schilderte lustvoll seine Gedankenumwege, die ihn zu einem Ziel schon geführt hätten: zu der simplen Erkenntnis nämlich, daß zu schreiben sich nur lohne, was außer ihm niemand wüßte. Selbst Professor Menzel (dessen Namen er nie, auch in der Küche nicht, nackt, ohne den Titel, benutzte) müßte davon überrascht werden. Er, der Wissenschaftler, müßte von ihm, dem Landlehrer, Neues erfahren können, Sensationelles könnte man sagen, wenn ihm gelänge, was er sich vorgenommen hätte: den

Nachweis nämlich zu erbringen, daß bei Max von Schwedenow nicht nur der Name nicht stimmte, sondern auch (ganz plötzlich wäre das vorhin, in Dunkelheit und Nässe, ihm klargeworden) das Todesjahr nicht.

Die Pause, die Pötsch hier machte, war dazu bestimmt, seiner Frau Gelegenheit zu Reaktionen zu geben. Sie nutzte sie; aber nicht zu einem Ausruf des Erstaunens oder zu einer interessierten Frage, sondern (veranlaßt durch das Stichwort Nässe) zu einem Griff nach seinem Pullover, den sie feucht fand und zu wechseln empfahl.

Da Pötschs Begeisterung auch für zwei reichte, konnte der Weg der Frau (und des ihr folgenden Mannes) in das Schlafzimmer, das Öffnen des Kleiderschranks, das Ausziehen, das Anziehen, der Weg zurück in die Küche zwar die Abwäsche unterbrechen, nicht aber Pötschs Thema,[34] dessen Abschnitt: Urkunden, jetzt dran war. Franz Robert hatte keine gefunden. Daß an dem Tag, den Max von Schwedenow mehrmals als seinen Geburtstag bezeichnet hatte, im Lieproser Kirchenbuch (Schwedenow hatte keine eigne Pfarre) die Geburt eines Friedrich Wilhelm Maximilian von Massow,[35] Sohn des Obristen a. D. und Verwalter des Königlich Preußischen Forstamtes Schwedenow, eingetragen war, hatte er wohl deshalb nicht beachtet, weil hinter dieser Eintragung von anderer Hand, mit anderer Tinte geschrieben stand: gest. 1820 in Berlin. Denn er zweifelte wohl nicht an der von Schwedenow-Freunden verbreiteten Nachricht: der Dichter wäre 1813 bei Lützen[36] gefallen.

Den Abwasch hatte Frau Pötsch beendet, den Tisch gewischt, den Fußboden gefegt, immer von Reden des Mannes begleitet, der an der Geschirrschüssel stand, das Tuch in der Hand, und der doch zum Abtrocknen nicht kam, da ihn Höheres bewegte: Dutzende von Hinweisen auf die militärische Vergangenheit des Vaters beispielsweise, brieflich erwähnte Verwandte, die eine einflußreiche Adelsfamilie vermuten ließen, die künstlerisch wenig, aber biographisch vielleicht bedeutsame Erzählung „Verlorene Ehre",[37] in der ein Obrist v. M.(!), wegen angeblicher Feigheit bei Jena und Auerstedt aus dem Dienst entlassen, um Rehabilitierung kämpft; und vieles mehr.

Die Eßküche war groß genug, um in ihr auf und ab gehen zu können, was Pötsch auch tat, während er der Frau die

Arbeitsphasen erklärte, die er nun vor sich hatte. Jedesmal, wenn er bei ihr, die das Geschirrtuch längst ergriffen hatte, vorbeikam, drückte sie ihm Teller, Tassen oder Schüsseln in die Hand, die er, weiterredend, zum Geschirrschrank trug und dort so ungeschickt stellte, daß die Frau bald, ohne ihn zu unterbrechen, kommen und Ordnung schaffen mußte, während er redend seine Gedanken verfertigte,[38] eine Gliederung des Aufsatzes entwarf und sich die Mühen ausmalte, die es kosten würde, sämtliche Berliner Sterberegister von 1820 durchzusehen – Mühen, die vielleicht vergeblich sein würden. Denn mit dem Beweis, daß ein Maximilian von Massow in Berlin gestorben war, war die Behauptung, Max von Schwedenow sei 1813 für König, Vaterland und Freiheit gefallen, noch nicht widerlegt. Vielleicht würde er gezwungen sein, das Leben dieses von Massow zu rekonstruieren.

,,Ich werde viel unterwegs sein müssen, Elke", schloß er, als seine Frau, schon von der Tür her, die Sauberkeit der Küche noch einmal überprüfte. Zufrieden war sie nicht, griff vielmehr nach dem Besen, da seine wissenschaftlichen Gänge[39] Spuren hinterlassen hatten.

Aber sie verlor kein Wort über die Gummistiefel. Sie setzte ihren Mann auf einen Stuhl und zog sie ihm aus.

,,Vielleicht wäre es besser, sich erst einmal um die Gefallenen-Listen zu bemühen", sagte er, als sie ihm die Pantoffeln brachte.

5. *Kapitel* Dorfnachrichten

Zum Lieproser Postbezirk gehörten auch Schwedenow und Görtz. Postamtsvorsteherin und Briefzustellerin war Frau Seegebrecht. Über die Einwohner der drei Gemeinden war sie so gut informiert wie keiner sonst. Die beste Informantin war sie freilich nicht, da sie ihre postalische Schweigepflicht so ernst nahm, daß sie immer nur Teile ihres Wissens preisgab. Über Leute, die sie mochte, erzählte sie nur Gutes weiter, über die anderen Schlechtes, beides aber unvollständig. So konnte sie ein gutes Berufsgewissen behalten und die Zuhörer merken lassen, daß sie mehr wußte als sie sagte. Namen sprach sie ungern aus, hatte aber in den zwei Jahrzehnten ihres Wirkens ein festes System von Personenumschreibungen[40] entwickelt, das Irrtümer ausschloß. Nannte der Gesprächspartner dann den Namen, rief sie triumphierend: Das haben aber Sie gesagt, nicht ich!

Neben den konventionellen Nachrichtenquellen, den Postkarten, Telegrammen, täglichen Hausbesuchen (Hausbriefkästen ignorierte sie grundsätzlich), diente auch das Telefonmonopol der Post dazu, ihren Wissensdurst zu stillen. Denn private Fernsprechanschlüsse gab es in Liepros und Schwedenow nicht. Wollte man nicht die LPG-Buchhalterin, die Schulverwalterin oder die Gemeinderatssekretärin bestechen, mußte man bei ihr telefonieren, die stets zum Mithören verpflichtet war, da sie den Postamtsraum mit der Postkasse nicht unbeaufsichtigt lassen durfte, wenn ein Postkunde zugegen war. Sie rief die Vermittlung in Beeskow an, plauderte ein wenig mit den ihr bekannten Telefonistinnen oder lernte die ihr unbekannten auf diese Weise kennen, übergab, war die Verbindung hergestellt, widerwillig den Hörer und setzte sich, je nach Thema des Gesprächs ernst oder lächelnd, neben den Sprechenden, ohne ihr Interesse zu verbergen. Sich nicht einzumischen fiel ihr sichtlich schwer, doch da sie ihre Pflichten ernst nahm, tat sie es nie und setzte das Thema des Gesprächs nach dessen Ende auch nur fort, wenn sie sich vom Kunden dazu ermuntert fühlte.

Für Pötsch war jedes Telefonat eine aufregende Aktion, eins mit Professor Menzel im besonderen Maße. Es in Anwesenheit eines Zeugen zu führen, dessen Neugier so wenig wie möglich Nahrung gegeben werden sollte, machte es noch schwieriger.

Die achttägige Anstandsfrist, die Pötsch hatte verstreichen lassen, war mit vielfältigen Überlegungen zum Charakter des Gesprächs gefüllt gewesen, die letztlich aber doch kein Ergebnis gebracht hatten, da die Reaktionen des Professors vorauszuberechnen unmöglich war. Schließlich war er in seinem Pessimismus so weit gegangen, daß er voraussetzte, Menzel müßte an die Begegnung im Regen erst behutsam erinnert werden. Die in den ersten Tagen erdachten witzigen Varianten seiner Anfangssätze, die sich auf die Namensgleichheit von Dichter und Ort bezogen, strich er also aus seinen Gedanken und legte sich fest auf die unoriginellen Sätze: Entschuldigen Sie bitte die Störung, Herr Professor, mein Name ist Pötsch, vielleicht erinnern Sie sich noch: ich bin der Lehrer aus Liepros, mit dem Sie in der vorigen Woche über Schwedenow gesprochen haben.

Genau so sagte er das also jetzt, nachdem Frau Seegebrecht sich von der Telefonistin über das Versagen der Straßenreinigung bei den Schneefällen der letzten Tage hatte unterrichten lassen, oder vielmehr: genau so wollte er es sagen, kam aber nur bis zur Nennung seines Namens, weil Menzel ihn schon an dieser Stelle mit einem „Wie schön!" unterbrach, worauf Pötsch sehr fröhlich wurde, und Frau Seegebrechts winziger Mund sich zu einem Lächeln dehnte.

Sie hatte ihren Dienststuhl so gerückt, daß sie tief in ihm sitzen und den Telefonierer doch betrachten konnte. Ihr Blick war wohlwollend, seiner ging krampfhaft an ihrem vorbei, zum Fenster, zum Bodenbelag oder zur Zimmerdecke. Bei aller Konzentration auf dieses wichtige Gespräch quälte ihn in einer tieferen Stufe des Bewußtseins das Gefühl von Unhöflichkeit dieser interessierten Frau gegenüber, die diensteifrig ausharrte, obwohl der Informationswert dieses Gesprächs gering für sie war. Ihr Gesicht zeigte es: mißmutiger wurde es von Minute zu Minute.

Denn außer den Anfangsworten: Entschuldigen Sie die Störung, Herr Professor, mein Name ist Pötsch ... und der Freudenminute, die ihr auch was sagte, hörte sie von diesem sündhaft teuren, weil ausgedehnten Dialog von (das war ihr klar) nicht alltäglichem Charakter nur den Part dessen, der nichts zu sagen hatte oder nicht zu Worte kam. Ja ... Ja ... Gewiß ... Ich verstehe ... Natürlich ... Sicher ... Aha! ...: so ging das fünf, zehn, zwölf Minuten lang, ohne den geringsten Kontakt zu ihr. So sehr gelangweilt hatte sich Frau Seegebrecht bei Telefonaten selten.

Pötsch dagegen merkte gar nicht, wie die Zeit verging. Wie schön! hatte Menzel gesagt und war dann ohne jede floskelhafte Frage nach Wohlergehen oder Wetter sofort zu ihrer gemeinsamen Sache gekommen, das heißt, zu seinem Buch, an das er letzte Hand anlegte, stilistisch feilte, doch auch inhaltliche Kleinigkeiten änderte, biographische Details, die ihm („Sie werden es nicht ungern hören, Herr Pötsch") nach dem Gespräch im Regen bei Dreiulmen doch in anderer Beleuchtung erschienen waren. Zwar war Biographisches in seinem Werk der ideologischen Standortbestimmung[41] an den Rand verwiesen, es spielte aber doch seine, wenn auch kleine, Rolle. Und weil Pötsch das sicher besonders interessierte und das Manuskript gerade vor ihm lag, las Menzel gleich die erwähnte Passage vor, und noch eine, die eng damit zusammenhing, zu deren Erklärung aber einige Bemerkungen vorausgeschickt werden mußten, damit Pötsch die gegen bürgerliche Historiker gerichtete Ironie begreifen konnte, was in vollem Umfang aber erst möglich wurde durch Einblicke in die Gliederung des ganzen Abschnitts, den man im Kontext zum Appendix über den Historismus[42] sehen mußte.

So ging das von Minute zu Minute, und wenn Pötsch auch noch nie von Historismus gehört hatte und auch nicht wußte, was ein Appendix ist, so sagte er doch ja, ja, ja, und selbst dieses kürzeste aller Worte war noch zu lang für die Pausen, die Menzel zwischen den Teilen seiner Rede frei ließ. Doch Pötschs Interesse war so groß wie seine Freude, als Partner akzeptiert zu sein, und er vermißte nichts. Die Probleme, die ihn bewegten, vorzutragen, hatte er am Telefon nicht vorgehabt. Dazu sollte sein Besuch bei Menzel dienen – von dem dann auch am Schluß die Rede war. So plötzlich, wie der Professor sein Thema begonnen hatte, brach er es auch ab, fragte, ob Pötsch am Mittwoch, 16 Uhr kommen könnte und verabschiedete sich. Wieviel Zeit der Professor für ihn geopfert hatte, wurde Pötsch erst an der Telefonrechnung klar.

Doch ehe die von der Vermittlung durchgesagt wurde, vergingen einige Minuten. Die wurden ihm nun wirklich lang. Denn jetzt hatte er mit Frau Seegebrecht zu reden, die nicht in guter Laune war. In eine bessere sie versetzen hätte er nur können, wenn er bereit gewesen wäre, sie über sein Gespräch zu unterrichten. Das aber war er nicht, redete vielmehr vom Wasserstand der Spree, vom Zustand der Schulspeisung und von den Umständen,[43] in denen die Russisch-Lehrerin angeblich war – ohne jeden Erfolg. Aufzuheitern war Frau Seegebrecht mit diesen abgestandenen Neuigkeiten nicht, weshalb sie in den nächsten Tagen auf die ihr wohlgesonnenen Schwedenower brockenweise ihre neueste namenlose Personalnachricht verteilte, die dann für einen, der sie wieder zusammenzusetzen vermochte, besagte: In Berlin schreibt ein Professor ein Buch über das Dorf und ein nicht näher bezeichneter Lehrer liefert ihm ständig den Stoff dazu – also: Vorsicht!

6. *Kapitel* Im Orkus

Nicht nur um ihnen Pötschs Begeisterung verständlich zu machen, sondern auch ihres eignen Genusses wegen, wäre den Lesern zu wünschen,[44] dieses Kapitel könnte ihnen recht bildhaft vor Augen führen, welche schönen und kostbaren Dinge der Landlehrer am Mittwoch zu sehen bekam, nachdem er genau um 16 Uhr die Klingel an Professor Menzels Gartentür betätigt hatte. Aus Angst vor Verspätung war er zu früh gekommen, hatte, um nicht aufdringlich zu wirken, noch einen Spaziergang durch die sich bis in den Wald hinein erstreckende Villensiedlung[45] unternommen und sich dabei, in dem Bemühen, die Gedanken, die er dem Professor vortragen wollte, zu ordnen, so in ihnen verlaufen, daß er, die Blicke ganz auf das innere Chaos gerichtet, keinen mehr übrig hatte für die Schönheiten, vor denen er stand. Die Klingel aus Messing, die er in der Hand hielt, ein Kranz von verschlungenen Mädchenleibern[46] mit stecknadelkopfkleinen Brüsten, betrachtete er nicht anders als einen der Plasteklingelknöpfe, die der Lieproser Konsum feilbot. Vom kunstgeschmiedeten Zaun sah er nur die Lücken zwischen den Blumenornamenten, durch die, über einen auch im Winter sorgfältig gepflegten Rasen hinweg, er die neugotische Villa hätte bewundern können, wäre von ihm nicht nur ein winziger Teil vor ihr, die Tür nämlich, aus der der Professor treten konnte, ins Auge gefaßt worden.

Er war also vorläufig noch blind für die Schönheiten, nicht aber taub für den Wohlklang des Läutwerks, das er durch Heben des Jungfrauenkranzes in Bewegung gesetzt hatte. Durch die nachmittägliche Vorstadtstille drang der Dreiklang des Gongs zu ihm, gefolgt von fröhlichem Hundegebell, das erst durch Hauswände gedämpft war, plötzlich aber, mit Knack- und Zischlauten vermischt, dicht an seinem Ohr ertönte, aus dem gemauerten Torpfosten heraus.

Nun ist eine elektroakustische Sprechanlage, vor Jahrzehnten noch Vorzeigegerät exklusiver Wohnsitze, heute jedem Wohnhochhausmieter vertraut und kein Grund zum Erschrecken. Pötsch aber, der Landbewohner, dessen vierjährige Berliner Studentenzeit bald ein Jahrzehnt zurücklag, wußte zwar von der Existenz solcher Anlagen, war jedoch nie einer begegnet, so daß er über die unvermutete Lautverstärkung des Gebells erschrak und nicht gleich wußte, was und wohin er zu sprechen hatte, als sich über Rauschen und Bellen noch eine Frauenstimme schob und „Ja bitte?" fragte.

Es dauerte also ein zweites „Bitte?" und ein ungnädig getöntes „Wer ist denn da?" lang, ehe er das unauffällige Hör- und Redegitter[47] orten und seinen Namen, der Lautstärke des Apparats angepaßt, in den Türpfosten schreien konnte. Seine so offenkundig gewordene Unwissenheit hatte den Vorteil, daß die Stimme ihm nun ausführliche Anweisungen zum Öffnen der Tür gab, die er peinlich genau befolgte. Auf abwechselnd rot und grau getönten Granitplatten erreichte er das Haus, aus dem ihm ein langhaariger Bernhardiner in Kalbsgröße entgegensprang, der es sich bald unter Pötschs streichelnden und klopfenden Händen wohl sein ließ.

Von allen Schönheiten, die ihn für Stunden umgaben, war die des Hundes die erste, die er in sein Bewußtsein aufnahm, und zwar aus Berechnung. Er fürchtete sich nämlich vor den ersten Gesprächsminuten, in denen erfahrungsgemäß nur Freundlich-Nebensächliches geredet wird, zu dem er sich, Auge in Auge mit einem Professor und zumal mit diesem, ohne Vorbereitung nicht fähig fühlte. Da nun einige Schwedenower Bauern nach Verlust ihrer Selbständigkeit[48] und dem Gewinn an Freizeit ihre brachliegende Privatinitiative auf die Zucht von Rassehunden gerichtet hatten, waren Kenntnisse dieses Liebhabergewerbes auch in Pötschs Lokaluniversalismus eingedrungen. Er verstand etwas von Hunden und hoffte, daß der Bernhardiner,[49] den an seiner Seite zu halten er sich bei entsprechender Aufmerksamkeit schon zutraute, unauffälliger Anlaß zu einem gezielten Gespräch über ihn werden könnte.

Leider erwies sich diese Berechnung als falsch, da Menzel, als er erschien, erstens, den Hund in seine Kammer (die übrigens die Ausmaße von Pötschs Kinderzimmer hatte) zurückjagte und, zweitens, durch Erfahrungen mit Besuchern, die alle Pötschs originellen Einfall gehabt hatten, gewitzigt, sofort erklärte, daß der Bernhardiner seiner Frau gehörte, er für Hunde, für Tiere überhaupt, ja, für alles, das man, als Gegensatz zur Kultur im engeren Sinne, Natur nenne, nichts übrig hätte, was auch bedeutete, daß man den Rasen, die Rosen und alles andere Grünzeug in Haus und Garten zu loben, ihm gegenüber sich sparen und lieber für eine eventuelle Anwesenheit der Frau aufheben könnte.[50]

Pötsch machte den Versuch, belustigt und nicht betroffen zu wirken. Es gelang aber nicht. Täuschen ließ sich Menzel durch das gezwungene Lachen nicht, aber genau so wenig enttäuschen. Es war vielmehr so, daß mit seiner Überlegenheit die Sympathie für Pötsch wuchs und er alles tat, was, wie er dachte, den jungen Mann erfreuen könnte. Er zeigte ihm also die Schätze des Hauses.

Natürlich zeigte er dabei auch sich selbst, und zwar so, daß Pötsch für eine Entdeckung hielt, was er da merkte. Es war das seltsame Nebeneinander[51] von für unvereinbar geltenden Wesenszügen, das Pötsch am Professor feststellte und vorläufig mit den Begriffen Zynismus und Naivität umschrieb, die aber das Phänomen so ungenau trafen, daß er es sich selbst (und später Elke) immer wieder an Beispielen klarmachen mußte. Hatte Menzel noch eben gezeigt, wie scharfsinnig er Schmeicheleien durchschaute, so forderte er im nächsten Augenblick, als es um Dinge ging, die er als die seinen ansah, Lobsprüche in einer Weise heraus, die Pötsch sich nicht scheute in Gedanken kindlich zu nennen – selbstverständlich erst, nachdem er sicher wußte, daß die Komplimentenfischerei ernst gemeint war. Das dauerte allerdings lange, weil er es bei einem so berühmten und eigner Qualität so sicheren Mann nicht für möglich halten wollte. Dann aber lobte er so gut er konnte, nur konnte er es leider schlecht. Obwohl er nach einer Weile wußte, daß keine positive Übertreibung zu übertreiben sein konnte, brachte er nicht fertig, sie auszusprechen, selbst wenn sie ihm einfiel.

Die erste Station des Rundgangs durch das Haus machte ihn noch verlegen, weil er beim fröhlichen „Wie finden Sie das?" des Professors noch glaubte, Kritikfähigkeit zeigen zu müssen. Es handelte sich um eine Kostbarkeit eigner Art, die Haushälterin nämlich, deren Stimme Pötsch schon vor dem Gartentor erschreckt hatte. Die wurde ihm nun vorgestellt als „unsere unersetzliche Frau Spießbach"[52] und gleich nach ihrem Abgang die Erklärung angeschlossen, sie hieße eigentlich Spießbauch, doch wäre Menzel solche Entstellung des Menschen durch seinen Namen unerträglich, weshalb er ihr am ersten Tage schon erklärt hätte, daß er durch Weglassung eines unbedeutenden Vokals ihren Namen dem Stil des Hauses anpassen würde. Darauf also hatte Pötsch ganz falsch reagiert, indem er, statt billigendes Gelächter anzustimmen, der Aristokraten gedachte, die alle ihre Diener Anton nannten.

Die Mißstimmung war so deutlich, daß Pötsch ein zweiter Fehler dieser Sorte nicht mehr unterlief, nur einer anderer Art. Beim Durchgang durch den ersten Raum mit schönen alten Möbeln fiel ihm unglücklicherweise ein Schwedenow-Bonmot[53] ein, in dem behauptet wurde, daß die Qualität eines Buches oft im umgekehrten Verhältnis stünde zur Qualität des Tisches, auf dem es geschrieben wurde. Menzel schwieg dazu, doch sagte seine Miene: Geistreich sein kann ich selbst.

Pötsch war nicht gekränkt. Er hatte seine Rolle nun begriffen und war bemüht, in ihr nicht zu versagen. Menzels Kommentare wiesen ihm die Richtung, in die zu zielen war. Nicht als Besitzer wollte er gewürdigt sein, sondern als Mann mit Bildung und Geschmack und Witz. Verständnisvolles Lachen war ihm lieb, Begeisterung und interessierte Fragen. Was Pötsch da mühsam lernte, war nicht etwa Heuchelei. Er war ja voller Lob und Ehrfurcht. Er mußte ja wirklich lachen über die Anekdoten, die sich an jede Vase, jedes Möbel knüpften. Er hatte ja Fragen über Fragen zu Fayencen und Intarsien, zu Empire und Biedermeier.[54] Was er lernte, war eigentlich nur, seine Empfindungen ungewöhnlich deutlich zu äußern und damit zu danken für den Gewinn, den er hatte. Denn sein kunst- und literaturwissenschaftliches Wissen wuchs, und sein Stilempfinden wurde gefördert durch diesen ausgezeichneten Lehrer, der ihm an einem Ranke[55]-Porträt die bürgerliche Geschichtsschreibung oder an einem Sekretär von 1810 den Lebensstil der napoleonischen Zeit verständlich machen konnte.

Das alles aber war erst Auftakt. Der Höhepunkt kam noch: die Bibliothek. Manch Bibliophiler, der sie sah, wurde stumm vor Neid. Pötsch nicht. Er war in einem Rausch von Glück. Nie spielte er seine Rolle, die er dabei vergaß, so gut.

Nach kurzem Überblick über die Fülle des Gesamtbestandes führte ihn Menzel an das Heiligtum heran: die Erstausgaben von 1789 bis 1815, die Geschichtsschreiber erst, so seltene, nie wieder gedruckte Leute wie Bülow, Massenbach[56] darunter, einige Philosophen, viele Memoiren, Zeitschriften, dann die Literaten,[57] Goethe, Schiller, Forster, Richter, Kleist und Körner, beide Schlegels, Tieck in langen Reihen und schließlich, Pötsch war sehr feierlich zumute, Max von Schwedenow: ,,Barfus", ,,Emil",

„Friedensbund" im Einband der Zeit, die „Geschichte der Koalitionsfeldzüge" sogar als Fortsetzungsdruck in einer Zeitschrift. Pötsch wußte nicht, wonach er zuerst greifen sollte.

Erstausgaben zu sammeln, war für den Schwedenow-Forscher kein Hobby, es war eine Notwendigkeit, da nur zwei Romane (die einzigen, die Pötsch besaß) von Franz Robert um die Jahrhundertwende nachgedruckt worden waren. Die anderen hatte Pötsch nur im Lesesaal der Staatsbibliothek lesen können. Das muß wissen, wer verstehen will, warum er jetzt blätternd auf der Leiterstufe saß und aussah wie einer, der endgültig am Ziel ist.

Aber Menzel hatte feste Pläne. „Ab in den Orkus!"[58] entschied er nach einem Blick auf die Uhr und setzte, als Pötsch sich nicht trennen konnte, lockend hinzu: dort werde er noch mehr von M. S. finden.

Gemeint war der Keller, den der Professor, wie er erklärte, so unumschränkt beherrschte, wie Gott Hades die Unterwelt. Das Elysium, die Sauna nämlich, wurde nur mit einem Blick gestreift, dann ging es am Heizungsraum vorbei auf eine Brettertür zu, die Menzel mit den Worten: „Sie betreten den Tartarus", öffnete. Es war sein Arbeitszimmer, ein fensterloser Raum mit weißgetünchten Wänden, sparsam möbliert: ein langer Tisch mit Schreibmaschine, Tonbandgerät, Papier- und Bücherstapeln, ein Stuhl, ein Hocker, Regale mit Büchern, Heften, Ordnern, das war alles. Die Kostbarkeit dieses Raumes bestand in seiner Ruhe, seiner Abgeschiedenheit.

Kaum saßen sie, kam auch schon Frau Spießbauch, servierte wortlos Kaffee und sah so aus, als wäre ihr das Reden in diesem Raum vom ersten Tage an verboten worden. Wieder sah Menzel nach der Uhr und stellte fest; es blieb noch eine Stunde, dann kam der Wagen, um ihn zum Fernseh-Studio abzuholen. Zu besprechen war noch viel, nämlich die Punkte eins, zwei, drei und vier,[59] die er dann so gut gegliedert und sprachlich so geschliffen vortrug, daß man die Rede druckreif nennen könnte, wäre dieser Ausdruck[60] nicht verfehlt für einen Inhalt, der Öffentlichkeit zwar behandelte, aber nicht für sie bestimmt war. Unausgesprochen trugen Menzels Ausführungen den Vermerk Streng vertraulich!, und Pötsch war sich in dieser aufregenden Stunde der Ehre, die ihm widerfuhr, vollkommen bewußt. Die Härte des Hockers nahm er ebensowenig wahr wie die erzwungene Stummheit, die ihm wiederum nur zustimmende Jas erlaubte.

Als er um halb sieben, wieder von Hundegebell begleitet, Orkus und Haus verließ, um seine Vier-Stunden-Fahrt mit S-Bahn, Bus und Fahrrad anzutreten, war seine Tasche schwer geworden, weil zu dem Alpenveilchenstrauß, den er vergessen hatte abzugeben, zwei Schwedenow-Bücher und ein dreibändiges Schreibmaschinen-Manuskript hinzu gekommen waren. Sein Gemüt aber war leicht und heiter. In der Bahn las er die für sein Vorhaben wichtigen „Nachgelassenen Briefe an Freunde" von 1815, deren Vorwort die einzige Nachricht über Schwedenows fragwürdigen Tod enthielt. Als er das in Arndtsdorf abgestellte Fahrrad bestieg und in frostklarer Nacht durch den Wald fuhr, wurde das Vier-Punkte-Programm, um Schilderungen des Professors, der Haushälterin und der Villa vermehrt, in seinen Gedanken immer wieder neu zu der für Elke spannendsten Erzählart gegliedert. Erst in der warmen, nach Kuchen duftenden Küche, in der Elke noch tätig war, spürte er seinen Hunger. Aber nicht ihm galten seine ersten Worte, sondern der Stadt, aus der er kam.

„Was hältst du davon, nach Berlin zu ziehen?"

7. *Kapitel* Wirkung von Alpenveilchen

Elke Pötsch gehörte zu den Menschen, die von sich behaupten, daß sie mit beiden Beinen auf der Erde stehen – was sagen soll: sie hängen nicht Erinnerungen nach, sie träumen nicht voraus, sie leben in der Gegenwart, tun was gefordert wird (sehr tüchtig) und schlafen gut. Fragen und Konjunktive sind ihre Sache nicht. Sie feiern Feste wie sie fallen, strecken sich nach allen Decken und bereuen Entscheidungen nie – was leichtfällt, weil deren graue oder schwarze Folgen vorher von keinem Erwartungsglanz vergoldet worden waren. Im Gegensatz zu Träumern, Utopisten, Besserwissern,[61] die Realitäten mit dem Maßstab ihrer Wünsche messen (und zu klein befinden), sind sie, die Maßgerechten, in Staat und Ehe wohlgelitten. Nie werden sie zur Nörglern, Querulanten; nie versuchen sie mit Hilfe ihrer Ideale, den Ast, auf dem sie sitzen, anzusägen oder nur zu wechseln. Elke fragte nicht mal nach dem

Wetter. Schlechtes und gutes gab es für sie nicht: nur Kleidung, die ihm nicht entsprach.

Dem großen Vorbild ihrer Mutter folgend, die fleißig, tapfer, zäh und klaglos vier Kinder aufgezogen und einen arbeitsscheuen Mann ertragen hatte, leistete sie sich keine Krankheit, keine schlechte Laune. Obwohl sie nur zwei Kinder hatte, stand sie, nach Aufgabe ihres Sportlehrerberufs, doch einer sechsköpfigen Familie vor. Daß sie Pötschs großes Elternhaus (zu dem zwei Morgen Garten, zwei im Verfall begriffene Ställe, eine bereits verfallene Scheune, ein Hund, zwei Katzen und 13 Hühner gehörten) allein versorgen mußte, konnte sie als Unrecht nicht empfinden. Mann und Schwager verdienten, wie es in der Ordnung war, das Geld, Omama war alt, die Kinder klein, und wenn es nötig war, konnte Elke alle fünf zu Haus- und Hofarbeiten durchaus zuch zwingen.

Alle Dorfbewohner mochten Elke gern, weil es ihr Freude machte, auf jedermanns Interesse einzugehen. Sie konnte mit anderen besser reden als mit ihrem Mann, sei es über Kinder-nahrung oder Brennholzpreise. Wenn sie die Holzstapel abschritt, die Festmeterzahl schätzte und den guten Einkauf lobte, gab sie jedem das Gefühl, sich im Leben auszukennen. Wer über Heil-kräuter, Pilze, Pflaumenmus etwas erfahren wollte, ging zu ihr. Sie, die nie Zeit hatte, hatte Zeit für jeden. Ohne Hast zu zeigen, verstand sie Gespräche kurz zu halten.

Zu längeren war nur Gelegenheit an Sonntagnachmittagen, an denen sie Besuche machte und spazieren ging. Denn sie achtete streng darauf, daß jeder Sonn- und jeder Feiertag ihr Freuden bot. Die Sauberkeit in Haus und Hof erfreute von früh an schon ihr Auge. Das vormittägliche Kochfest fand seine Krönung im einzigen gemeinsamen Mittagessen der Woche in der großen Stube. Der Abwasch blieb bis Montag stehen. Wenn Fritz schon auf der Couch lag, Omama im Sessel eingenickt war, der Mann, wie jeden Tag, in sein Arbeitszimmer ging, machte sie sich fein, rief Hund und Kinder und ging los, mal weit bis zu den Reiherbergen, von denen aus man das Gewirr von Rinnsalen sehen kann, durch die der Torf-see seine Wasser in die Spree ergießt, mal nur nach Görtz zu ihrer Freundin. Dann war zuerst der Garten dran, der Schritt für Schritt begangen, gelobt, auch kritisiert wurde, dann der Kaffeetisch, an dem sie es lange aushielt, wenn Hund und Kinder am Dorfteich sich vergnügten. Die Sonntagsruhe, die von ihr ausging, teilte sich dann anderen mit, die Hast, in der sie lebten, fiel von ihnen ab, die Qual des eignen Ungenügens verstummte vor dieser Selbstgenügsamkeit. Die Freundinnen sprachen über dies und das, über Kinder natürlich, auch übers Altern, niemals aber über Elkes Ehe, die, was den körperlichen Teil betraf, so gut wie tot war, lange schon.

Sie fand das sicher ganz normal, weil sie es nicht anders kannte. Es war vorbei, nun gut, so war das Leben, zwei Kinder hatten sie, mehr sollten es nie sein. Resignation in diesem Punkt paßte sich gut ins schöne Gleichmaß ihres Lebens ein.

Dieses Gleichmaß wurde nun von ihrem Mann gestört, nicht willentlich natürlich. Die Seelenruhe seiner Frau beschäftigte Pötsch an jenem Abend, als er, aus Berlin kommend, zuerst eine Frage stellte, überhaupt nicht. Er wollte nicht mal eine Antwort. Wie Elke sich zu Umzugsplänen verhielt, kümmerte ihn nicht. Er wollte reden, mit Erfolgen prahlen, sein Glück beschreiben. Er brauchte keine Meinungen, er brauchte nur ein bißchen Resonanz. Elke tat gut daran, eine Antwort, die sie nicht wußte, nicht erst zu versuchen. Sie sagte: ,,Du wirst Hunger haben'', und tischte auf.

In merkbare Unruhe hatte die Frage des Mannes sie nicht gleich versetzt. Sie war es gewohnt, ihn nicht ernst zu nehmen. Leicht fiel es ihr, sich zu geben wie sonst: als willige Zuhörerin, von der außergewöhnliches Interesse nicht verlangt wird. Aber sie paßte auf, um entscheidende Wendungen der Schwedenow-Spielerei nicht zu verpassen. Während er von den Nebensächlichkeiten (die sie meist so lustig nicht fand, wie er sie darstellte) zur Hauptsache kam, waren ihr zwei beunruhigende Besonderheiten schon klargeworden: seine unmäßige Heiterkeit und die rücksichtsvollen (freilich nie ganz gelingenden) Versuche, sie mit langweiligen literaturhistorischen Details zu verschonen. Was sie nicht merkte war, daß er sich die vier Punkte, die vorzutragen waren, so ordnete, daß der für sie bedeutsamste am Schluß zur Sprache kam.

Es ging darum (wie Pötsch bei Leberwurstbroten nach Menzel-Zitaten referierte[62]), Max Schwedenow ,,unserer Öffentlichkeit ins Bewußtsein zu hämmern'', und zwar so energisch, daß ab sofort kein Historiker und Literaturwissenschaftler mehr an ihm vorbeisehen, ab morgen kein Lehrplan ohne seinen Namen vollständig sein konnte und eine staatlich inszenierte Feier seines 165. Todes-tages[63] im übernächsten Jahr nicht zu umgehen sein durfte. Sämt-liche Massenmedien wollte Menzel selbstverständlich aktivieren. Sein Buch über den „Märkischen Jakobiner" sollte ein übriges tun.

Damit war Pötsch bei seinen eignen Aufgaben. Er legte das Käsebrot beiseite, wischte die Krümel vom Mund, das Fett von den Händen und entnahm der Tasche das Manuskript der heute berühmten Schwedenow-Monographie. Die mehr als 600 Blatt maschinenbeschriebenen Durchschlagpapiers füllten drei Hefter. Nach dem allgemeinen ersten Programmpunkt (Schwedenow-Kampagne) war das der zweite: Menzel vertraute Pötsch das künftige Standardwerk an, zum Korrekturlesen, zur Überprüfung der biographischen Daten und Fakten. Pötsch verhehlte Elke seinen Stolz auf dieses Vertrauen nicht.

„Ein Haufen Arbeit", sagte die.

„Was heißt hier Arbeit? Ich platze vor Neugier."

„Und Punkt drei?"

In diesem zeigte sich des Professors Wendigkeit. Wie Elke leicht begriff, war es nicht gut, wenn die Bearbeitung der Öffentlichkeit nur von einem Menschen aus erfolgte. Der Verdacht, dem Einfluß einer Marotte zu erliegen, durfte nicht erst aufkommen. Deshalb hatte der Professor nicht selbst, sondern ein Bekannter bei der „Urania" den Vortragszyklus „Vergessene Dichter — neu ent-deckt" angeregt und als glanzvolle Eröffnung einen populärwissen-schaftlichen Vortrag vorgeschlagen, dessen Patronat[64] Menzel zwar, scheinbar widerstrebend, angenommen, zum Referenten aber einen anderen vorgeschlagen hatte, um schon vorhandene Breite des Interesses vorzutäuschen. Elke fand das sehr geschickt, weil sie an sich selber merkte, wie die Schwedenow-Begeisterung ihres Mannes in dem Maße an Skurrilität für sie verlor, in dem sie sie von einem anderen geteilt wußte. Den Namen des vorgesehenen Referenten zu raten fiel ihr nicht schwer, da sie ihn, strahlend vor Freude, vor sich zu sitzen hatte.

Inzwischen war es Mitternacht geworden. Sie sahen nicht auf die Uhr, merkten es aber an dem aus der Kneipe heimkehrenden Schwager und Bruder, den Kuchenduft in die Küche lockte. Fritz hatte nicht das Gefühl zu stören. Da ihm jede Gesellschaft recht war, hatte der Gedanke, daß er irgend jemandem nicht willkommen sein könnte, sich in ihm noch nie geregt. Von Bier beflügelt, schwatzte er heftig drauflos, von Geschäften vorwiegend, die er mit Heu und Rüben und Schweinen zu machen vorhatte (wozu er aber nie kam), und lobte so lange den Backduft, bis Elke den frischen Kuchen holte und sogar auch noch Kaffee kochte, für alle drei. Pötsch war zu glücklich, um ärgerlich werden zu können. Zum Vortäuschen echt wirkender Müdigkeit war er aber durchaus in der Lage. Fritz, der es sich nicht vorzustellen vermochte, wie ihm um sechs Uhr morgens, wenn er wieder auf seinem Trecker saß, zumute sein würde, protestierte vergeblich gegen den plötzlichen Aufbruch.

Zur Behandlung des vierten Punktes jedoch kam es beim Ehepaar vorläufig noch nicht. Der Ort (das Schlafzimmer nämlich), Worte, Gesten und Pflanzen bewirkten zusammen eine längere Verzögerung des Gesprächs. Auf dem Gedankenumweg über Menzels Rasen fielen Pötsch die Alpenveilchen wieder ein. Der Frau des Professors hatte er sie nicht überreichen können, nun bekam seine eigne sie. Da sie nicht wußte (auch nie erfuhr), daß sie nicht für sie gekauft worden waren, setzte sich in ihr der Gedanke: Er hat in Berlin nicht nur an Schwedenow, sondern auch an mich gedacht! in Bewegungen um, die sie erst nahe an ihn heran und dann zu Zärtlichkeiten führten, an die sich die beiden jetzt erst wieder erinnerten.

Überraschend und beglückend war die nächste halbe Stunde. Doch als aus dem Paar wieder zwei einzelne wurden und in den Leerraum, den die schwindende Lust hinterläßt, die Gedanken nachströmten, entfernten sich beide mehr und mehr voneinander, ohne davon zu wissen. Während in ihm die vorherige Hochstimmung weiter wirkte, ihn gedanklich schon die lichten Höhen[65] des Ruhms hinauf wandeln ließ, fand sie sich in einem Seelentief wieder, das aus Sehnsucht, Mißtrauen und Angst bestand. Bei ihm hatte nur geistige Hochstimmung sich körperlich entladen, um dann weiter zu wirken wie zuvor. In ihr aber hatte sich etwas verändert, das sie verwirrte. Neues hatte begonnen; noch wußte sie nicht, ob neues Gutes oder neues Böses. Sie hatte etwas verloren: ihre Sicherheit nämlich. Wäre sie fähig gewesen zu reden, hätte sie Unmögliches von ihm verlangt, Liebesschwüre zum Beispiel oder die Versicherung, daß er erneutes Versanden von Gefühlen nicht mehr zulassen würde. Doch sie war sprachlos, wartete darauf, daß wenigstens eine Bewegung seiner Hand nach ihrem Haar ihr ein Zeichen dafür gäbe, daß sie für ihn noch existierte, und wurde sich dabei des Unglücks schon bewußt, das darin lag, solche Art Sehnsucht bei solcher Art Mann wieder zu empfinden. Sie verbot sich das, rief sich zur Ordnung, empfahl sich Nüchternheit, besann sich auf Erfahrung. Mißtrauen kam ihr zu Hilfe, Angst vor Änderung. Das Stichwort dafür hieß Berlin. Wenn zwischen seiner Frage bei der Ankunft[66] und den Alpenveilchen ein Zusammenhang bestand, war seine Absicht ernster als sie angenommen hatte, dann war rhetorisch an der Frage nur die Form gewesen, dann hieß das also: Wir ziehen nach Berlin! Dann waren die Blumen nur dazu bestimmt, sie weich zu stimmen, die jäh verebbte Zärtlichkeit nichts als Methode, Widerstand in ihr zu töten, ehe er begann.

Pötsch ahnte nicht, was allein schon eine Geste für seine Frau in diesem Augenblick bedeutet hätte. Seine Hand, die sie auf ihrem Haar erwartete, streichelte die Borsten seines eignen Kinns. Seine Gedanken, die sich Sekunden später schon zu Worten formten, waren nicht bei ihr, sondern bei Professor Menzel, dessen vierten Programmpunkt zu erläutern jetzt doch endlich an der Reihe war.

Als wäre ihr Gespräch durch nichts als Fritzens Heimkehr aus der Kneipe unterbrochen worden, setzte er nun die Erzählung mit dem Wichtigsten von all dem Wichtigen fort, mit dem Angebot des Professors nämlich, aus dem Freizeit-Forscher einen Wissenschaftler zu machen, Pötsch also an sein Institut zu holen. „Begreifst du, was das für mich bedeutet, Elke?"

Das begriff sie wohl. Doch da sie auch begriff, was das für sie selbst bedeutete, und sie außerdem noch immer damit beschäftigt war, die Hoffnungen, die wenige Minuten vorher in ihr gewachsen waren, wieder in sich zu versenken, konnte sie es noch nicht sagen, was aber ihn nicht störte, sondern nur veranlaßte, ihr Einzelheiten näher zu erörtern, von der geringen Unsicherheit zu reden, die noch bestand, (nicht etwa seinetwegen, er hatte sofort angenommen) und zu erklären, um welches Institut es sich dabei handelte.

„Hast du vielleicht schon vom ZIHH[67] gehört oder vom ZIHiHi? Nein? Ich auch noch nicht bis heute Nachmittag. Dann ist dir wohl auch das MP noch nicht begegnet. So wird die neue Arbeitsstelle deines Mannes nämlich (in der er übrigens dann bald promovieren muß) flüsternd, hinter vorgehaltener Hand genannt. Ich will es dir erklären. Z heißt zentral, einmalig in der Republik, zu keiner Universität, zu keiner anderen Einrichtung gehörend. I ist ja klar. Zwischen dem einen und dem anderen Hi mußt du dir ein Und denken. Und wenn du weißt, daß der, um den es geht, der Schwedenow also, Geschichtsschreiber war, und Geschichtsschreibung bekanntlich auch Historiographie heißt, hast du das erste Hi schon heraus. Schwieriger steht es mit dem zweiten, das mit deinem Mann zu tun hat, der Geschichte in der Schule gibt und also etwas wissen muß von der Lehrbarkeit der Historie: der Historiomathie. Zentralinstitut für Historiographie und Historiomathie heißt das Ding also und schwebt über allem, was Geschichte erforscht und schreibt und lehrt, von der Hochschule bis hin zur Fachzeitschrift. Es füllt die Lücke, die zwischen diesen Einrichtungen und dem Ministerium klaffte, bis der Professor[68] sie als erster sah oder, wie Lästerzungen reden, sie die Oberen zu sehen lehrte. Denn das auf Universitäts- und Akademiekorridoren geflüsterte MP kürzt eine Gemeinheit ab, die Menzels Pfründe heißt. Das Hinreißende dieses Mannes aber ist, daß er selbst es mir erzählt – und darüber herzlich lachen kann.''

8. *Kapitel* Interpretationen

Drei Wochen später schon konnte Pötsch das innere Bild, das er sich vom Institutsgebäude entworfen hatte, korrigieren. Er hatte sich Repräsentatives vorgestellt, nicht unbedingt Säulen vorm Portal, aber doch wenigstens mit großer Glastür und weithin sichtbarer Beschriftung. Nun fand er ein schäbiges Bürohaus, das sich das *ZIHH* mit Handelsfirmen, Redaktionen und Kontoren teilen mußte. Die kleine Holztür war beklebt mit Hinweisschildern. Eine Wandzeitung im Treppenflur versprach höhere Produktion von Plaste und Elaste. Die fensterlosen Gänge rochen intensiv nach Bratensoße. Er kam zur Mittagszeit und mußte warten.

Daß sein Name der Sekretärin, die ihn auf einen Besucherstuhl verwies, nichts sagte, fand er selbstverständlich, die uninteressierte Stummheit aber, mit der seine Bemerkung, er sei zum Institutsleiter bestellt, aufgenommen wurde, irritierte ihn, weil er sich darauf vorbereitet hatte, ausgefragt zu werden. Bestellt zu sein, konnte schließlich jedermann behaupten und dann des Professors kostbare Zeit mit Unwesentlichem stören. Eine Frage nach der Bestellzeit war das Mindeste, das er erwartet hatte. Ab Mittag, hätte seine Antwort gelautet, die nicht ohne Stolz gewesen wäre, weil er es für ein Zeichen von Vertrautheit hielt, daß der Professor genaue Stunden und Minuten nicht angegeben hatte.

Das Wort Vertrautheit zu denken, war so abwegig nicht für einen, den der Professor in den letzten 20 Tagen fünfmal (übers Telefon der Schule) angerufen hatte, zum erstenmal schon 18 Stunden nach Pötschs Besuch im Orkus, um ein Uhr mittags also, in der letzten Pause. Menzel hatte wissen wollen, wie Pötsch (der bisher nur wahllos darin geblättert hatte) sein ,,Märkischer Jakobiner'' gefiel.

,,Ausgezeichnet'' hatte Pötsch gesagt und war, obwohl er sich lügend nicht gefiel, doch stolz auf seine Reaktionsfähigkeit gewesen.

,,Auf welcher Seite sind Sie?''

Pötsch hatte bald begriffen, daß dem Professor unmöglich war, sich vorzustellen, daß einer, der ein Manuskript in Händen hielt, sich durch Beruf und Schlaf abhalten lassen konnte, es zu lesen, und hatte schnell gesagt: ,,Auf Seite 63 leider erst.''

,,Die Abrechnung mit Gentz[69] haben Sie also schon gelesen. Habe ich den brillant erledigt oder nicht?''

,,Brillant ist genau das richtige Wort dafür.''

,,Freut mich zu hören, wirklich, freut mich sehr! Dann also noch viel Spaß bei den 530 Seiten und auf Wiederhören!''

So einfach ist das also, hatte Pötsch gedacht, als der erste Schreck vorbei gewesen war. Bei den folgenden Telefonaten dieser Art war seine Lage besser gewesen. Den tatsächlichen Stand seiner Lesearbeit hatte er dann nicht mehr zu verschweigen brauchen, und folglich immer gewußt, was es gewesen war, das Menzel an sich rühmte. Wenn zusätzlich noch die Frage nach unrichtigen Details gekommen war, hatte er dem Professor auch mal was Neues sagen können. Nach kritischem Urteil hatte Menzel nicht gefragt und auch nie Lücken zwischen seinen Worten gelassen, die groß genug gewesen waren, um es einzuschieben. Für kleine Lücken aber hätte Pötsch genauer wissen müssen, was ihm nicht gefiel. Denn nur klare Gedanken konnte er in Kürze äußern. Seine Kritik jedoch war höchst verworren. Von Seite zu Seite war ihm unwohler geworden, aber seine Menzel-Verehrung war so groß, daß er sich dagegen sträubte, dieses Unwohlsein zu definieren. Es ist gekanntlich schwer zu tadeln, wo man loben will.

Beim fünften Anruf dann hatte Pötsch melden können, daß Lektüre, Korrektur und Kontrolldurchsicht beendet waren, und Menzel hatte ihn ins Institut bestellt. „Ab Mittag bin ich dort."

Nun war es Mittag. Man roch es, und man sah es der Sekretärin an, die sich von Knäckebrot ernährte, Zeitung las und weder Worte noch Blicke für den Besucher hatte, der so früh gekommen war, um die Gesprächszeit möglichst zu verlängern. Standen doch[70] nicht nur, was schon viel war, seine Verbesserungen zur Debatte; er wollte auch mit helfender Kritik zur Hand sein, nur in einer Sache, die ihn besonders anging. Leicht würde das nicht sein. Er wollte Menzel nicht verletzen, wollte Bedenken deshalb in Fragen kleiden. Menzel sollte zu helfen glauben, wenn in Wahrheit ihm geholfen wurde.

Schlüsselgeräusche vom Gang her schienen der Sekretärin ein Signal zu sein, sich Pötschs wieder zu erinnern. Sie schickte ihn ein Stockwerk höher, wo eine Dame ihn begrüßte, die bunt gekleidet, bunt bemalt und sehr gefühlvoll war. Pötsch fühlte sich bedrückt durch ihre Stattlichkeit. Ihr warmer, mütterlicher Ton, der wohl dazu bestimmt war, seine Schüchternheit zu mildern, verstärkte sie. So lange hielt sie seine Hand, bis sie wußte, wer er war und was er wollte, und in den Minuten, die noch vergingen bis Dr. Albin vom Mittagessen wiederkam, erfuhr er über Menzel, den er versuchte ins Gespräch zu bringen, nichts, doch alles Wissenswerte über sie, Frau Dr. Eggenfels, die Menzels rechte Hand bei allen jenen Dingen war, deren Behandlung Feingefühl und Charme erforderten. Sie hatte sich von einem Kellerkind[71] (unter dem Pötsch sich nichts vorzustellen vermochte), nicht ohne Menzels Hilfe, zur promovierten Wissenschaftlerin mit drei stark beachteten Publikationen emporgearbeitet und war (was Pötsch ihrer mütterlichen Aura wegen verwunderte) nicht mal so alt wie er.

Pötsch fragte sich, während er bestrebt war, den Blicken dieser großen, feuchten Augen auszuweichen, ob die Beklemmung, die ihn in diesen Räumen überfiel, verginge, wenn er hier seßhaft wäre und allen Damen wohlbekannt. Antwort auf diese Frage konnte er sich auch nicht geben, als er drei Stunden später dieses Haus verließ. Die Lage der auf drei Etagen verteilten Räume, in denen er sich aufgehalten hatte, war ihm so unklar wie sein Verhältnis zu den Leuten, denen er begegnet war.

Dr. Albin, der sich Menzels Stellvertreter nannte, in Wahrheit aber eine Art Verwaltungs- und Personalchef war, wußte über Menzels Absicht, Pötsch zu sehen, Bescheid. Er sagte höflich: „Ich freue mich, Herr Pötsch", und unterrichtete ihn davon, daß der Professor zwar im Hause war, doch viel zu tun hatte und Pötsch deshalb bat, die Korrekturen mit seinem Mitarbeiter, dem Kollegen Brattke, zu besprechen, bis er selbst Zeit finde, ihn zu sehen. Albin dirigierte Pötsch in den Besuchersessel, nahm an seinem Schreibtisch Platz und telefonierte mit dem Kollegen Brattke, den er in einem Tone duzte, als sage er Mein Herr! zu ihm. Auch wenn er nun zum zweitenmal Es freut mich! sagte, war von Freude nichts zu spüren. Er sagte, er freue sich, Herrn Pötsch im Herbst als Kollegen begrüßen zu können, und meinte damit wohl: ausgesprochenen Widerwillen habe er nicht dagegen.

Pötschs heiße Freude über diese Bemerkung kühlte sich nicht ab durch Albins eisige Korrektheit. Sein wiederholtes Bemühen, die Freude in Worte zu fassen, füllte die Zeit bis zu Brattkes Auftritt, der akustisch kaum vernehmbar, visuell jedoch aufsehenerregend war.

Brattkes Schritte waren lautlos, weil er Filzhalbstiefel an den großen Füßen trug. Mit Dr. Albin redete er nicht, mit Pötsch nur murmelnd, Grußworte sicher, verbunden mit der Aufforderung, ihn zu begleiten. Dann wandte er sich schon zum Gehen, sichtlich bestrebt, des Doktors Zimmer eilends wieder zu verlassen. Pötsch fand kaum Zeit, mit Albin Abschiedshöflichkeiten auszutauschen.

Aufsehenerregend an Brattkes Anblick war vor allem seine Körperlänge. Um nicht so groß zu wirken, wie er war, war er bestrebt, durch Rückenkrümmung[72] den Kopf auf die Höhe der Normalgestalteten zu bringen. Das konnte jedoch genau so wenig von seiner Überlänge ablenken wie seine Originalitäten: der leise Filzschuh-Gang, der übergroße Pullover, der auch das Gesäß noch wärmte, und die Kette auf der Brust, an der die Lesebrille hing.

Die Originalität von Brattkes Arbeitszimmer, das nur durch ein Gewirr von Gängen und Stiegen zu erreichen war, bestand in seiner Unordentlichkeit. Der Raum war vollgestopft mit Büchern und Papieren. Nur durch gewundene Gänge war der Schreibtisch zu erreichen. Der Besucherstuhl mußte aus Bücherbergen erst gegraben werden. Erstaunlicherweise dauerte die Suche nach Menzels Manuskript nur wenige Minuten.

„Na, dann mal los!" sagte Brattke, diesmal vernehmlich, in die Staubwolke hinein, die er durch das Aneinanderschlagen der Hefterdeckel erzeugt hatte.

Pötsch hatte nicht gewagt, die Korrekturen in Menzels Text gleich einzufügen. Er hatte sie in seiner klarsten Schrift auf Einzelblätter geschrieben und diese, wo sie hingehörten, eingelegt. Brattke hatte solche Skrupel nicht. Ohne Fragen, ohne Kommentare strich er aus und schrieb darüber, was ihm Pötsch diktierte. Es waren alles Kleinigkeiten, die als Vorschlag zu formulieren Pötsch bald aufgab, als er sah, daß Brattke alles wortlos akzeptierte. Nur ein paar Dinge, die ihm fraglich schienen, unterschlug er, um sie später dem Professor vorzutragen.

Erst als Brattkes Lesebrille wieder über dem Pullover an der Kette baumelte, begann er ein Gespräch, das Pötsch zu Anfang mehr als ein Verhör erschien.

Wie er es fände? Was? Das Buch des Chefs natürlich. Pötsch setzte mehrfach an, fand das Wort beachtlich, das er, weil es ihm viel zu klein erschien, durch großartig ersetzte. Doch da ihm dieses wiederum zu groß vorkam, versuchte er es durch ein Einerseits zu relativieren, wobei ihm Brattke gleich ins Wort fiel und wissen wollte, was das Andererseits denn sei.

Pötsch war es nicht gegeben, schlicht mit: Ich weiß es nicht genau! zu antworten, und Brattke war so grausam, sein minutenlanges Drumherumgerede nicht zu unterbrechen. Er wartete bis die vielen halben und dreiviertel Sätze, die das Andererseits umkreisten,[73] ohne es zu fassen, endeten und sagte: Nun wisse er, warum der Chef so von ihm schwärme.

Pötsch hörte das nicht ungern. Auf seinem Gesicht war es zu lesen. Er hätte gern gefragt: Macht er das wirklich?, um es noch einmal zu hören. Doch unterdrückte er die Frage, weil er spürte, daß Brattkes Bemerkung freundlich nicht gemeint war, eher spöttisch.

Brattke erklärte sich nicht näher. Er erhob sich, verließ leisen

Schritts das Zimmer und kam mit einem Wasserkessel wieder, den er auf den Elektrokocher setzte, der verdeckt von Bücherstapeln vor dem Fenster stand. Während er hinter Reihen von Aktenordnern nach Teebüchse und Teekanne suchte, stellte er zwei Fragen: Ob Pötsch Tee gern trinke, und ob er, wie der Chef behaupte, tatsächlich Lehrer auf dem Lande sei?

Wenn das Gespräch der beiden den Verhörs- und Prüfungscharakter nicht so schnell verlor, so lag das in erster Linie wohl an Pötsch, dem Schüchternheit verbot, selbst das Thema zu bestimmen oder selbst zu fragen. Durch Inaktivität zwang er den anderen dazu, aktiv zu werden. Hinzu kam noch, daß seine schweigende Zurückhaltung Neugier weckte, die er dann wiederum genoß und eine Verpflichtung für sich darin sah, sie zu befriedigen. Er nickte also als Antwort auf die Tee-Frage nicht nur mit dem Kopf, sondern plauderte ausführlich (Zeit genug war ja, und das Thema bot ihm keine Schwierigkeiten) über seine Trinkgewohnheiten: Kaffee am Morgen und am Mittag, bei anstrengender Abend-Arbeit starker Tee. Die Frage aber nach Beruf und Wohnort faßte er als eine nach seinem Leben auf, erzählte auch von ihm, reduzierte es dabei aber, wie nicht anders zu erwarten, auf ein Privat-Gelehrten-Dasein, das Schwedenow gewidmet war.

Brattke stand am Kocher, hörte zu und stellte manchmal Zwischenfragen: Wie steht's mit Alkohol? Was halten Sie von den Geschichtslehrplänen? Was zieht Sie eigentlich in dieses Institut? Dann suchte er nach Tassen, dann nach Zucker. Die Löffel fand er nicht. Sie schütteten den Zucker aus der Dose und rührten mit dem Taschenmesser um.

,,Kennen Sie Einhard?"[74] fragte Brattke.

,,Ich weiß nicht, doch ich glaube, daß …"

,,Und Nithard?"

,,Warten Sie mal, mir ist, als ob der Name mir schon begegnet wäre."

,,Einhard und Nithard: die beiden sind mein Schwedenow. Doch was ich tun muß, sehen Sie: in Menzels Schwarte falsche Kommas suchen, Fußnoten anbringen und Register machen."

Pötsch begriff diesmal schnell, was Brattke meinte. ,,Illusionen, wie Sie vielleicht denken, mache ich mir nicht. Ich weiß, wieviel ich lernen muß und freue mich darauf."

„Sie ahnungsloser Engel!" sagte Brattke, setzte die Tasse an die Lippen, trank einen Schluck und schüttete noch einmal Zucker nach. „Was der Chef in mir nicht hat, sucht er verzweifelt, nämlich einen, der Frondienste freudig leistet und bei dem Verehrung kritisches Urteil unterdrückt."

„Sie meine mich damit?"

„Ich habe das Gefühl, daß man Sie warnen muß."

Pötsch starrte in den Tee und dachte nach. Dann sagte er: „Wenn mir nur klarer wäre, was Sie damit sagen wollen! Mit Lust und Liebe zu arbeiten, halten Sie für schlecht?"

Nun grinste Brattke. Der Ausdruck Lust und Liebe schien ihm zu gefallen: „Mit Lust und Liebe dienen, meine ich! Den äußeren Zwang zu innerem Labsal machen! Die Fesseln nicht nur tragen, sondern auch noch mögen!"

„Sie meinen: der ist frei, der seiner Ketten spottet?"

„Nicht frei; jedoch er bleibt er selbst."

Der arme Pötsch! Zwar hörte er gut zu (er wollte ja von jedem etwas lernen), trug zum Gespräch sogar nach bestem Wissen Zitatenhaftes bei, doch war ihm nicht ganz deutlich, was alles das mit ihm und diesem langen Herrn zu schaffen haben sollte. Er bat erst um Verzeihung, ehe er das sagte, worauf Herr Brattke sehr ausführlich dem Besucher das erläuterte, was er Seelenmechanismus nannte. Glaubte man ihm, so waren die Hoffnungen, die Menzel Pötsch gemacht hatte, Ursache dafür, daß Pötsch Menzel so verehrte, die Verehrung aber verhinderte Kritik, was soviel hieß wie die Leibeigenschaft zu Geisteigenschaft zu machen. Er, Brattke, dagegen hatte, und zwar von Anfang an, darauf geachtet, daß ihm ein Freiraum immer blieb. Der Zaun, der ihn vor fremdem Zugriff immer schützte, war Kritik, so stachelbewehrt, wie irgend möglich war.

„Kritik, natürlich", sagte Pötsch. „Man will doch helfen, besser machen."

„Menzel helfen?" Jetzt grinste Brattke wieder. „In seinem Dunstkreis tut Selbsthilfe not."

Schon wieder zuzugeben, daß er noch immer nicht verstanden hatte, fiel Pötsch nicht leicht, doch mußte er es tun. Vielleicht gäbe es ein Beispiel, sagte er, woran Brattke ihm erklären könnte, was er meinte.

Obgleich die Bewegungen, die Brattke darauf machte, ganz gemächlich, gar nicht hastig waren und sein Gesicht den überlegenen Ausdruck beibehielt, war ihm doch anzusehen, daß er auf dieses Stichwort schon gewartet hatte. Statt etwas zu erwidern, nahm er einen Schlüssel aus der Tasche, öffnete damit ein Schreibtischfach und zog, nach einem Schnapsglas, einem Kaffeefilter und einem Locher, einige Bogen eng beschriebenen Papiers hervor. Er schob die Brillenbügel über seine Ohren, doch las er noch nicht vor, sondern erklärte: Er triebe so was nicht zur Publizierung oder Archivierung, es sei ihm Übung nur, Verstandestraining, das Resultat also Wegwerfkunst, doch dringend nötig für einen, der sich nach 600 Seiten Menzel eigner Denkfähigkeit versichern will. Habe er den Wälzer doch mehrmals durchkämmen müssen, so wie Pötsch es mußte.

„Wollte!" unterbrach hier Pötsch, doch Brattke nahm das nicht zur Kenntnis, erzählte weiter, bitteren Tons, von der Arbeit für den Chef, die er Spanndienst nannte, und war unversehens wieder bei seinem Einhard und bei Nithard, bei der „Vita Caroli Magni" und beim „Historiarum Libri",[75] beim neunten Jahrhundert also, in dem zu graben und zu ackern ihm sein Lehnsherr Gelegenheit nicht gab.

Pötsch wußte dazu nur „Ach so" zu sagen und ein trauriges Gesicht zu machen. Daß Geschichtsschreibung in Deutschland schon so früh begonnen hatte, war ihm neu, und er beschloß, es sich zu merken. Brattke trank noch einmal, schob die Brille höher und begann zu lesen. Er las schnell und leise, gar nicht eitel, erst eine Rezension,[76] deren Sachkenntnis die Behauptung, er sei im Frühfeudalismus zu Hause, Lügen strafte:

Ein Vergessener in Überlebensgröße.

Was den Ruhm betrifft, geht es ungerecht zu: die Person, von der dieses Buch handelt, kennen nur wenige Spezialisten, die Person, die es schrieb, aber kennen Millionen vom Bildschirm her. Seit Jahren gibt der plaudernde Professor uns Lektionen in Geschichte, und ich kenne manchen, der, ließe man die Sendereihe einschlafen, dem Fernsehfunk[77] böse Briefe schriebe. Ich gehöre nicht zu ihnen, sondern zu den Meckerern, die sich keine Sendung entgehen lassen, um immer wieder feststellen zu können, daß etwas weniger

Professorenwitz mehr gewesen wäre − mehr Geschichte nämlich und mehr Wissenschaft.

Kritikern wie mir hat der Professor es mit seinem Buch nun aber gegeben: 600 Seiten Gelehrsamkeit. Kein leichter Brocken, aber die Mühe lohnt. Menzel überzeugt: Das historische und dichterische Werk Max Schwedenows (1770−1813) der Vergangenheit zu entreißen war eine Notwendigkeit. Menzels Appell an das Gewissen der Nation sollte Interessierte dazu verführen, sich das Werk des progressiven Märkers vorzunehmen. Enttäuschen wird es nicht − nur wird rückblickend die Behandlung überraschen, die es bei Menzel erfährt. Mir gibt sein Buch, das alles und jedes ohne Rest erklärt, ein großes Rätsel auf: Wie ist es möglich, daß einer, der von Kunst etwas verstehen muß (sonst hätte er diese nicht entdeckt), so kunstfremd über sie schreiben kann? Des Rätsels Lösung[78] weiß ich nicht, vermute nur, sie ist bei Menzel allein nicht zu finden, sie liegt tiefer oder, wenn man will, auch höher, bei der Ansicht nämlich, die Menzel nur extrem vertritt, man könne Dichtung (wie auch Leben) aus einer These erklären.

Menzels These lautet: Schwedenow hat die Ideen der Französischen Revolution in die Literatur der Befreiungskriege[79] hinübergetragen. Das ist der Kamm,[80] über den er das ganze Werk schert, und wer es kennt, weiß, wie kurzgeschoren es aus dieser Schur herauskommt. Alle Widersprüche, Doppelbödigkeiten, aller Reiz und alle Schönheit sind dahin, alles Wilde ist gezähmt, jede Unebenheit geglättet. Was bleibt, ist im besten Fall noch heroisch, was gänzlich fehlt, ist Menschlichkeit.

Natürlich steht es jedem Professor frei, ein jedes Werk nur nach einer Seite hin zu untersuchen. Doch Menzel untersucht ja nicht, er dekretiert. Er fälscht zwar nicht (wenn er beweist, dann philologisch einwandfrei), er läßt nur weg, was ihm nicht wichtig ist; doch nicht wichtig heißt für ihn: was seine eine These nicht stützt oder ihr ganz widerspricht.

Es geht nicht um den amusischen Fehlschluß, daß der politisch progressivste Dichter damit auch der größte ist (den wollen wir dem Historiker Menzel gern verzeihen) − es geht um die Methode, die Schule machen könnte,[81] da sich bei kaum einem anderen die enorme Wissensfülle mit demagogischem Talent so schön verbindet wie bei ihm.

Ich sagte: Er beweist genau, doch nicht nur das: Er stellt auch unbewiesene Behauptungen auf, die er beim erstenmal sehr klar als unbewiesene bezeichnet – um sie dann hundertmal wie Beweise zu benutzen. Ein Beispiel: Schwedenows dunkle Herkunft nimmt er als fronbäuerliche an und argumentiert darauf mit dieser Annahme (die fragwürdig genug ist) so ausgiebig, daß schließlich Schlußfolgerungen zum Werk auf ihr allein basieren.

Ist diese Manipulation[82] noch leicht durchschaubar, so erliegt, wer Schwedenow nicht kennt, der, die mit seinen Werken vorgenommen wird, mit ,,Barfus'' beispielsweise. Diesem widmet Menzel fast die Hälfte seines Buches, 300 Seiten, etwa so viel, wie der Roman selbst hat. Nachdem er mit viel Akribie und Überzeugungskraft philosophische und literarische Traditionen, auf denen ,,Barfus'' fußt, beschrieben hat, kommt er zur Interpretation, auf die vor allem er den kühnen Titel seines Buches stützt. Die Fabel des Romans ist nach ihm die: Auf einer Bildungsreise durch Europa wird der junge Graf Barfus zum Jakobiner, worauf seine reaktionäre Mutter sich selbst und sein Erbe, das Schloß Liepros, verbrennt; er kommt zurück, heiratet und bringt seine revolutionären Ideale in die preußische Erhebung gegen Napoleon ein. Ein politischer Roman also, denkt, wer ihn nicht kennt, und ist bestürzt, wenn er ihn liest. Denn er erlebt eine bezaubernde Liebesgeschichte zwischen Graf Barfus und Dorette, der Pastorentochter, die mit der Heimkehr von der Frankreich-Fahrt beginnt und mit der Hochzeit endet.

Das heißt nun nicht, daß Menzel sich erfindet, was er braucht, es steht schon alles da, auf seine Zitate kann man sich verlassen, leider aber auch auf seine Fähigkeit, sie aufzublasen bis zu einer Größe, die sie im Romangefüge gar nicht haben. Vielleicht ist der methodologische Gedanke des Hochschullehrers der: Um zu verhindern, daß der Leser die eine Stelle, an der von Revolution die Rede ist, gar nicht bemerkt, behandelt er sie auf 45 Seiten. Die politischen Motive für die grausige Tat der geistesgestörten Mutter sind scharfsinnig konstruiert, wenn auch nicht überzeugend. Ich las bei Schwedenow nur Abscheu vor der beabsichtigten Mißheirat des Sohnes heraus – die schließlich keine wird, weil die Pastorentochter sich letztendlich als Hochgeborene entpuppt, was Menzel zwar nicht unterschlägt, aber (und das nehme ich ihm übel) in seine Interpretation nicht einbezieht, aus gutem Grund. Seine These von der Einbringung der Revolutionsideale in die preußische Erhebung könnte diese Tatsache nämlich zum Einsturz bringen, ja, mit Menzels Methode könnte man durch sie auch genau das Gegenteil beweisen: die Aussöhnung des Helden mit der alten Ordnung.

Daß große Dichtung solcher Behandlung trotzt, zeigt sich, wenn man sie liest. Dann preist man Menzel als Entdecker und vergißt über der Fülle, wie sträflich er diese verkleinert. Die Gefahr ist nur, daß einer, der in Literatur Leben sucht, nach Menzels Buch nach einem von Schwedenow gar nicht greift. Denn des Professors Lob ist eigentlich Schmähung. Wäre Schwedenow so, wie Menzel ihn sieht, gliche seine Wiedergeburt einer Totgeburt. Bei Schwedenow kommt ein Mathematiker vor, der alle Schönheit auf geometrische Form reduziert. Der wird mal der Eindimensionale, mal der Platt-wurm, mal der Papiermensch genannt. Bei Menzel kommt er nicht vor, mich regte er zu folgendem Schlußbild an:

Festgefügt und solide ist das Fundament für das Denkmal. Dieses selbst ist überlebensgroß, doch aus Papier und dem, dessen Namen es trägt, nicht ähnlich. Wem aber sonst? Man kennt doch die Züge! Erst wenn man ans Fernsehen denkt, weiß man: dieses Papierdenkmal hat sein Erbauer sich selbst gesetzt.''

Brattke nahm die Lesebrille ab und sah Pötsch an. Der war verstört. Er hatte das Gefühl, daß er bei diesem Mann nicht sitzen durfte, schon gar nicht schweigend, ohne Widerspruch. Doch der fiel ihm nicht ein. Er wußte nicht: Fehlten ihm nur die Worte oder die Gedanken auch? Er hätte höchstens sagen können: Ich bin nicht Ihrer Meinung! oder ehrlicher: Ich will nicht Ihrer Meinung sein!

Viel Zeit zum Denken ließ ihm Brattke nicht. Er sagte: Und nun eine Parodie. Ich hoffe, Sie erkennen das berühmte Muster wieder. Zum Lachen sind Sie nicht verpflichtet. Das besorgte ich bei der Herstellung schon selbst. Also:

Rotkäppchens Aufruf[83] *zur nationalen Erhebung*
Literaturinterpretation nach Prof. Dr. Winfried Menzel.

Für den national-revolutionären Gehalt von Schwedenows wohl populärster Dichtung hat die bürgerliche Germanistik nie ein Organ gehabt. Wenn überhaupt, hat sie das ,,Rotkäppchen'' als

74

Kindermärchen interpretiert und sich damit inkompetent erklärt, in Fragen wahrer Literatur weiterhin mitzureden. Indem sie den Tatwillen dieser *größten politischen Satire des deutschen Sprachraums* ignorierte, hat sie sich selbst auf den Schindanger der Wissenschaftsgeschichte eskamotiert.[84]

Was geschieht also wirklich in dieser zutiefst volkstümlichen und zugleich symbolträchtigen Dichtung? Um den Anfang verständlich zu machen, muß an den bereits zitierten Brief vom 9. November (!) 1799 erinnert werden, in dem Schwedenow von einem Gespräch mit Aristokraten berichtet, deren Mienen durch seine Worte immer säuerlicher wurden. Der poetischen Bildersprache Tribut zollend, benutzt er zur Verdeutlichung der Situation eine Metapher aus einem zutiefst bürgerlichen Produktionszweig, der Essigfabrikation. Das Ferment seiner Rede säuerte die Ausbeuterphysiognomien ein, heißt es sinngemäß, nur benutzt er statt des Begriffs Ferment die alte Bezeichnung Essigmutter.[85] Welches Thema aber soll der von Gedanken an Revolution durchglühte Jüngling unter die Vertreter einer parasitären Oberschicht geschleudert haben, als das des Umsturzes, der demokratischen Tat? Die Essigmutter oder schlechthin: die Mutter war also für ihn *das* Bild für die Idee der Revolution.

Mit der Mutter aber beginnt die eigentliche Handlung dieser Dichtung. Sie − die Mutter − ist es, die die Solidaritätsaktion in Gang setzt. Sie gibt dem Kind die Richlinien. Sie weist ihm den Weg. Sie empfiehlt zielstrebiges, prinzipientreues Handeln. ‚Lauf nicht vom Wege ab ... Guck nicht erst in allen Ecken herum.'

Um auch dem Begriffsstutzigsten noch deutlich zu machen, daß hier die Revolution die Initialzündung gibt, hat Schwedenow den genialen Einfall, das Kind, das hier in Marsch gesetzt wird, ein Mädchen sein zu lassen, ein ‚Ohne Hosen', ein Sansculotte[86] also − der nicht (deutsches) Roggenbrot und Bier in seinem Körbchen hat, sondern (gut französisch) Weizenbrot und Wein!

Die Zeit Schwedenows ist auch die Zeit der Romantik,[87] die den deutschen Wald entdeckt. In ihm steht die Hütte der Großmutter, unter deutschen Eichen, durch eine Nußhecke von der Welt geschieden. Ätzenden Spott gießt der Dichter über dieses Krähwinkelglück. Während der Wolf schon lüstern die Beute umschleicht, und die progressive junge Generation, keine Gefahr

75

scheuend, unterwegs ist, liegt die Alte in ihrem Philisterbett, schläft, träumt, hat nicht einmal Kraft genug, die Tür zu öffnen. Ohne Gegenwehr läßt sie sich vom Wolf verschlingen. Nur hartgesottenste Ignoranz der reaktionären Germanistenclique kann hier das Läuten der Glocken von Jena und Auerstedt[88] überhören.

Aber nicht nur über die gesellschaftlichen Zustände Deutschlands schwingt Schwedenow die Geißel. Scharf ist auch die Waffe seiner Ironie, wenn er vor den Dichterlingen warnt, die, statt um Volksrechte und nationale Befreiung zu ringen, nach der Blauen Blume suchen. Von tiefster Einsicht in die Manipulierungsmethoden despotischer Herrscher zeugt es, wenn er ausgerechnet den Wolf, der Napoleon verkörpert, dem Mädchen raten läßt: ‚Sieh einmal die schönen Blumen, die ringsumher stehen, warum guckst du dich nicht um? Ich glaube, du hörst gar nicht, wie die Vöglein so lieblich singen?‘ Mit unüberbietbarer Schärfe und Genauigkeit sind hier Töne des ideologischen Klassenkampfes[90] getroffen, wie sie noch hier und heute über den Äther zu uns gelangen.

Aber es kommt noch besser. Als nach der bekannten Szene von umwerfender Komik, in der das geflügelte Wort von Großmutters großem Maul fällt, Napoleon seinen Siegesrausch ausschläft und der bewaffnete Retter naht, ist das nicht etwa ein königlich-preußischer Polizist oder Grenadier, sondern ein Jäger. Die Assoziation mit Lützows wilder, verwegener Jagd[91] liegt also nahe und ist von dem leidenschaftlichen Verkünder der Volksbewaffnung sicher beabsichtigt. Um aber keinen Zweifel daran aufkommen zu lassen, daß der Kampf um nationale Befreiung mit dem um soziale Befreiung verbunden werden muß, schwingt der Dichter noch einmal demonstrativ das Banner der Revolution, indem er bei der Befreiungstat des Lützowers noch einmal eines der prägnantesten revolutionären Symbole, die Jakobinermütze,[92] aufleben läßt. Der von hoher künstlerischer Meisterschaft zeugende Satz lautet: ‚Als er aber ein paar Schnitte getan hatte, da sah er das rote Käppchen leuchten.‘ Das rote Käppchen! Sollte es ein Zufall sein, daß dieses signifikante Symbol zum Titel der Dichtung wurde? So war Max Schwedenow!

Probleme der Erhebung im doppelten Sinne[93] standen seit dem Tilsiter Frieden[94] auf der Tagesordnung der Geschichte. Indem Schwedenow es nicht nur theoretisch, sondern auch praktisch, als menschengestaltender Erzähler *und* Freiheitskrieger, mit ihnen aufnahm, wuchs er zu dem großen geistigen Führer empor, den die aufstrebende bürgerliche Klasse in schwerster Stunde brauchte."

Bei dieser Lesung hatte Brattke manchmal aufgesehen und Pötsch beobachtet. Er wußte also über die Wirkung auf den Hörer schon Bescheid. Pötsch war nicht belustigt, diesmal aber auch nicht ratlos. Er war empört und fühlte sich dazu verpflichtet, die Empörung auch zu äußern. Es sei so billig, sagte er, das Strahlende zu schwärzen[95] und das Erhabene in den Staub zu ziehen. Sein Schweigen von vorher war damit, fand er, wieder gutgemacht.

Brattke war nicht gekränkt. Sorgfältig verschloß er die Papiere wieder und begnügte sich mit der Bemerkung: Andere zu überzeugen, sei sein Ehrgeiz nicht; Beispiele seiner Denkungsart zu hören, habe schließlich Pötsch verlangt.

Auf dem Wege zum Professor war dann wieder Treppensteigen nötig. Auf den Gängen hatte Pötsch noch eine Frage. Wie fast immer, mußte er dazu nach Worten suchen, und, wie oft, fielen ihm dabei nicht eigne, sondern die von anderen ein. Die Frage, die er an den Langen stellte, hatte Menzel einmal ihm gestellt. Er hatte damals nur dazu geschwiegen, Brattke gab auch keine Antwort, stellte aber eine Gegenfrage, auf die es für Pötsch wieder keine Antwort gab.

,,Gedenken Sie, Ihre Arbeit zu publizieren?"

,,Können Sie mir vielleicht sagen, wo?"

Das Direktorzimmer verließ Brattke so schnell wie möglich wieder. ,,Man muß sich auch Frondeure leisten können", sagte Menzel gutgelaunt. Er wandte sich gleich den Heftern mit den Korrekturen zu, warf einen Blick hinein und war sofort entzückt – von seinem eignen Text.

,,Finden Sie nicht auch, daß der Exkurs über Berenhorst[96] gelungen ist?", so stimmte der Professor die Lobeshymnen an, die Pötsch zu singen hatte. Der sang sie gern, doch nicht so frohgemut wie früher, weil die Zeit so schnell verging und er die Korrekturprobleme besprechen wollte, die ihm unklar waren. Als es dann endlich dazu kam, dauerte dieser Teil der Audienz doch länger als Pötsch erwartet hatte; nicht seinetwegen (er durfte nur so lange reden, bis der Professor das Problem begriff), sondern weil Menzel an jede dieser Fragen Referate knüpfte, druckreife Abschweifungen in die entlegensten Gebiete, die aber immer haargenau am Schluß den Punkt trafen, der erläutert werden sollte. Pötsch saß mit offenem Mund dabei, staunte, freute sich und lernte viel. Wenn Menzel gar die künftige Zusammenarbeit erwähnte, röteten sich Pötschs Wangen und er nickte eifrig.

Das Gespräch war, bei der Begrüßung schon, auf eine Stunde nur befristet worden. Pötsch fürchtete bald, daß ihm keine Zeit mehr blieb, den kritischen Fingerzeig zu geben. Mal versuchte er vergeblich, ihn in Sachverwandtes einzustreuen, mal vergaß er ihn, dann wieder hatte er ihn einleitend schon artikuliert, wurde aber unterbrochen, da Menzel Vorausgegangenem noch eine Anekdote anschließen mußte, die ihn in neue Bereiche führte. Der Geist sprudelte nur so,[97] und als er stockte, stand Menzel auf, die Zeit war um.

Doch zu den vielen guten Eigenschaften, die Pötsch besaß, gehörte auch Disziplin. Was er sich vornahm, führte er, wenn irgend möglich, aus. Er besiegte also seine Schüchternheit und brachte die Kritik noch an, als Menzel ihm schon die Hand zum Abschied reichte.

,,Nur eine Frage noch. Was war der Grund für Sie, nicht zu erwähnen, daß Schwedenows Tod bei Lützen unbelegbar ist?''

,,Das stört Sie?'' fragte Menzel lächelnd und setzte Pötsch damit in Verlegenheit. Nichts als ein wahrheitsgemäßes Ich-weiß-nicht... brachte er heraus. Gehofft hatte er, von Menzels Absichten Genaueres zu erfahren, befürchtet ein wenig Gekränktsein, nie aber hatte er Amüsiertheit erwartet.

,,Jedes Buch'', sagte Menzel, ohne Pötschs Hand freizugeben, ,,ist an eine Zielgruppe gerichtet. Für Sie, Herr Pötsch, ist meines nicht geschrieben worden.''

Vorsichtshalber lächelte jetzt auch Pötsch. Falls das ein Witz war, wollte er nicht aussehen wie einer, der ihn nicht versteht.

,,Sie wollen doch auch'', fuhr Menzel fort, ,,daß Schwedenows Name bald die Lehrpläne ziert.''

,,Das schon, doch ...''

,,Na, sehen Sie!''

Damit war er entlassen. Er war so durcheinander, daß er eine falsche Treppe wählte und sich im Kohlenkeller wiederfand. Der

Zustand der Verwirrung verging bald wieder, doch Spuren blieben, vorläufig unsichtbar.

9. *Kapitel* Suche nach einem Grab

Leser, die aus Menzels letzten Äußerungen nicht schlau geworden sind, machen es am besten wie Pötsch: sie vergessen sie und sehen lieber mit ihm den Freuden entgegen, die bis zum Beginn seiner Institutstätigkeit (so sachlich bezeichnete er immer den Beginn seines neuen Lebens) noch vor ihm lagen. Neben den Reden über seine frohe Zukunft, die Elke schweigend ertrug, waren das (in aufsteigender Linie ihrer Bedeutung nach geordnet): Erstens, Vorstudien für seine wissenschaftliche Laufbahn, besonders die Geschichte der Geschichtswissenschaft betreffend; zweitens, Ausarbeitung des Schwedenow-Vortrags und drittens, als Schönstes und Aufregendstes, die Forschungen zu Schwedenows Tod.

Das alles wurde dann aber noch übertroffen von einer Freudenankündigung, die ihn im Vorfrühling telegraphisch erreichte.

An einem Apriltag, als im Vorgarten noch die letzten Schneeglöckchen blühten und die Kinder unter der noch nicht beseitigten Laubdecke die ersten Krokusse entdeckten, stellte nachmittags Frau Seegebrecht ihr Fahrrad am Tor ab und eilte über den Hof der Haustür zu, um sie schneller zu erreichen als Pötsch, der, von seiner Arbeitskammer kommend, die steile Stiege hinunter mußte, die große Geschwindigkeit nicht zuließ. Durch diesen Wettlauf entschied sich, ob die Übergabe des Telegramms (die so kurz und wortkarg wie in der Stadt nie sein konnte) auf Hof oder Flur, wie Pötsch es wollte, oder in der Küche stattfand, in die Frau Seegebrecht sofort vordrang, wenn sie nicht daran gehindert wurde. Denn Interessantes zu sehen gab es für sie dort immer. Ob das Mittagsgeschirr abgewaschen war oder Kuchen gebacken wurde, war für ihren Personalnachrichtendienst ebenso wichtig wie ein Gespräch unter vier Augen mit Omama Pötsch über die Haushaltsführung der Schwiegertochter, das, blieb es ungestört, lange dauern und manche Familienintimität ans Licht ziehen konnte.

Da Pötsch auf der Suche nach einem Vortragssatz, der die Schwermut sommerlicher Kiefernwälder wiedergeben konnte, seine Augen gerade über diese schweifen ließ, hatte er die Postbotin heranradeln sehen und konnte so zeitig genug aufbrechen, um den Wettlauf zu gewinnen. Er fing sie also auf dem Hof ab, wo der postfeindliche Hund wütend an der Kette riß, und bekam das von Frau Seegebrecht an ihn adressierte und vorschriftsmäßig verklebte Telegramm mit den beruhigenden Worten: „Es ist nichts Schlimmes", überreicht.

Die Beruhigung war gut gemeint und durchaus berechtigt. Man muß schon lange mit Leuten, die immer in Eile sind, immer Geld haben und sich gern telegraphisch verständigen, weil sie sich dabei kurz fassen können, umgegangen sein, um vor Telegrammen keine Angst mehr zu haben. Pötsch hatte sie noch, und seine Spannung, zwischen Furcht und Freude schwankend, war groß, größer aber noch seine Hemmung, Frau Seegebrecht die seelischen Reaktionen zu zeigen, auf die sie sichtlich wartete. Aber nur Dankeschön sagen und in seiner Kammer verschwinden, konnte er auch nicht. Schließlich war die Frau 30 Minuten über Sandwege geradelt.

Als er sich dazu entschlossen hatte, das Kuvert im Beisein der Postbotin nicht zu öffnen, lieber noch ein paar Worte über das Wetter und die Wege zu sagen, fragte sie lauernd, ob sie ein Antworttelegramm gleich mitnehmen sollte, und das wirkte auf ihn so suggestiv, daß er den Umschlag aufriß und mit dem gleichgültigsten Gesicht der Welt den erfreulichen Text las.

„Da wird Elke aber froh sein, was?" sagte Frau Seegebrecht stolz, als sei sie nicht Überbringerin, sondern Urheberin der Nachricht.

Darauf gar nicht au reagieren, fand Pötsch von sich selbst gemein, aber er konnte nicht anders. Er murmelte noch etwas über verrückte Leute, die Telegramme schickten, wenn Briefe es auch tun würden und komplimentierte mit Reden über den unbefahrbaren Lieproser Weg die beleidigte Postfrau zum Hoftor hinaus. Dann aber raste er los, nicht zu seinem Satz über die schwermütigen Kiefern, sondern zu Elke, bei der er alle Freude aus sich herauslassen konnte.

Das Telegramm war von Menzel und lautete: „Am 15. Juni werde ich 50. Falls Sie es fertigbringen, auf Blumen und Geschenke zu verzichten, erwarte ich Ihre Frau und Sie um 19 Uhr. Ihr Menzel."

Am Vortrag wurde an diesem Tage nicht mehr gearbeitet.

Pötsch entwarf Antwortbriefe, die nie, wie sie sollten, witzig wurden. Schließlich wurde ein Telegramm daraus: ,,Vielen Dank. Wir kommen. Ihr Pötsch.'' Dann begann das Geschenkverbot beunruhigende Wirkungen auszuüben. Elke wollte sich nicht danach richten, da sie die Schreckensvision einer Gratulantenreihe hatte, in der jedermann Blumen und Geschenke trug bis auf das nackt dastehende Landehepaar Pötsch. Wenigstens ein Eventualgeschenk brauchte man, das man hervorziehen könnte, falls die Not groß würde. Ihr Mann dagegen wollte den Professor beim Wort nehmen, war aber Argumenten zugänglich. Nach langem Hin und Her kam ihm ein Einfall, der Kompromißcharakter hatte. Bis zum Geburtstag waren noch acht Wochen Zeit. Seine Forschungen zu Schwedenows Tod konnten bis dahin abgeschlossen sein. Wenn er dem Jubilar seinen Aufsatz überreichte, wäre das zwar eine Überraschung, aber kein Geschenk.

Da Elke Besseres nicht einfiel, gab sie sich zufrieden und versuchte, ihren Mann für ihre Kleidersorgen zu interessieren, was aber nicht gelang. Wenn sie ihm vorführte, was sie hatte und für unmöglich hielt, sagte er: ,,Warum denn nicht?'' und begann wieder über seine Studien zu reden, die ihm nicht schnell genug voran kamen.

Viel hatte er vor diesem Endspurt von acht Wochen schon erreicht. Das biographische Material aus zweiter Hand war schon gesichtet und geordnet. Er wußte nun, daß alle, die über Schwedenow geschrieben hatten, unkritisch nur aus einer Quelle schöpften: aus dem Vorwort zu den Briefen, das mit keinem Namen, nur mit einem M gezeichnet war. Bedenken waren ihm nur gekommen, als er entdeckte, daß ein im letzten Brief zitiertes Gedicht von Körner Monate später erst im Druck erschienen war; doch hatte er die Richtigkeit des Sterbedatums nicht bezweifelt, vielmehr den Brief als Fälschung angesehen.

Nachschlagewerke aus der Zeit halfen auch nicht weiter. Wenn sie den Gesuchten überhaupt erwähnten, dann mit der Angabe ,,Im Feld geblieben 1813'', und nur das ,,Gelehrte Teutschland''[98] setzte ein Fragezeichen hinter die Jahreszahl.

Pötschs nächster Umweg hatte übers Militär geführt. In Breslau hatte sich, den Briefen nach, von Schwedenow beim 4. Freiwilligen-Jäger-Regiment einschreiben lassen. Viele Mühen in Bibliotheken und Archiven hatte es erfordert, herauszufinden, daß dieses Regiment schon 1814 im regulären 28. Ulanen-Regiment[99] aufgegangen war, dessen Geschichte fleißige Leute, erst zur Kaiserzeit,[100] schön nicht, doch sehr genau, geschrieben hatten – und die des Freiwilligen-Regiments tatsächlich mit. Das brachte Pötsch den ersten Schritt voran. Dort nämlich waren sämtliche Verluste in allen Kriegen namentlich verzeichnet. Pötsch zitterten die Hände, als er die Seiten mit den Toten von 1812 bis 15 aufschlug. Die Schlacht bei Lützen hatte einen eigenen Abschnitt, doch der war der kleinste, sein Text mit winzigen Typen nur gesetzt, kaum lesbar: Als am Gefecht beteiligt gelte wohl das Regiment, doch sei es viel zu spät gekommen, habe keine Feindberührung mehr gehabt und keinen Verlust zu beklagen als den des Jägers Wilhelm Schüddekopf, der vom Bagagewagen überfahren wurde. Schluß.

An diesem Tag versäumte Pötsch den Abendzug und fuhr erst nachts. Gründlich wie er war, sah er die Listen aller toten Helden durch, die zwischen Moskau und Paris erst für den französischen Kaiser[101] und den preußischen König, dann für den preußischen König und die Freiheit und schließlich für den preußischen König allein gestorben waren. Es waren viele. Aber ein von Schwedenow war nicht dabei. Nachdem er auch die Orte und die Daten, die in den Briefen eine Rolle spielten, mit denen der Regimentsgeschichte verglichen und sie bis ins Detail übereinstimmend gefunden hatte, so daß eine Verwechslung der Regimentsnummern ausgeschlossen war, machte er sofort noch den ersten Schritt in seinem zweiten Forschungsabschnitt, indem er die Offizierslisten, in denen ein von Schwedenow nicht vorkam, mit neuem Ziel noch einmal durchging – des Erfolgs schon sicher. Und tatsächlich ruhte bald sein Finger auf dem Namen des Gesuchten: Premier-Lieutenant Friedrich Wilhelm Maximilian von Massow, geb. 1770 in Schwedenow i. d. Kurmark,[102] 1814 Rittm., 1815 ausg., gest. als Vize-Präs. d. Kgl. O.-Z.-K. 1820 in Berlin. Pötschs Glücksgefühl war groß.

Bis dorthin also war er schon gelangt, als die Acht-Wochen-Frist begann. Ihm war jetzt klar, daß seine Hypothese stimmte: Nicht der Dichter, nur sein angenommener Name war den Heldentod gestorben, er selbst lebte, die Vergangenheit verleugnend, unter angeborenem Namen weiter. Was noch fehlte, waren die Beweise.

Schlimm war für Pötsch, daß das Geschlecht von Massow weit verzweigt war, so daß sich immer wieder Fährten zeigten, die sich, nach vielen Mühen erst, als falsch erwiesen, ihn vorher sogar nach Polen lockten, wo sachkundige Archivare ihm raten konnten, wie in Berlin vorzugehen war. Dort kam er wieder einen Schritt voran. Er konnte feststellen, wo der Vize-Präsident des O.-Z.-K. am 14. November 1820 beerdigt worden war. Von der Vision beflügelt, in wenigen Minuten vor dem gesuchten Grab zu stehen, dessen Stein vielleicht sogar das Abkürzungs-Rätsel lösen könnte, orientierte er sich an einem Stadtplan und fuhr mit einem Taxi los. Es dauerte tatsächlich nur wenige Minuten – bis er vor einer Mauer[103] stand, die höher war als Friedhofsmauern sonst. Ein Tor für ihn gab es in ihr genau so wenig wie eine Behörde, die seinen Antrag auch nur entgegenzunehmen bereit gewesen wäre. Die, zu der er ging, verstand ihn nicht. Er wolle nicht nach Westberlin, versicherte er immer wieder, er wolle nur ein Grab besehen, das, falls es noch existiere, dem Staat gehöre, dessen Bürger auch er wäre, nur hätte man den Friedhof leider abgesperrt, aus Sicherheitsgründen, ja, gewiß, er sei doch nicht dagegen, versichere aber, daß er die Sicherheit nicht gefährde. Hartnäckig wie er war, geriet er schließlich an einen Offizier, der zuhören konnte, ihn auch begriff, in dieser Hinsicht selbst machtlos war, jedoch bereit zu raten. Wenn überhaupt, dann wäre ein Erfolg nur über Dienstwege möglich, meinte er. Pötsch müßte bei dem Organ, für das er die Ermittlungen führte, einen Antrag stellen, der würde über die beiden zuständigen Ministerien laufen, das würde lange dauern, wäre wahrscheinlich erfolglos, aber der einzige Weg. Mit der Erklärung, er sei ein eignes Organ, machte Pötsch sich nur verdächtig und gab es auf. Die Durchsicht von Büchern über Berliner Friedhöfe kostete ihn mehrere Tage. Ein Ergebnis brachte sie nicht.

Diese und ähnliche Enttäuschungen und Freuden füllten seine Ferien, seine Nachmittage, Wochenenden, Feiertage. Die Arbeit für die Schule nahm er nun sehr leicht, das heißt: er verschwendete, wenn er nach Unterrichtsschluß wieder auf seinem Fahrrad saß, keinen Gedanken mehr an sie. Das ging so weit, daß er fast vergessen hätte, dem Direktor seine Kündigung anzukündigen.

Elke sagte nichts dazu, als sie von ihrem Mann erfuhr, daß der Direktor die geplante Schulflucht nicht nur, wie erwartet, ungnädig aufgenommen, sondern rundweg abgeschlagen hatte, aber sie fühlte Hoffnungen in sich wachsen – die schon am nächsten Tag verkümmert waren. Pötsch nämlich versuchte nicht, die festen Volksbildungs-Gitter zu durchbrechen, er umging sie, lief also nicht Sturm, sondern zum Telefon und setzte einen Ferngesprächs-Ring in Bewegung, der über einen Professor, einen Minister namens Fritz, zwei Staatssekretäre und einen Kreisschulrat führend, dort wieder endete, wo er begonnen hatte, in Liepros also. Pötsch sprach, als er von dem Erfolg berichtete, von einem Draht nach oben, und Elke fand mit Recht, daß es ihm nicht gut stand, Professor Menzels Redensarten nachzuplappern.

Wichtig für ihn war aber an dem Vorgang nur der Zeitgewinn. Ein Einfall, der ihm nachts gekommen war, kostete ihn viele Stunden dieser Tage. Es handelte sich um das Einfachste und Bequemste: in Bibliographien und Katalogen nachzusehen, ob es von diesem Massow Bücher gäbe. Die gab es, und zwar tatsächlich nur (Wie sich jetzt alles ineinander fügte![104]) zwischen 1815 und 1820, sogar erstaunlich viele, nämlich sieben, wenn auch nur Broschüren, auf deren letzter auch des Verfassers Rang angegeben und sein Amt unabgekürzt genannt war. Das rätselhafte O.-Z.-K. enthüllte sich als: Ober-Zensur-Kollegium. Die Komik, die in dieser Entdeckung lag, sah Pötsch nie, und lange dauerte es, bis er begriff,[105] daß sich an der Wandlung dieser Person und ihres Werks die ganze unglückliche Entwicklung dieser Jahre darstellen ließ. Denn die politischen Broschüren Massows waren seinem Rang entsprechend. Eindeutig, wenn auch unausgesprochen, nahm der ,,Märkische Jakobiner'' seine Jugend-Progressivität zurück und denunzierte nun in ekelhafter Weise revoltierende Studenten[106] als Jakobiner.

Nach diesen Schriften, die Pötschs Hypothesen stützten, Beweise aber nicht erbrachten, wurde ihm (es war schon Anfang Juni) aus einer Gegend, in die er mal geschrieben, aus der er aber nichts erwartet hatte, ein wichtiger Fund noch zugetragen. Der Doppelbrief, der länger unterwegs gewesen war als einer auf dem Seeweg aus Australien,[107] kam aus der Lüneburger Heide, von einem alten Mann, der Alfons Lepetit hieß, und enthielt einen fotokopierten Nachruf auf den Vizepräsidenten Massow. Lepetit hatte vor Jahrzehnten über ,,Wilhelm von Humboldt und die

Karlsbader Beschlüsse[108] von 1819" promoviert, Pötsch hatte die Dissertation gelesen und bei dem Doktor angefragt, ob ihm in seinem Umkreis der Zensor Massow[109] mal begegnet wäre. Er war es, und Lepetit, schreibender Pensionär inzwischen, zeigte sich an Pötschs Wissen über Massow interessiert, eines Sammelbandes wegen, der „Restauration in Deutschland" heißen sollte. „Darf man dort denn publizieren?" fragte Pötsch, blieb aber ohne Antwort, da er nur sich und Elke danach fragte. Sein Brief in die Heide bestand aus vielen Fragen und der (von Vorsicht eingegebenen) Bemerkung, daß sein Beitrag zur Schwedenow-Massow-Forschung noch nicht fertig sei.

Einige Tage später war er es. Der Nachruf auf den seligen Herrn von Massow trug glänzend zur Abrundung von Pötschs Identitäts-Vermutung bei. Wie zu erwarten, war dort wenig über die Zeit bis 1813 gesagt. Von Reisen wurde da gesprochen und vom Aufenthalt in heimatlicher Landschaft, nicht fern vom Vaterhaus, wo „gelehrte und künstlerische Studien" getrieben worden waren. Dann aber war von einer Frau die Rede, der Massow 1815 die „Hand zum Ehebund reichte", einer Elisabeth von Quandt,[110] die aus der Altmark kam. Bei diesem Namen stutzte Pötsch, weil ihm nicht einfiel, wo ihm die Frau begegnet war. Am vierten Tag, er unterrichtete im Fach Geschichte über Jan Hus,[111] brachte das Wort Böhmen eine Assoziationskettenreaktion in Gang, die ihn zu der Stelle führte, wo er suchen mußte, zu den gedruckten Briefen Schwedenows, wo eine E. erwähnt wird, die aus Franzensbad ihm liebevolle Briefe schreibt, ihm nach Breslau nachreist und beim Abmarsch des Regiments bittere Tränen weint. Im letzten Brief erst wird ihre Anonymität halb gelüftet und zwar so: „Du fragst nach ihrem Namen, bester Freund: Elisabeth von Q. heißt sie; doch wird sie diesen Namen, wenn Gott uns hilft, nicht länger führen als bis zu meiner Heimkehr."

„Zwei Jahre hat sie doch noch warten müssen", rief Pötsch triumphierend, als er Elke diese Stelle zeigte. Dann las er stolz die letzten Seiten seiner Arbeit vor, in denen er zusammenfaßte, was alles für die Identität von Schwedenow und Massow sprach. Wenn letzte Beweise auch fehlten, war die Argumentation doch überzeugend.

Elke gratulierte ihm und teilte seine Freude – weniger des

Erfolges, als der durch ihn erzeugten Fröhlichkeit des Mannes wegen, die den Kindern und auch ihr zugute kam.

10. Kapitel   Klein-Winnie

Diktaturen der Mode wirken wie andere auch: Erst zwingen sie zur äußerlichen Unterwerfung, dann folgt, nach einer Periode der Gewöhnung, die Verinnerlichung. Was einst Zwang war, wird nun freier Wille. Was einmal ungewöhnlich, häßlich, komisch wirkte, ist nun schön. Bei einem geht das langsamer, beim andern schneller, manche werden sich des Wechsels kaum bewußt und wissen gar nicht, wie willfährig sie dem Zeitgeschmack gehorchen. Besonders wenn man alte Bilder, alte Filme sieht, von denen nicht zu leugnen ist, daß sie einmal dem eignen Schönheitssinn entsprochen haben, packt den das Grauen,[112] dem Autonomie des Denkens und des Fühlens etwas gilt. Andere finden alles Unmoderne immer wieder einfach komisch und leben allezeit in dem Gefühl, nicht modisch, sondern richtig zu empfinden.

Einmal nur, als Kind, wächst man in aller Unschuld in eine Mode hinein, die man natürlich für die einzige und richtige nimmt. Der erste Wechsel, der bewußt erlebt wird, ist bedeutsam. Man wirft das Alte weg, es gilt dann als Geschmack der Väter, als überholt, verächtlich, später lächerlich, man greift begierig nach dem Neuen, dem Eignen, wie man meint, man revoltiert − und ist in Wahrheit doch schon wieder Konformist. Der alten Diktatur sagt man den Kampf an, weil man sich der neuen schon wieder unterworfen hat.

Nun lebt man heutzutage aber länger als die Moden, und sehr viel Anpassungsfreudigkeit[113] gehört dazu, in jeder wieder mitzutun. Das kann nicht jeder. Bei den meisten hat Labilität doch ihre Grenzen, die bleiben dann bei der erreichten zweiten Phase stehen und versuchen später, bei neuen Wechseln nur mit Variationen auszukommen. Da Mode nur in Beziehung zu anderen einen Sinn hat, gelingt das am besten, wenn man einsam lebt, nach andern nicht fragt oder mit Leuten umgeht, die so wenig Zeit für Modefragen haben wie man selber.

Pötschs dunkler Anzug hatte ihm seit mehr als zehn Jahren bei Jugendweihen,[114] Konfirmationen, Beerdigungen, Tanzvergnügen und Familiengeburtstagsfesten gut gestanden. Jetzt entdeckte Elke plötzlich, daß er auf keinen Fall mit diesen engen Hosen, diesen spitzen Schuhen, mit diesem Schnürsenkel von Krawatte zu Menzel gehen konnte. Erst wurde er gereizt und wollte gar nichts davon hören, dann unsicher, und schließlich bat er sie, zum Einkauf mit ihm in die Stadt zu fahren. Groß war die Auswahl nicht, nur Weniges gefiel ihm, und das war nicht in seiner Größe da. Müde und verärgert kamen sie am Abend aus Beeskow zurück und fuhren Tage später nach Berlin, wo sie von einem Geschäft zum anderen hetzten, um schließlich das zu kaufen, was sie im ersten schon gesehen hatten: einen Anzug und ein langes Kleid. Während Elke abends mal dies, mal jenes anprobierte, auch Spaß daran hatte, das Schminken wieder zu üben, zog Pötsch die neugekauften Sachen erst an Menzels Festtag wieder an und fühlte sich verkleidet wie ein Clown.

Um vier Uhr kam das Taxi, um das feingemachte Paar zur Bahn zu fahren. Die Kinder fanden ihre Eltern komisch. Mutters Parfümduft nannten sie Gestank. Omama schüttelte besorgt den Kopf ob dieser Extratouren, die nie Gutes brächten. Pötsch hatte eine große Reisetasche mit. Neben dem sauber geschriebenen und gehefteten Aufsatz waren eine Taschenlampe und Elkes Stiefel (für den nächtlichen Heimweg) darin.

Es war ein Wochentag. Im Zug saßen sie unter Arbeitern aus den Dörfern, die zur Nachtschicht fuhren. Mit einigen von ihnen war Pötsch als Kind zur Schule gegangen, andere waren ehemalige Schüler von ihm. Sie vermuteten, daß Pötschs zu einer Hochzeit führen. Er wollte es der Einfachheit halber bestätigen, aber Elke erzählte, wie es sich wirklich verhielt, und machte Eindruck, da einer Menzel aus dem Fernsehen kannte. Ein anderer, der sich für informiert hielt, behauptete, die Damen dieser Gesellschaft würden alle in knöchellangen Kleidern kommen. Da führte Elke ihres, das sie, um nicht aufzufallen, unter den Mantel hochgebunden hatte, vor. Es gab Beifall wie auf einer Modenschau. Man fand sie schön und sagte es. Das freute sie, doch half es ihr gegen ihre Unsicherheit wenig; denn in dieser Hinsicht waren weder Pötsch noch diese Männer kompetent.

Sie gingen schweigend durch die Villensiedlung, die auch alltags feiertäglich aussah. Rosen dufteten. Wassersprenger schickten

Wellen feuchter Kühle über die Wege. Dezenten Tons summten Rasenmäher. Familien saßen auf Terrassen, Musik ertönte, Kinder lachten. Die Männer, die, von der Arbeit kommend, aus den Autos stiegen, waren gekleidet wie Geburtstagsgäste. Elke, durch die Einkäufe der letzten Wochen erfahren, begutachtete den Schnitt der Hosen, die Hemdkragen, Farbe und Breite der Krawatten. Weder in Beeskow noch in Berliner Kaufhäusern hatte sie ähnlich Gutes gesehen. Sie gingen langsam, um nicht zu pünktlich zu kommen. Auf keinen Fall wollten sie die ersten sein.

Professor Menzels Haus war schon von weitem an den vielen Autos kenntlich, die vor ihm parkten. Kleinwagen waren nicht dabei, wohl aber ein riesengroßer schwarzer.[115] Taxis fuhren vor und luden Gäste aus. Wenn sich die Autotüren öffneten, wurden erst die Schuhe der Damen sichtbar (goldene, silberne darunter), dann die Beine, über denen Hände Röcke rafften – die übrigens nicht alle lang waren. Außer den Pötschs kam niemand zu Fuß.

Sie gingen langsamer, um den Andrang abflauen zu lassen. Sie kannten niemanden und hätten mit ihrer großen Reisetasche, ohne aufzufallen, auch vorbeigehen können. Elke hatte große Lust dazu. Der Acht-Uhr-Zug war noch zu erreichen. Hier fühlte sie sich überflüssig und den Anforderungen nicht gewachsen. Sie sah die Selbstverständlichkeit, die Eleganz, mit der die Gäste sich bewegten. Daß manche sehr salopp gekleidet waren, einige Männer nicht mal Schlipse trugen, half wenig, im Gegenteil: sie sah daran, wie sehr sie sich in diesem Kreis zu Hause fühlten – was ihr nie gelingen konnte. Schon vom Taxi her winkte man fröhlich Frau Menzel zu, die am Gartentor stand. Einige Männer küßten ihr die Hand, Frauen umarmten sie. Man redete laut und ungezwungen durcheinander. Steif, ungehobelt kam sie sich denen gegenüber vor. Um dieses Unterlegenheitsgefühl zu kompensieren, rettete sie sich in Trotz. In den Sekunden, bevor sie Frau Menzel höflich lächelnd grüßte, glaubte sie die Kluft zu sehen, die sie und ihresgleichen von diesen hier trennte. Unter ihnen war sie eine Fremde. Die Leute hier waren nicht nur anders angezogen, sie bewegten sich auch anders, redeten in einer Sprache, die sie wohl verstand, aber nicht benutzen konnte. Es waren Bewohner einer Welt, die sie nur aus dem Fernsehen kannte. Sie waren es, die auf Kongressen saßen, die Reden hielten, in Beratungspausen in Kameras lächelten, von

Gangways winkten, auf jede Frage eine Antwort wußten, die Flugzeuge wie andere Leute Straßenbahnen benutzten, die immer freundlich waren, immer Zuversicht ausstrahlten, die in Moskau so zu Hause waren, wie sie nicht in Berlin, die aber auch nach Frankfurt, Cannes, Venedig[116] reisten, ohne ihrer Privilegien sich zu schämen. Sie strotzten nur so vor Sicherheit, weil sie sich ihrer Wichtigkeit bewußt waren. In einen Zustand, in dem sie – Elke – jetzt war, konnten diese Leute nie geraten. Selbst wenn sie ihren Kreis verließen, waren sie nicht fremd, nicht unterlegen. Durch ihre Intelligenz, durch ihre Planung war alles ja so gut geworden, wie es war: Kühlschrank und Fernsehapparat in jedem Haus, das Auto in manchem umgebauten Pferdestall. Sie waren die Missionare,[117] die den Ureinwohnern raten konnten, ihnen kostenlos auch die nötige Kultur noch brachten, die stolz waren auf diese pflichttreuen Menschen, die nachts in Schnee und Regen ins übernächste Dorf zur Frühschicht in den modernsten aller Rinderställe fuhren, die morgens in den Bussen, die sie ins Kombinat beförderten, fest schliefen. Elke wurde immer ungerechter. Sie fragte sich, ob das süße Kind, von dem die übergroße Frau dort erzählte, auch so süß wäre, wenn es im Winter täglich unausgeschlafen mit dem überfüllten Sechs-Uhr-Zug zum Kindergarten befördert würde. Sie stellte sich jene herausgeputzte alte Dame in der Sommerhitze an der Bushaltestelle vor, wenn sie in die Kreisstadt zum Zahnarzt mußte, diesen Schönling als Heizer in der Schule, den Minister nach Feierabend in der vollen Straßenbahn. Letzteres wäre vielleicht[118] zu viel verlangt: aber er könnte sich bei seinem Gehalt vielleicht ein eigenes billiges Auto halten, dachte Elke noch schnell, als sich ihre Lippen schon zum Begrüßungslächeln verzogen. Doch sie lächelte ins Leere, da vorerst nur Pötsch begrüßt wurde.

Frau Menzel reichte ihm die Hand in einer Weise, die deutlich machte, daß sie einen Handkuß nicht erwartete, und war, wie sie sagte, sicher, daß ihr Mann sich freuen würde. Pötsch hatte ihre Hand schon fast in seiner, als ihm noch einfiel, daß Elke erst vorzustellen war. Er tat es so ungeschickt wie möglich, und Elkes festgefrorenes Lächeln konnte endlich auftauen.

Sie redete sogar mit der Frau Doktor, einen Satz über das Wetter erst, einen zweiten über die Rosen und den dritten über ihre

Riesenreisetasche, in der nicht etwa verbotene Geschenke waren, sondern Stiefel für den weiten Heimweg. Frau Menzel erinnerte sich der schlechten Wege, aus deren Tücken Pötsch sie gerettet hatte, und fand es klug von den beiden, daß sie den Wagen in der Garage gelassen hatten. Elke hielt es nicht der Mühe wert, den Irrtum zu berichtigen.

Streng und grimmig stand Frau Spießbauch in der Haustür und wies den Ankommenden den Weg. Mit keiner Miene gab sie zu erkennen, daß sie Pötsch schon kannte. Sie nahm den beiden die Garderobe ab. Sie waren die einzigen, die etwas abzugeben hatten.

Das erste Zimmer war fast ausgeräumt. Auf den paar Sesseln, die vorhanden waren, saßen ältere Leute; die anderen standen in Gruppen beisammen und redeten und lachten laut und viel. Elke fühlte sich in einen Film versetzt, den sie als unsichtbarer Zuschauer vielleicht genossen hätte. Als Mitspielerin war sie ungeeignet. Wollte sie nicht die Rolle der komischen Person vom Lande spielen, mußte sie sich möglichst unsichtbar machen. Sie drückte sich also in eine Ecke und fühlte sich elend. Festzustellen, daß alle Leute nur oberflächliches Zeug quatschten, daß viele edle Kleider unedle Körper schmückten und daß sie die Jüngste war, freute sie zwar, konnte sie aber nicht sicherer machen.

Sie hatte den Professor nie gesehen, doch war er leicht an den Gratulanten, die ihn umlagerten, zu erkennen. Wer an der Reihe war, hielt redend lange seine Hand und brach dann, bei der witzigen Entgegnung, die dem Professor für jeden einfiel, in Gelächter aus. Damen bekamen zum Abschluß einen Kuß von ihm. Elke konnte in dem Getöse zwar seine Stimme hören, doch nicht verstehen, was er sagte. Lustiges war es immer. Lustig war auch, wie er nach jedem Gratulationsakt versuchte, sich die Pfeife anzuzünden und doch nie dazu kam, weil der nächste Gratulant schon seine Hand beanspruchte. Dann steckte er hastig die Pfeife in die Tasche oder behielt sie im Mund bis der nächste Kuß nötig wurde.

Wie zu erwarten war, wurde das Geschenkverbot vielfach mißachtet. Schon füllten Blumen in kostbaren Vasen sämtliche Fensterbretter. Verzweifelt rief Frau Menzel, sie müßte schon Einweckgläser nehmen. Spaßig beschimpfte der Professor jeden Schenker, lauschte dann aber aufmerksam seinen Erläuterungen (wenn sie nicht zu lang waren). Denn natürlich schenkte hier keiner, was wir Oma oder Bruder Fritz schenken, Pralinen, Krawatten oder exquisiten Schnaps.[119] Selbst Klein-Antiquitäten oder seltene alte Bücher lagen nur wenige auf dem für Geschenke bestimmten Ecktisch, und wenn, dann nur solche, zu denen Menzel besondere Beziehungen hatte. Nicht Geldwert war für die Schenkenden entscheidend, sondern Gefühlswert, das pretium affectionis,[120] wie einer der gelehrten Gäste sagte und diesen Ausdruck aus dem alten Recht auch gleich erklärte: Gegenstände, die an sich wenig oder keinen Wert besitzen, viel aber für die Person, die sie besitzt. Da hatte beispielsweise einer ein verschlissenes Kinderbuch gefunden, dessen Kitschbilder allgemein erfreuten, dessen Besonderheit aber war, daß es dem Knaben Winfried besser als jedes andere Buch gefallen hatte. Einer brachte eine Zeitung von 1950,[121] in der Menzel unter der Goethe-Überschrift ,,Mir ist nicht bange, daß Deutschland eins werde'' Äußerungen Stalins zur deutschen Frage zustimmend kommentierte. Den größten Lacherfolg aber erzielte ein Foto aus ebendieser Zeit, das ein vergoldeter barocker Rahmen zierte. Das optimistische Lachen, das auf dem Bild der FDJler Menzel (vor Ruine, Transparent und Fahne) vorführte, war nur blöd zu nennen. Und der Professor schlug dann auch in komischem Entsetzen die Hand vor die Augen und sagte, während das Foto herumgereicht wurde: ,,Das Lächeln der Sieger der Geschichte.''[122]

Das Gelächter war so anhaltend, daß die Chance für ihn bestand, die Pfeife anzurauchen. Schon hatte er sie zwischen den Lippen, das Feuerzeug in der Hand, da sah er Pötsch, der sich zu Elke in die Ecke gedrängt hatte, und schlängelte sich durch die Menge auf die beiden zu. Feuerzeug und Pfeife barg er wieder in der Tasche, um Elkes Hand mit seinen beiden fassen zu können. Ohne ihr Zeit zur Gratulation zu lassen, zog er sie zur Zimmermitte und bat um Ruhe, die schnell eintrat.

Daß jeder, der ihn zu feiern gekommen sei, ihn freue, sei bekannt (begann er, sich mal nach dieser, mal nach jener Seite verbeugend) und daß jeder einzelne von ihnen etwas Besonderes für ihn bedeute, auch: Nun gäbe es doch aber manchmal auch innerhalb des Besonderen[123] noch das Besondere, und solches sei heute für ihn der Besuch dieser jungen Frau, die er den verehrten Anwesenden, da sie mit ihrem Mann, der dort hinten sich verstecke, zum ersten Mal in diesem Hause sei, vorstellen möchte.

Das Besondere an dieser Frau sei nun nicht, wie seine alten Freunde sicher gleich vermuten würden, ihre Jugend und Schönheit, beides sei auch sonst noch reichlich hier in diesem Kreis vertreten; auch daß das Paar einen für ihn neuen Lebensbereich verkörpere, den der jungen Intelligenz des platten Landes[124] nämlich, veranlasse ihn zu dieser Sonder-Vorstellung nicht. Es sei vielmehr die Tatsache, daß er genau in dem Jahr, in dem er nach Arbeit von einem Jahrzehnt sein Buch über Max Schwedenow ...

An dieser Stelle stöhnte einer der Herren in gespielter Verzweiflung laut auf, was alle zum Lachen, den Jubilar aber nicht aus der Fassung brachte. Er lachte erst mit, drohte dann, wie man Kindern droht, dem Herrn mit dem Finger, begann den unterbrochenen Satz noch einmal, unterbrach sich dann aber selbst, um dem Störenfried, den er mit Fritz anredete, zuzurufen: dieses sei sein Geburtstag und da könne er jeden mit Schwedenow langweilen, so lange er wolle − was dann wieder mehr Heiterkeit hervorrief, als der Scherz eigentlich hergab.

Es sei also vielmehr die Tatsache (fuhr er dann fort, indem er Elke freundschaftlich den Arm auf die Schulter legte), daß diese junge Frau sowohl aus einem Dorf im Beeskow-Storkowischen komme, das Schwedenow heiße, als auch selbst eine geborene Schwedenow sei. Er habe also, kurz gesagt, die Freude, eine Ur-Ur-Ur-Enkelin des Historikers und Dichters in seinem Hause begrüßen zu können, was er hiermit tue.

In den Beifall hinein versuchte Elke zu protestieren, aber Menzel legte ihr mit süßer Verschwörermiene einen Finger auf die Lippen und verschaffte sich dann noch einmal Gehör: Er habe vergessen, den heutigen Namen der Dichter-Nachkommin zu nennen. Denn unvorstellbarerweise habe sie es fertiggebracht, ihren bedeutenden Namen der Liebe zu opfern. Er an ihrer Stelle würde es nicht gekonnt haben, selbst wenn ein Mann, wie er selbst einer sei, gekommen wäre. Sie heiße also heute Frau Pötsch, und ihren Mann würde er, wenn er, was aber nicht möglich sei, von sich absehen könnte, als den besten Schwedenow-Kenner unserer Tage bezeichnen, was er hier nur erwähne, um sagen zu können: Nun wisse man, wie wissenschaftliche Leistung entstünde: durch Liebe.

Diesen Beifall konnte Menzel nicht auskosten, da weitere Gäste kamen, eine selbst Elke vom Bildschirm her bekannte

Schauspielerin erst, die Kußhände nach allen Seiten warf und dann Menzel so am Hals hing, daß ihre Füßchen den Boden nicht mehr berührten, eine ältere ungeschminkte und ungeschmückte Frau darauf, die krampfhaft ein Lächeln in ihrem Gesicht festzuhalten versuchte, und dann ein überlanger Jüngling mit Vollbart in Jeans und Pullover, der Menzels Kuß so geschickt auswich, daß dieser ins Leere traf. „Die erste Frau mit Sohn", hörte Elke jemanden flüstern.

Der Herr, der vorher so lustig gestöhnt hatte, wollte von Elke wissen, ob ihre Eltern zu Hause denn auch einen Hausaltar für den heiligen Schwedenow gehabt hätten, und wollte nicht aufhören zu lachen, als Elke gestand, erst von ihrem Mann von dieser Berühmtheit gehört zu haben. Eine beleibte Dame, die sich als Frau Soundsoskaja aus Moskau vorstellte und Elke in eine atemberaubende süße Duftwolke hüllte, vertraute ihr an, daß es der Minister war, mit dem sie eben gesprochen hatte. Eine sehr dekolletierte Blondine, die auf einem jugendlich-schlanken Körper das Gesicht einer alten Frau trug, bat Elke mit schelmischem Lächeln, sich vor dem Professor in acht zu nehmen. „Nicht nur Ihres Mädchennamens wegen liegen Sie ganz auf seiner Linie, glauben Sie mir, ich kenne Winfried: genau!"

Elke litt sehr, weil sie auf alles Lustige, das ihr gesagt wurde, keine lustige Antwort wußte. Das einzige, was sie fertigbrachte, war, beifälliges Gelächter etwas zu variieren. Da ein Gespräch dadurch nicht zustande kam, hielt niemand es lange bei ihr aus, und sie konnte sich wieder in ihre Ecke begeben, wo ihr Mann schon stand, doch nicht allein. Ein langer, hagerer Mensch mit krummem Rücken unterhielt ihn mit Geschichten über den Professor, den er stets als den Chef oder auch den Fürst bezeichnete. Als Elke den Namen Brattke hörte, den sie aus Pötschs Berichten kannte, mußte sie gleich nach seinen Füßen blicken und war enttäuscht, sie nicht in Filz gehüllt zu sehen. Auch Kette und Lesebrille fehlten. Nur der Pullover hing einen Spann breit unter dem Jackett hervor, und von der Leibeigenschaft war wieder die Rede, in die Elkes Mann sich freiwillig begeben wollte.

Es waren die ersten nicht-lustigen Töne, die Elke an diesem Abend hörte. Sie klangen bitter und waren wohl dazu bestimmt zu warnen – was in Elke für Brattke Sympathie und für die Zukunft Hoffnung weckte.

„Sie raten also ab?"

„Vergeblich, wie ich sehe", antwortete Brattke und wies auf Elkes Mann, der ihm mit überlegenem Lächeln seit zehn Minuten schon versicherte, daß nichts mehr ihm das Freudenmeer, in dem er schwamm, trüben könnte, seitdem Menzel ihm zugeflüstert hatte, daß die Stelle ihm nun ganz sicher sei und Dr. Albin bald die Bewerbungsunterlagen brauche.

Selbst an Wohnmöglichkeiten[125] hatte Menzel schon gedacht. Eine Frau Unverloren,[126] die zweimal in der Woche zu Frau Spießbauchs Unterstützung kam, und bei Festen in der Küche half, wollte gern aufs Land und war vielleicht bereit, mit Pötschs zu tauschen.

„Vielleicht siehst du dich nach ihr um," sagte Pötsch zu Elke, und Elke sagte nicht: Vielleicht fragst du erst einmal, ob ich nach Berlin überhaupt ziehen will!, sondern sie schwieg und wandte sich, wie alle anderen auch, dem Professor zu, der in die Hände klatschte und zu Tische bat.

Die lange Tafel erstreckte sich von einem der großen Zimmer zum andern. Menzel saß auf blumengeschmücktem Stuhl an der einen Stirnseite, an der anderen mußte, was mit Rührung registriert wurde, seine Mutter sitzen, eine weißhaarige Greisin, die sich erst zierte und später Pötsch, der neben ihr, am Ende der Längsseite saß, mit Geschichten aus Winnies Kindheit unterhielt, deren eine sie mehrmals erzählte, um später mit ihr auch noch die ganze Tischgesellschaft zum Jubeln zu bringen.

Die Geschichte spielte zu der Zeit, als Winfried noch klein war, so klein, daß er nicht auf den Tisch gucken konnte, was besonders schlimm war an Sonntagen, wenn viele Onkel und Tanten und zwei Omas kamen und laut redend am Kaffeetisch saßen und er allein und klein neben dem Tisch stand (Geschwister hatte er nicht) und dabei immer verzweifelter wurde und die Tränen ihm über die blassen Backen rannen, bis er schließlich einen Stuhl erkletterte, mit dem Fäustchen auf den Tisch schlug und losschrie: Nun bin ich aber mal dran mit Reden!, und wenn es dann still wurde und Papa sagte: So, Winnie, nun bist du dran!, dann stand er mit hochrotem Kopf und schluckte und schluckte und wußte kein

94

Wort zu sagen, man will es heute nicht glauben, aber er brachte wirklich kein Wort heraus, keine Silbe, bis dann alle lachten, und er einen solchen Verzweiflungsausbruch kriegte, daß er ins Bett gebracht werden mußte. ,,Und nun ist er schon 50", schloß sie ihre Erzählung, die man sich, um sie ganz genießen zu können, in tiefstem Sächsisch[127] vorstellen muß, ,,und wenn ich noch länger rede und andere Geschichten erzähle, denn ich weiß noch viele und nur diese eine hat er mir genehmigt, dann wird er gleich wieder auf den Tisch hauen und losschreien. Ihr steht das nicht, aber ich sehe es an seinen Augen, die kriegen schon ihren bösen Schimmer, und deshalb mache ich nun Schluß. Auch wird das Essen ja kalt."

Letzteres stimmte nun freilich nicht, weil erst die verschiedenen Vorspeisen dran waren, die sowieso kalt serviert und gegessen wurden, mit Ausnahme der Schildkrötensuppe, die aber in den kleinen Täßchen nicht kalt wurde, weil man sie auch während des Redens und Lachens löffeln oder zwischen die zierlich gespitzten Lippen gießen konnte. Aber nicht lange nach dem Beitrag der Mutter und dem anschließenden Wortgeplänkel mit ihrem Sohn über die lange Tafel hin, begann schon die Reihe der Hauptgerichte – mit deren Aufzählung aber den Lesern der Mund nicht wäßrig gemacht werden soll. Es ist besser, dieses Kapitel zu schließen, weil die große Geburtstagsrede zu Menzels Ruhm ein neues verdient. Zum Essen sei nur noch gesagt, daß es zwar so auserlesen war, wie es bei anderen selten oder nie auf den Tisch kommt, daß aber ein Grund, neidisch zu sein, nicht besteht, weil man von den Köstlichkeiten wenig hat, wenn man ständig Heiterkeit zeigen muß und der Nachbar, den man nicht kennt, auf gepflegte Tischunterhaltung Wert legt. Am wenigsten übrigens hatte Pötsch was davon, weil sein Geschenk oder auch Nicht-Geschenk, der Aufsatz, noch immer in der Reisetasche steckte, die in der Garderobe stand, und er auf eine Gelegenheit wartete, unauffällig verschwinden und den Hefter auf den Gabentisch legen zu können.

Elke dagegen genoß es sehr, etwas zu essen, was sie nicht gekocht hatte. Welche der servierenden Frauen Unverloren hieß, hatte sie bald heraus. Es war eine schmächtige Blondine, die jedesmal errötete, wenn jemand sie ansprach. Elke kam, wie jedem, der sie kennenlernte, sofort der Gedanke, daß die besser Frau Verloren hätte heißen sollen.

11. *Kapitel* Laudatio

Mit amüsanter Frechheit leitete Professor Menzel seinen Hauptauftritt ein. Als der Minister, an sein Glas klopfend, ums Wort
bat, schnitt er ihm dieses ab mit der Begründung: Fritz würde nur
sagen, was am Morgen schon in der Zeitung[128] gestanden habe, er
aber, der intimste Kenner dieses 50jährigen Lebens, könnte noch
manche Zusatzinformation liefern.

Selbstverständlich hinderte ihn niemand daran, und so hielt sich
also Professor Menzel seine Geburtstagsgratulationsrede selbst, mit
gutem Grund: denn bei Reden auf Jubilare und auf Tote kommt
es nur aufs Loben an, und das konnte, wenn es ihn betraf, niemand
so gut wie er. Alle Gäste waren sich darüber einig, daß sein seit
langem berühmter Charme nicht mit ihm gealtert war. Willig ließen
sie sich von ihm bezaubern, lachten, wenn er Anlaß dazu gab,
wagten Zwischenrufe (die er, als sei er auf sie vorbereitet, aufgriff
und variierte), schmunzelten über geglückte Wendungen und
wurden einmal auch ernst, als er eines teuren Toten gedachte.
Mit kundiger, wie improvisiert wirkender Rede regierte er Gesichter
und Gemüter.

Trotz grauem Haar und Korpulenz war Jugendliches, fast
Jungenhaftes an ihm. Seine in Hörsälen und Studios erprobte
Stimme war klar und laut, die präzise Artikulation angenehm
gefärbt von Resten mitteldeutschen Dialekts, der Satzbau kunstvoll
und periodenreich, die Wortwahl umfassend, nach unten manchmal bis zum (witzig verwendeten) ordinären Schimpfwort reichend.
Lässig, mit offenem Jackett, stand er an seinem Ehrenplatz, den
Hemdknopf am fleischigen Hals geöffnet, den Krawattenknoten
gelöst. Eine Hand barg er in der Hosentasche, mit der anderen,
die die Pfeife hielt, vollführte er sparsame Gesten. Jede Pointe,
die er ausschweifend oder zügig vorbereitete, kündigte er mit einem
verschmitzten Lächeln an, das zu sagen schien: Ich amüsiere mich
schon im voraus über das, was kommt, euch aber wird sofort
Gelächter schütteln, wartet nur! Aber wenn es dann kam, das
Gelächter, lachte er nicht mit, nahm es würdig entgegen wie
Applaus, nicht etwa verlegen, sondern wie einer, der Beifall
verdient und das Recht hat, ihn zu genießen.

Die Offenheit, mit der er seine Freude am Beifall zeigte, war von rührender Kindlichkeit, aber von genau kalkulierter. Die Freundlichkeit, die ihm seine Zuhörer erwiesen, gab er durch seine Freude an ihr zurück, bescheinigte ihnen also dadurch richtiges Reagieren. Er, der gute Redner, gab zu erkennen, daß sie gute Zuhörer waren. Sie waren seiner wert. Bescheidenheit wäre ihnen gegenüber nicht nur Heuchelei, sondern auch Unhöflichkeit gewesen. Da sie von seinen Qualitäten wußten und sie schätzten, durfte er doch nicht vorgeben, nicht von ihnen zu wissen, sie nicht zu schätzen. Sich in dieser Hinsicht dumm zu stellen, hätte bedeutet, die Gäste für dumm zu halten.

Die gleichen Gründe verpflichteten ihn auch dazu, sich sehr zu loben. Was ihn aus der Masse der Wissenschaftler heraushob, waren seine Erfolge. Wer ihn verehrte, tat es ihretwegen und hatte also das Recht, in einer der heiteren Stunde angemessenen Form, darüber zu hören. Daß dabei nicht der Ton der Morgenzeitung, sondern der (immer schmeichelhafte) des Wir-sind-ja-unter-Uns[129] vorherrschend war, versteht sich von selbst. Geheimnisse auszuplaudern scheute er sich nicht – wenn sie mehr als zehn Jahre zurücklagen. An berühmten Namen war kein Mangel, und der Professor verstand, sie zu seinem Ruhme zu verwenden, indem er zum Beispiel Walter Ulbricht[130] (dessen Sprechweise meisterhaft nachahmend) bei der Verleihung des Nationalpreises alle Funktionen aufzählen ließ, die Menzel damals gehabt hatte, und das waren viele, die von Hochschul- und Staatskommissions-Posten bis zu denen des Chefredakteurs zweier Zeitschriften reichten. Der anschließende Schlußjubel galt sowohl Menzels ruhmreicher Vergangenheit als auch seinem rhetorischen Talent. Ein bißchen beklatschten die Leute auch sich selbst; denn durch den Kunstgriff, während der Rede mal diesen direkt anzusprechen, mal jenen an einen längst vergangenen Vorfall zu erinnern, hatte er allen das Gefühl gegeben, in seine Laudatio mit einbezogen zu sein. Da er sein Buch natürlich nicht mit Schweigen übergangen und Schwedenow-Zitate oft genug benutzt hatte, war auch Pötsch mehrmals angesprochen worden. Erst hatte es ihn erschreckt, dann hatte er gelacht, genickt, und schließlich hatte er einmal mit einem kurzen Schwedenow-Wort entgegnen können. Von diesem Augenblick an hatte die Unsicherheit ihn verlassen. Er fühlte sich nicht mehr als Fremder. Als Menzel geendet hatte, konnte er sich mit größter

Selbstverständlichkeit erheben und unverkrampft hinausgehen, um seinen Aufsatz aus der Garderobe in das vordere Zimmer zu befördern. Sogar ein Wort der Anerkennung für Frau Spießbauch hatte er parat, das allerdings Wirkung nicht hervorrief.

Natürlich kam Fritz, der Minister, später doch noch zu Wort. Er sagte nichts von dem, was gedruckt zu lesen war, sondern erinnerte an Spaßiges aus 30 Jahren Bekanntschaft, aber er hatte es, wie jeder andere Redner, der nach ihm kam (und das waren nicht wenige), schwer, das von Menzel bestimmte Niveau halbwegs zu halten, was aber eigentlich keinem gelang. Daß sie es merkten und zugaben (,,Du, Winfried, könntest es natürlich pointierter erzählen!'') nutzte ihnen wenig, und die nächste Stunde wäre sehr fade geworden, hätte Menzel nicht die teils improvisierten, teils verstohlen vorgelesenen kleinen Ansprachen mit ironischen Bonmots gewürzt.

Obwohl das Fest noch lange dauerte, war sein Höhepunkt mit Aufhebung der Tafel schon überschritten. Die Festgemeinschaft löste sich in Gruppen auf. Im vorderen Zimmer konnte getanzt werden. Die Drei-Mann-Kapelle (von Menzel mit den Worten: ,,Altmodisch, wie man mit 50 zu sein sich schon erlauben darf'', eingeführt) durfte nur Tanzmusik der zwanziger bis fünfziger Jahre spielen. Elke, die gern und gut tanzte, ging aus diesem Zimmer nur heraus, um die Küche zu suchen, wo Frau Unverloren, immer wieder grundlos errötend, ihr erklärte, daß sie, aus einem Dorfe kommend, sich in eines zurücksehnte und ihre Zweizimmerwohnung in der Innenstadt gern tauschen würde gegen eine auf dem Lande, falls es dort möglich wäre, für sich Hühner und für ihr Söhnchen Karnickel zu halten. Elkes ausführliche Beschreibung von Hof und Haus (in der auch der ohne Frau lebende Schwager Fritz vorkam) beantwortete sie mit der Aufforderung zu einer baldigen Wohnungsbesichtigung.

Pötsch war auf der Suche nach der Toilette in das Bibliothekszimmer geraten, hatte sich dort niedergelassen und in den ,,Verwelkten Frühlingskranz'' vertieft. Elke, die ihm die Wohnungsnachricht bringen wollte, fand ihn nicht. Aber Menzel fand ihn und setzte sich zu ihm.

12. *Kapitel* Wahre Freundschaft

„Lassen Sie sich bitte nicht stören", sagte Menzel, „lesen Sie ruhig weiter. Auch ich habe Ruhe jetzt nötig. Nach einem Tag wie diesem (ich rede von ihm schon in der Vergangenheit, weil mein Anteil an ihm geleistet ist), nach solchem Tag also fühle ich mich leer. Was erwartet wurde, habe ich gegeben, jetzt ist nichts mehr da. Der Vorteil dieses Zustandes ist, daß sich Leere gut überblicken läßt.[131] Da man sich weggegeben hat, steht man sich nicht mehr selbst im Wege.

Daß ich Sie hier finden werde, habe ich mir gedacht. Ihretwegen habe ich heute nicht abgeschlossen, was ich sonst immer tue. Nicht nur der Leute wegen, die den Diebstahl von Büchern nicht als solchen betrachten. Ich kann Besoffene in meiner Bibliothek nicht ausstehen. Nennen wir es also Pietät, was mich zum Abschließen veranlaßt. Das da draußen und das hier drinnen sind getrennte Welten. Das Sakrale und das Profane meinetwegen. Und nun sitzen Sie hier, und ich habe das erwartet.

Sie merken nicht einmal, daß das ein Kompliment war. Statt es zu goutieren, sehen Sie mich an, als sei die Bibliothek die Falle und Sie die Maus darin.

Natürlich nehmen Sie an, daß ich zuviel getrunken habe, aber das stimmt nicht. Es war genau die Menge, die nötig war, um die Barrieren abzubauen, die man gegen sich selbst errichtet. Ich habe mir nur Mut zur Innenbeschau angetrunken, aber was ich da sehe, sagte ich schon: Leere.

Ich bin heute 50 geworden, und Sie denken vielleicht über mich, was ich in Ihrem Alter auch über die Fünfzigjährigen gedacht habe, daß sie nämlich richtig erwachsen, also fertig sind, daß sie genau wissen, was sie wollen, keinen Liebeskummer und keine Eitelkeit mehr kennen und womöglich sogar anfangen, weise zu werden. Um zu erkennen, welcher Unsinn das ist, brauchen Sie nur daran zu denken, wie ich mich heute abgestrampelt habe vor den Leuten. Und warum? Nur um den guten Eindruck, den sie von mir haben, nicht zu ramponieren, nur damit sie nicht sagen können: der ist auch nicht mehr, was er mal war. Es ist zum Heulen, aber wahr: Auf diesen Eindruck, den ich mache, bin ich angewiesen, davon lebe ich.

Ist Ihnen nicht aufgefallen, daß die Gedichte, die Sie da in der Hand haben, auf meinen 600 Seiten nicht behandelt, kaum erwähnt werden? Natürlich ist es Ihnen aufgefallen, und Sie haben gedacht: für Poesie hat der Menzel keine Ader, und deshalb nimmt er sie lieber nicht zur Kenntnis. Aber Sie irren, der Grund ist ein anderer: sie sind mir zu heilig, um sie so zu verhackstücken. Ich kenne sie nicht nur besser als alles andere von Schwedenow, ich kenne sie auch länger. Mit dem ‚Frühlingskranz‘ hat es nämlich bei mir angefangen, verflucht lange ist das her. Schlagen Sie nachher, wenn ich Ihnen wieder Ihre Ruhe lasse, das Gedicht ‚Mein Heim‘ auf. Was da über die Ulmen gesagt ist, an der Stelle, die mit dem Vers beginnt ‚Fröhlich drängt ihr, ihr Starken aus kräftigen Wurzeln‘: das meine ich, so müßte man sein können: so aus sich selbst, nicht aus den andern lebend, so in sich ruhend, unabhängig. Schwedenow selbst konnte das auch nicht, aber er konnte es sagen.

Geschenkt hat mir die Gedichte ein Freund. Einen hatte ich mal, einen einzigen, der diese Bezeichnung verdient. Es war so um die Zeit des Kriegsendes herum, davor, danach. Der hat mich nicht nur auf Schwedenow gebracht, er hatte selbst so was wie Schwedenows Ulmen, tatsächlich, aber Erfolge hatte er keine. Natürlich! könnte man da fast sagen. Der ist überhaupt nichts geworden, jetzt ist er schon tot und mir also wieder nahe. (Dieses Also werden Sie später mal verstehen.) Wie der eigentlich war, weiß ich bis heute nicht. Ich weiß nur, daß er das Gegenteil von mir war. Wenn das Schlüsselwort zu meinem Charakter Ehrgeiz ist, so das zu seinem vielleicht Liebe (aber ich weiß nicht, zu wem), vielleicht auch Würde. Manchmal erwische ich mich dabei, daß ich mit ihm rede, wenn ich mich im Fernsehen mal wieder zum Clown gemacht habe. Ich war 16 als wir zusammenkamen. Kennen Sie noch das blöde Lied: Wahre Freundschaft soll nicht wanken? So war mir damals zumute.

Später habe ich ihn verloren. Wie das so geht.

Der Weg nach oben ist doch so schmal, daß man ihn nur allein gehen kann. Mitnehmen kann man da keinen. Zwar glaubt man zuerst noch, nichts als den Arbeitsplatz und die Gehaltsstufe zu wechseln, aber das erweist sich als Illusion. Denn Freundschaften basieren auf gemeinsamen Interessen, und die fehlen jetzt. Die beruflichen Probleme sind andere, und über Autos und Porzellansammlungen läßt sich schlecht mit einem reden, der angestrengt für einen Kühlschrank spart. Und wie soll man über Fachberühmtheiten klatschen, wenn der eine keine kennt. Hinzu kommt, daß Erfolg die Erfolglosen ehrfürchtig oder neidisch macht. Ist beides nicht der Fall, vermutet der Erfolgreiche es aber, was zum gleichen Ergebnis führt: zur unauffälligen Trennung. Auch ist man inzwischen anderweitig besetzt. Von Leuten, die man früher angestaunt hat, wird man jetzt eingeladen. Das ist ehrenvoll und belastend. Das Geld, das man nach dem Aufstieg reichlich zu haben meinte, bleibt knapp wie zuvor. Da man mit schottischem Whisky bewirtet wird, muß man damit auch bewirten. Wenn bei allen neuen Bekannten Originale hängen, gefallen einem die Drucke, mit denen man bisher seine Wände schmückte, selbst nicht mehr. Aber nicht nur um Geld geht es auch weiterhin, auch Anerkennung will neu errungen sein. War man im Parterre der erste, ist man eine Treppe höher erst einmal der letzte. Freunde und auch Frauen kann man zurücklassen auf den unteren Etagen, nur seinen Ehrgeiz nicht.

Und mit dem zu leben, ist nicht immer einfach. Ich habe kürzlich einen Urlaub in den Bergen verbracht. Das Hotel stand auf einem steilen Hang über einem Talkessel. Ich wohnte im 12. Stock. Manchmal waren die bewaldeten Berge jenseits des Tals weit weg, manchmal zum Greifen nah. Drei Wochen habe ich täglich auf dem Balkon in der Sonne gesessen und keine Minute davon war ohne Angst vor der Tiefe unter mir. Immer versuchte ich, über sie hinweg ins Weite zu sehen, und nie gelang mir das. Blieben aber, was häufig geschah, auf der Straße, die durch das Tal führte, Menschen stehen, um zu dem Prunkbau des Hotels herauf zu sehen, so geschah mit mir folgendes: Ich bildete mir ein, daß die Leute (die keine Streichholzgröße für mich hatten) genau mich ansahen, und fühlte die Verpflichtung, über das Gitter zu steigen und ihnen vorzuführen, wie man über das Tal zu den Bergen hinfliegt. Anklammern mußte ich mich an den Liegestuhl, um der Verlockung nicht nachzugeben.

Aber ich verlaufe mich, verzeihen Sie. Ich habe diese Zwangsvorstellungen als Bild benutzen wollen, aber sie passen nicht, oder nur so: Immer ist mir der Flug geglückt, und nie kam ich da an, wo ich ankommen wollte. Warum meinen Sie, habe ich dieses

Buch geschrieben? 600 Seiten, 10 Jahre Arbeit, gut, sagen wir sechs Jahre. Nur darum, weil ich die Flüchtigkeit aller andern Erfolge erkannt habe. Bleibendes stiften nur Bücher.[132]

Stellen Sie sich doch nicht erschreckter als Sie sind. Sie wissen doch längst über mich Bescheid. Vom ersten Tag an behandeln Sie mich doch wie einen Kranken, der Schonung braucht. Und ich bin auch krank, oder besser: wund. Freiwillig habe ich mich an den Felsen Öffentlichkeit schmieden lassen, und der Adler Ehrgeiz[133] hackt mir die Leber aus.

Sehen Sie, so ist das mit mir: kaum bin ich mit der Selbstanalyse fertig, habe ich schon eine Schau daraus gemacht, eine pathetische diesmal. Dabei sollte das alles nur Einleitung sein zu der Frage, die ich Ihnen stellen will, aber dazu gehörte lediglich das über den Freund, an den Sie mich nämlich erinnern. Meine Frage aber ist die, ob Sie nicht mit mir Brüderschaft trinken[134] wollen, eine Schnapsidee, in der Tat, von der man nicht einmal weiß, ob sich neben der Hoffnung nicht auch anderes dahinter verbirgt, zum Beispiel der Versuch einer Inbesitznahme des Fremden,[135] des mir Gegensätzlichen in Ihnen, dessen was mir fehlt. Genau das war damals auch da, bei dem Freund, meine ich, der übrigens den Schritt vom Balkon gemacht hat, ohne die Vorstellung, fliegen zu können.

Wenn Sie also meinen Antrag als das, was er ist, und nicht als Ehre nehmen, wenn Sie darüber hinaus auch noch vergessen können, daß ich in einigen Wochen Ihr Chef bin, so hole ich jetzt zwei Gläser, damit alles seine Ordnung hat, sonst hilft es nicht. Ich heiße bekanntlich Winfried, und mein Wesen enthüllt sich prächtig, wenn ich dir verrate, daß ich deinen Vornamen nicht weiß.

Ernst?

Namen mit Bedeutung mag ich besonders dann nicht, wenn sie treffend sind. Viel lieber würde ich dich Fred nennen, so hieß der nämlich, der jetzt tot ist. Aber täte ich das, beschuldigtest du mich wieder aristokratischer Allüren. Damit hast du mich gekränkt damals, natürlich weil Wahres dran ist. Aber damals fing das schon an, das Gefühl, mit dir Brüderschaft trinken zu müssen."

Das also sagte Menzel, ohne Pausen einzulegen, nachts in der Bibliothek. Pötsch sagte, allen Mut zusammennehmend: „Winfried!" als er mit ihm anstieß.

13. *Kapitel* Festfolgen

Schon dämmerte der Morgen, als Pötsch in die S-Bahn stieg, die zum ersten Frühzug Anschluß hatte. Bekannte wollte er nicht treffen. In Königs Wusterhausen schlich er deshalb nach vorn, setzte sich in einen Nichtraucherwagen und schloß die Augen. Doch das half ihm nichts. Ein ehemaliger Schüler sah ihn und holte ihn nach hinten, wo geraucht und Bier getrunken wurde. Die Männer, die sie auf der Hinfahrt begleitet hatten, begleiteten ihn auch zurück. Er hatte genau eine Schicht verfeiert. Zum erstenmal in seinem Leben trank er vor dem Morgenfrühstück Bier. An Schlaf war nicht zu denken. Da Elke nicht an seiner Seite war, mußte er selbst erzählen, zuerst natürlich von ihr, warum sie fehlte, was kompliziert war, da er dabei nicht vermeiden konnte, die Umzugspläne zu berühren. Andeutungen ließ man nicht gelten, er wurde ausgefragt. Einfacher war die Neugier nach den gereichten Getränken zu befriedigen. Er zählte einfach alles auf, was er an Weinen, Bieren, Schnäpsen kannte, denn er war sicher, daß bei Menzel alles, was es gab, verfügbar war.

Vom Bahnhof bis nach Arndtsdorf nahm ihn ein Mopedfahrer mit. Der Fußweg durch den Wald wurde zum feierlichen Festausklang. Die Vögel machten die Musik, für Lichteffekte sorgte die aufgehende Sonne. Mal stand ein Streifen Hochwald als schwarze Säulenreihe vor rotem Hintergrund, mal bekam eine finstere Schonung durch beleuchtete Wipfel ein goldenes Dach, mal lagen Lichtbarrieren überm Weg und ließen, wenn er sie durchbrach, ihm meterlange Schatten wachsen.

Als Bruder Fritz aufstand, war schon der Kaffee fertig. Omama kam, wie immer, erst, als sie die Kinder hörte. Wie jeden Morgen waren alle knurrig. Anders als sonst war nur, daß jeder, der in die Küche kam, nach Elke fragte, und jeder erhielt die Antwort: ,,Das erkläre ich euch später.''

Wie sollte man am Morgen, wo es jeder eilig hatte, auch erklären, warum Elke nach dem Fest gleich mit Frau Unverloren zu deren Wohnung in die Innenstadt gefahren war? Fritz ließ schon seinen Trecker tuckern, als die Kinder kamen. Mit der Frühstücksstulle in der Hand, rannte die Kleine, die nach Arndtsdorf mußte, zu ihrem Bus. Dann fuhren Vater und Sohn per Rad nach Liepros ab. Zurück blieb eine leicht verstörte Omama, die ohne Elkes Anweisungen nichts mit sich anzufangen wußte. An die Zeiten ihrer Selbstherrschaft im Haus konnte sie sich kaum erinnern.

Abwaschen wollte sie, mußte also Wasser wärmen, jedoch der neue Gasherd war ihr fremd. Das Feuer, das sie im Kohleherd entzündete, wärmte nicht, es qualmte nur. Statt die Drosselklappe, die geschlossen war, zu öffnen, hielt sie den Abzug für verstopft und begann mit intensiver Reinigung des Herds. Sie hob die Eisenplatten ab, entfernte die Kachelverschlüsse vor den Zügen und konnte nach vielen Mühen sogar die klemmende Rußklappe am Fuß des Schornsteins öffnen. Als die Kleine mittags nach Hause kam, war ihre Großmutter hinter Ruß- und Aschewolken kaum zu sehen, das Abwaschwasser aber immer noch kalt.

Pötschs gute Laune verging nicht, als er den Schaden sah. „Elke wird das schon machen", sagte er, fütterte Mutter und Kind mit Brot und Wurst und legte sich schlafen. Um fünf Uhr ging er mit zwei Fahrrädern los und brachte außer Elke auch Bier mit. „Nanu, Bier?" fragte Fritz beim Abendbrot.

Es war für ihn bestimmt: unzureichender Ersatz für den Besuch der Kneipe, der, nach des Bruders Willen, ausfallen sollte, weil Wichtiges zu besprechen war. Elke setzte noch den Herd instand, wischte die Küche und wusch ab. Dann begann in der Stube der Familienrat, der bald wie ein Familiendrama aussah.

Omama weinte sofort, als sie begriff, daß Sohn und Schwiegertochter sie verlassen wollten, Elke ein bißchen später erst, ohne Gründe dafür zu nennen. Es waren viele, die man zusammenfassen kann in dem Begriff: vorweggenommener Abschiedsschmerz.

Die Tränen, die da flossen, empfand der Ehemann und Sohn mit Recht als Vorwurf, dem er nicht anders zu begegnen wußte als mit Heftigkeit, worauf, als Antwort, nun auch die Tränen heftiger flossen. Pötsch verstieg sich zu dem Ausruf: die Familie neide ihm den Aufstieg, und schämte sich sofort dafür. Als er schließlich, gänzlich durcheinander, fragte: „Du willst doch mit mir nach Berlin?", ließ Elke ihn zwar lange warten, sagte auch nicht ja, nickte aber deutlich.

Bruder Fritz trank Bier und blieb als einziger gelassen. Als von der Berliner Tauschpartnerin die Rede war, fragte er: „Die Frau ist ohne Mann? Wie alt?" Da wischte Omama die Tränen ab, fand

104

es entsetzlich, eine Fremde im Haus zu haben, wollte aber doch schon wissen, ob sie kräftig sei.

Als sie dann kam, die Fremde, ohne Mann, mit Kind, am nächsten Sonntag schon, äußerte Omama sich nicht, lief aber bei der Besichtigung immer mit und beobachtete gut.

Neben dem massiven Fritz wirkte Frau Unverloren wie ein Kind. Die Adern, die ihre dünne Gesichtshaut durchscheinen ließ, verschwanden jedesmal, wenn sie errötete. Jemanden anzusehen ließ ihre Schüchternheit nicht zu. Wagte sie Fragen, richtete sie die an Elke. Ob ihr gefiel, was man ihr zeigte, war nicht zu merken, da sie alles und jedes in Hof und Haus mit dem Prädikat: Schön! schön! bedachte. Deutlich wurde nur ihr besonderes Interesse für die Unterbringung von Hühnern und Kaninchen. Zum Erstaunen aller, die sein Phlegma kannten, machte Fritz, die Reparatur von Ställen betreffend, die gewagtesten Versprechungen. Frau Unverlorens dickes Söhnchen, das sich im Laufe einer Stunde mit dem bösen Kettenhund befreundet hatte, ließ er auf seinen Schultern reiten. Mit dem Genossenschafts-LKW fuhr er die beiden dann zur Bahn.

,,Es klappt'', sagte er nach seiner Rückkehr zu dem Bruder. ,,Sobald wir deine Arbeitskammer zur Küche umgebaut haben, zieht sie. Das muß sich bis zum Herbst doch schaffen lassen, meinst du nicht?''

14. Kapitel Bewerbung

Von der frühen Hitzewelle, die am nächsten Tag begann, ließ Pötsch sich nicht in seiner Arbeit stören. Er füllte Fragebogen aus, schrieb die Bewerbung, schrieb den Lebenslauf und lernte, sich in der Geschichte der Geschichtsschreibung zurechtzufinden. Wer Einhard und Nithard waren, wußte er nun, und wenn ihm im Institut ein Sleidan- oder Johannes-von-Müller[136]-Spezialist begegnet wäre, hätte er schon wissend nicken und über das Leben Kaisers Karl V. und die Geschichte der Schweizer Eidgenossenschaft etwas sagen können.

Aber Spezialisten dieser oder anderer Art begegneten ihm nicht (oder gaben sich als solche nicht zu erkennen), als er, schneller als erwartet, das Institut erneut besuchte. Ein Telegramm von

Dr. Albin hatte ihn dorthin gerufen, ohne Gründe dafür anzugeben. Als Frau Seegebrecht, schweißnaß und schlechtgelaunt, ihm die Nachricht brachte, konnte er Enttäuschung nicht verbergen. Er hatte auf ein Glückwunsch-Telegramm gehofft: Gratuliere zur Entdeckung! oder wenigstens: Komm bald, wir müssen über deine Forschung reden! Nun ging aus Albins Telegramm nicht mal hervor, ob Menzel seinen Aufsatz überhaupt gelesen hatte.

Die Temperaturen, die seit Tagen herrschten, pflegte die Postbotin mit denen eines Backofens zu vergleichen. Wie gut das Bild gewählt war, merkte Pötsch erst in der Stadt. Hier waren auch das Straßenpflaster und die Häuserwände Wärmequellen, und kein Luftzug wehte. Im Institutsgebäude war es zwar etwas kühler, doch plagte Pötsch dort ein Geruch, den er nicht definieren konnte. Erst als Frau Dr. Eggenfels ihre feuchte Hand in seine legte, wußte er, wonach es roch: nach Schweiß.

Auf einem langen Flur begegnete er ihr, als er nach Albins Zimmer suchte. Er wollte schnell mit flüchtigem Gruß an ihr vorbei, wurde aber festgehalten und klebte nun an ihr für einige Minuten, in denen er erfuhr, daß der massige Körper, der da vor ihm stand, ein Herz barg, das, durch eine schwere Jugendzeit geschädigt, die Hitze nicht vertrug, trotz alledem jedoch für jeden schlug, der Sorgen hatte, also auch für ihn. ,,Wenn Sie Rat brauchen, Kollege Pötsch'', sagte sie und drückte ihm noch einmal fest die Hand, die sie bisher nicht losgelassen hatte, ,,sind Sie der erste nicht, der ihn bei mir auch findet.''

Pötsch dankte für das Angebot, verschmähte es jedoch sogleich, da er nicht nach dem Weg zu Albins Zimmer fragte, sondern weiter durch die Gänge irrte, unruhiger noch als zuvor. Wieso war er ein Mensch, der Sorgen hatte?

Die ersten Worte, die er Albin sagen wollte, hatte er im Kopf natürlich schon parat. Das, worauf er hoffte, ein Gespräch mit Menzel über seinen Aufsatz nämlich, wollte er verschweigen und so tun, als glaubte er, daß man ihn der Bewerbung wegen hergerufen hätte. Doch als er Albins Zimmer endlich fand und, nach einer Pause, die er brauchte, um das Haar zu kämmen, auch betrat, war vorläufig nur ein Gruß von ihm zu hören, weil Albin, der mit vier Kollegen (darunter Brattke) Wichtiges beriet, sich von ihm, nach einem Blick zur Uhr, korrekt und kühl

Geduld erbat und ihn auf einen Stuhl verwies, wo er zu warten hatte.

Albin erläuterte einen Schwerpunktplan für die Forschung der kommenden fünf Jahre, der sehr schnell entwickelt werden mußte, und Pötsch war sich nicht klar darüber, ob von ihm Interesse für diese Feuerwehraktion (wie Albin das immer wieder nannte) erwartet wurde, oder nicht. Einerseits war er noch nicht befugt dazu, Dienstliches zu hören, andererseits war es unmöglich, wegzuhören, wenn von der Arbeit die Rede war, um die er sich bewarb.

Aus diesem Zwiespalt befreite Brattke ihn. Filzschuhe trug er bei Hitze nicht. Er hatte Badesandalen an den bloßen Füßen, die knallende Geräusche machten, als er den Beratungstisch verließ und sich zu Pötsch setzte, um mit ihm zu flüstern.

,,Sie sollten genau hinhören'', sagte er, als hätte er bemerkt, was Pötsch bewegte, ,,damit Sie wissen, was Sie hier erwartet, als Zu-, nicht wie es fälschlich heißt: als Mitarbeiter des Feudalherrn Menzel, der natürlich außer Haus weilt und seinen Fronvogt walten läßt, wenn Sinnloses zu tun ist.''

Pötsch war Brattkes Benehmen äußerst peinlich. Er wagte nicht zu lächeln, nicht zurückzuflüstern, er wagte auch nicht, Albin anzusehen, der eine Weile weitersprach, dann aber eine Redepause so lange ausdehnte, daß sie wie ein Vorwurf wirken mußte. Doch sprach er den nicht aus, wartete nur, bis Brattke merkte, daß die Stille ihm galt, und redete, als Brattke grinsend nickte, in seinem einwandfreien Hochdeutsch weiter, bis Telefongebrumm ihn unterbrach. Er nahm den Hörer ab, sagte: ,,Jawohl, Winfried'', und kündigte den Anwesenden eine Pause an.

Drei Männer gingen, Brattke blieb bei Pötsch sitzen und flüsterte mit ihm, natürlich Ketzerisches über seinen Chef, der nicht wie jene promovierte Null, die dort am anderen Ende des Raumes telefonierte, sich gern mit gesichtslosen Leuten umgab, weil die sich besser leiten ließen, sondern der mit ausdrucksstarken Charakteren seinen Fürstenhof beleben wollte. Von klugen Untergebenen ließ Menzel sich lieber schmeicheln als von dummen, und Scharfsinn, der in seiner Umgebung glänzte, verstärkte seinen eigenen Glanz. Rebellen durften bei ihm[137] ständig irgendwelche Ketten sprengen wollen, und dem Hofnarren Brattke wurden lose Worte nicht verübelt; denn auch wer von unten schimpfte, erkannte seine Höhe

107

an. ,,Nur in die Quere kommen darf ihm keiner. Verstehen Sie, Herr Pötsch? An diesem heiligen Ort wird nur zu Seinem Ruhm gearbeitet, nicht am eignen.''

Die Art, in der Brattke über Menzel redete, gefiel Pötsch nicht. Sie war einseitig, gehässig und hatte den schlechten Geschmack von Blasphemie,[138] die immer zwanghafte Bindung an den Gott verrät, über den sie lästert. Pötsch wollte sich Verehrung nicht zerstören lassen, und weil er in die Menzels die für dessen Stellvertreter gleich mit einschloß, mußte er Brattke später, auf dem Flur, auch widersprechen. Als nämlich Dr. Albin, den Telefonhörer am Ohr, die Sprechmuschel mit der Hand bedeckend, gesagt hatte: ,,Herr Professor Menzel läßt Sie fragen, Kollege Pötsch, ob Sie heute abend 18.30 Uhr zu ihm nach Hause kommen könnten?'' und Brattke behauptete, Albin lasse nach: ein Ton von Schadenfreude habe in seiner sonst immer so neutralen Stimme mitgeschwungen, da hatte Pötsch nichts Derartiges gehört und fühlte sich verpflichtet, Albin zu verteidigen.

,,Nicht etwa, daß ich Ihnen Angst machen will'', sagte Brattke. ,,Sicher haben Sie recht: Albin war korrekt wie sonst, und aus mir spricht lediglich die trübe Erfahrung, daß der Chef nur den in seinen Keller bestellt, dem er das Genick oder wenigstens das Rückgrat brechen will.''

Nach der Bewerbung hatte Albin nicht gefragt. Pötsch fiel sie erst ein, als er den Ausgang schon gefunden hatte. Er wagte sich noch einmal in das Labyrinth zurück und gab, um Albin nicht zu stören, die Papiere bei einer Sekretärin ab.

15. Kapitel **Warnung**

Während Pötsch in der Imbißstube am Bahnhof sein Abendbrot verzehrte (das aus zwei Käsebrötchen und einer Tüte Milch bestand) und sich dann mit der S-Bahn auf den Weg zur Waldsiedlung machte, dachte er natürlich an nichts anderes als an das Geburtstagsgeschenk für den Professor, an seinen Aufsatz ,,Suche nach einem Grab''. Seine Gedanken galten flüchtig der Weiterarbeit daran (mit dem Versuch stilvergleichender Methoden[139] diesmal), ausführlicher aber, wie verständlich ist, der Frage, wie Menzel auf diese Arbeit reagieren würde. Ihm fielen etwa

20 mögliche Reaktionen ein. Die, die dann kam, war nicht dabei.

Durch die Sprechanlage ließ er sich nicht mehr irritieren. Während er klingelte, dachte er sich eine Kurzfassung des Wunsches, den Aufsatz zur Grundlage seiner Dissertation zu machen, aus. Als der Summton kam, bedrückte ihn die Sorge, das Du nicht selbstverständlich genug herausbringen zu können.

Frau Dr. Menzel gegenüber war er locker wie noch nie. Sie war dabei, die alten Blütenstände der Frührosen zu entfernen, und er war so geschickt, sie nach dem Grund dafür zu fragen, den er kannte. Sie sprachen ein paar Minuten über Gartenarbeit, über Hunde und das Wetter, dann über Elke, die dabei war, seine Arbeitskammer zur Küche für Frau Unverloren umzubauen, und die Pötsch versprach zu grüßen. Der Bernhardiner kam und ließ sich streicheln, nach ihm kam Frau Spießbauch, grimmig und unnahbar. Sie begleitete Pötsch in den Orkus. Der Kaffee stand bereit. Länger als beim erstenmal verrührte der Professor schweigend Milch und Zucker. Doch das fiel Pötsch erst auf, als alles schon vorbei war.

Menzels Bemühen, gefaßt zu wirken, war erfolgreich, seine Stimme ruhig. Er kam sofort zur Sache, also zur Verdammung des Aufsatzes, die er nach bewährtem Muster mit einer Disqualifizierung der Form[140] begann. ,,Dein Stil ist leider miserabel'', waren seine ersten Worte, denen sehr viele über dieses Thema folgten. Mit den Tempi käme Pötsch oft durcheinander, beim Gebrauch des Konjunktivs ginge es fast immer schief, substantivierte Adjektive benutzte er zu häufig, und nur als krankhaft konnte der Professor, mit dem entsprechenden Gesichtsausdruck (dem des Kerngesunden nämlich, der Krankheit als Schwäche[141] verachtet), Pötschs Vorliebe für Wörter mit der Endung -ung bezeichnen. Da Menzel für alle Beanstandungen Beispiele nannte, füllte seine kleine Sprachlehre mehr als die Hälfte der Zeit, die zur Verfügung stand. Dann ging er, Inhaltliches weiterhin meidend, zum methodologischen Teil über, in dem er den Gang der Untersuchung undurchschaubar fand, klare Prämissen vermißte und die negative Ausgangsposition bedauerte.

Obwohl es Pötsch von Minute zu Minute unbehaglicher wurde, war er sehr darum bemüht, sich seine Menzel-Verehrung nicht beschädigen zu lassen. Er hatte eine Idealvorstellung von Reaktion auf Kritik und verwirklichte die so gut wie möglich. Er lauschte mit Interesse, gab manchmal nickend sein Verstehen kund und machte sich Notizen. Er ließ den Kritiker ausreden und redete sich ein, daß hier scharf aber sachlich nur verurteilt wurde, um zu bessern. Auch hoffte er noch immer, daß auf die Formkritik das Lob des Inhalts folgen würde. Doch war ihm nicht viel Zeit vergönnt, aus diesem Irrtum Trost zu saugen.

,,Was ist mit negativer Position gemeint?'' fragte er, das Du vermeidend, wurde aber einer Antwort nicht gewürdigt, da der Professor sich sein Konzept nicht durcheinander bringen ließ. Das sah jetzt vor, Pötschs Arbeit Mangel an Bedeutsamkeit vorzuwerfen, den Begriff der Detailfreudigkeit zu dem der Detailbesessenheit zu steigern, den Ausdruck Kleinkariertheit einzustreuen, von Standpunktlosigkeit zu reden, zu dem Verdikt: zweiter Aufguß des Positivismus![142] zu kommen, um schließlich mit einem Lob von Pötschs Fleiß zu enden, der leider an eine Sache verschwendet worden wäre, die keinen interessierte.

Unter Positivismus konnte Pötsch sich nicht viel vorstellen. Er wußte aber, daß ein Protest jetzt nötig war, nutzte also die kleine Pause, mit der der Professor den Beginn des nächsten Konzeptabschnitts andeutete, zu der Äußerung: drei Interessenten wüßte er schon, außer Menzel und Pötsch wäre das ein Herr Lepetit, der die Arbeit in Hamburg zu drucken bereit sei − worauf der Professor lachend meinte: oft sei es einfacher, einen Herausgeber als einen Leser zu finden.[143]

Auf eine lustige Bemerkung eine lustige Entgegnung zu finden, wäre Pötsch auch in einem belanglosen Gespräch kaum möglich gewesen, jetzt hinderte ihn vollends daran seine Verstörtheit, die Menzel noch weiter anwachsen ließ durch die Ratschläge, die er wohlwollenden Tons nun gab. Sie betrafen die Thematik von Pötschs Dissertation und gingen alle davon aus, daß Kleinigkeitskrämereien, wie die Suche nach einem Sterbedatum, dafür in Erwägung zu ziehen, unsinnig wäre. ,,Die Erbuntertänigkeit der Bauern der Mittelmark vor den Reformen[144] im Lichte von Schwedenows historischen Schriften'' schien ihm besonders geeignet, aber empfehlenswert fand er auch ,,Die Quellenlage bei Franz Mehring, unter besonderer Berücksichtigung Max Schwedenows''.

Zu der Aufforderung, sich diese Vorschläge durch den Kopf gehen zu lassen, konnte Pötsch noch wortlos nicken. Als Menzel dann aber so tat, als ob die Audienz schon an ihrem Ende wäre, platzte er, entgegen seiner Gewohnheit unvorbereitet, mit der Frage heraus, ob über den Inhalt des Aufsatzes denn nichts zu sagen wäre.

,,Gut``, sagte Menzel scharf und vergaß für einen Augenblick, den Gelassenen zu spielen. ,,Gut, wenn du willst, ich hätte es dir gern erspart. Um dich zu schonen, mache ich es kurz: Die Arbeit enthält gefährliche Thesen eines Hobby-Historikers, die zu beweisen er nicht fähig ist. Genügt dir das?``

Pötsch sagte weder ja noch nein. Er war zu keiner Reaktion mehr fähig. Menzel dagegen raffte sich zum Abschied noch auf zu einem Scherz: ,,Der Aufsatz war doch ein Geschenk? Also gehört er mir, und ich kann damit machen, was ich für richtig halte. Das Beste für dich, für mich und die Wissenschaft wird sein, ich stelle ihn in meine Bibliothek und lasse ihn dort stehen — bis zum Jüngsten Tag.``

Nachts wußte Pötsch nicht mehr, wie er ins Bett gekommen war, entsann sich aber aller Sätze Menzels, weil die in seinem Kopf sich endlos wiederholten. Regieren ließ sich dieser Mechanismus nicht; hilflos, wie körperlichem Schmerz, war er ihm ausgeliefert.

16. Kapitel Briefe

Nur ein rücksichtsloserer Mann, als Pötsch es war, hätte Elkes Tiefschlaf stören können. Sie merkte erst am Morgen, daß etwas sich mit ihm verändert hatte, und war besorgt um ihn. Er aß wenig, war mürrisch, beachtete die Kinder kaum und hatte keine Lust, ihr von der Reise zu erzählen. Anlaß zur Sorge boten aber vor allem seine Augen, die nicht, wie manchmal sonst, gedankenvoll ins Leere starrten, sondern Unruhe zeigten. Nervosität nannte das Elke erst für sich, später entschied sie: es war Angst. Vielleicht die vor seinem öffentlichen Auftritt im Theater, der immer näher rückte?

Am Mittwoch war Pötsch nach Berlin gefahren. Die Nacht zum Donnerstag hatte er wie im Fieber überstanden, in der nächsten gelang es ihm, sich dem Gedankenchaos, das nur Wiederholungen produzierte, zu entziehen und aufzustehen. Er las den Aufsatz noch einmal und fertigte dann erste Briefkonzepte an. Am Freitag war

Elke entsetzt von ihrem Mann, der wie ein Magenkranker aussah und wie ein Geisteskranker sich benahm. Er reagierte nicht, wenn man ihn ansprach, redete kein Wort, setzte sich gleich nach der Schule an die Schreibmaschine und nahm nichts zu sich als große Mengen starken Tees. Als Elke am Samstagmorgen aufstand, war er noch immer (oder schon wieder) munter. Am Sonntag war er mittags fertig, aß schweigend, legte sich danach ins Bett und schlief. Elke ging mit den Kindern schwimmen. Als sie zurückkam, überraschte er sie mit der Bitte, sich die Briefe, die er geschrieben hatte, anzusehen.

Da der Umbau seiner Arbeitskammer schon begonnen hatte, saß Pötsch am Abend im Zimmer seines Bruders, der übers Wochenende nach Berlin gefahren war. Es war der größte, kühlste und dunkelste Raum des Hauses, die ehemalige Gute Stube, deren grüner Plüsch den muffigen Geruch von Unbewohntheit nicht verloren hatte. Zum Lesen der Briefe mußte Elke Licht anzünden. Zwei (die noch ohne Anrede waren) begannen mit dem Satz: ,,Hiermit erlaube ich mir,[145] Ihnen beiliegenden Aufsatz zu eventueller Veröffentlichung zu übersenden'', unterschieden sich aber, wenn auch unwesentlich, in dem folgenden Text, der erst auf die Bedeutung Max von Schwedenows hinwies und dann die unzureichende Forschungslage mit einigen Sätzen umriß. Während aber der eine vom Historiker Schwedenow und seinem Wert für die Geschichtswissenschaft sprach, war im anderen nur vom Lyriker und Romancier die Rede. Beschlossen wurden beide Briefe mit dem gleichen Satz: ,,Ich bin gewiß, daß die Veröffentlichung meiner Untersuchungen die intensivere Beschäftigung mit diesem Teil des kulturellen Erbes zu fördern geeignet sein wird.''

Adressiert war der erste Brief an die Redaktion der geschichtswissenschaftlichen Zeitschrift in Leipzig, der zweite ging an die Monatsschrift für Literaturgeschichte[146] nach Berlin, der dritte war, wie Pötsch kommentierte, nur für den Notfall bestimmt; er war noch undatiert.

Elke kam der unbehagliche Gedanke, daß sie gerufen worden war, um ihre Meinung zum dritten Brief zu sagen. Doch irrte sie sich. Pötschs Entschlüsse standen fest. Er suchte Rat nur in formalen Fragen, wollte von Elke (die das natürlich noch viel weniger wußte) wissen, ob es für die Korrespondenz mit Redaktionen irgendwelche Regeln gäbe. Ob es, zum Beispiel, nötig war, sich mit Beruf und Alter vorzustellen? Ob sich für namentlich unbekannte Redakteure, von denen man nicht wußte, ob sie Damen oder Herren waren, geschlechtsneutrale Anreden finden ließen? Ob man hochachtungsvoll,[147] sozialistisch oder freundlich grüßte und ob ein Ihr die Unterschrift zu zieren hatte oder nicht?

Elke behielt für sich, daß sie die drei Briefe als Ertrag von tage- und nächtelanger Arbeit ziemlich kläglich fand, und redete tapfer drauflos, weil sie sehr richtig wußte, daß nicht ihr Rat, sondern ihr Interesse wichtig war. Das Ende von Ernsts Stummheit machte sie so froh, daß sie sogar eine Linie fand, die zu verteidigen sie vorgab: die Natürlichkeit beim Briefeschreiben. Es wurde ein richtiges Gespräch daraus, in dessen Verlauf sie endlich auch erfuhr, wie es mit ihrem Mann und Menzel stand. Die Schimpfworte, die sie für den Professor fand, sprach sie nicht aus, merkte sie sich aber, weil sie sicher war, daß sie sie noch einmal nötig haben würde. Es war ein Abend, der Elke unvergeßlich blieb, weil sie an ihm zum letztenmal erlebte, daß ihr Mann sich von der Gedankenfixierung auf Schwedenow zu befreien vermochte. Nicht gerade fröhlich, doch mit dem schönen Gefühl, das Seinige getan zu haben, saß er auf dem Sofa und hörte etwas über seine Kinder, bei denen, was Elke Sorgen machte, die Pubertät begann. ,,Tatsächlich?'' fragte er erstaunt und rechnete die viel zu schnell vergangenen Jahre nach – bis ihm Passagen aus dem ,,Emil'' in den Sinn kamen, in denen von nichtgenossenem Vaterglück die Rede ist.

Die Antworten auf beide Briefe ließen nicht lange auf sich warten. Noch ehe die Hitzewelle vorbei war, sandten die Zeitschriften freundliche Schreiben, die Pötsch die Ferien verdarben. Die Redaktion der Literaturzeitschrift teilte Pötsch mit, daß sein Artikel zwecks Begutachtung an den für dieses Gebiet zuständigen Fachmann, Herrn Prof. Menzel, gesandt, von diesem aber aus einleuchtenden Gründen für eine Veröffentlichung ungeeignet befunden worden war, und die Historiker urteilten ähnlich. Nur fehlte ihrem Brief der Hinweis auf Menzel, was verständlich war, weil der Professor dort offiziell dem Redaktions-Beirat angehörte.

Einen Tag später war der dritte Brief, datiert und mit Beilage versehen, als eingeschriebene Eilbotensendung zu Herrn Lepetit unterwegs.

17. *Kapitel* Der gute Stern

An einem Sonntag lief die Schwedenow-Kampagne an. Für den
ersten Abend der Reihe ,,Vergessene Dichter – neu entdeckt''
hatte man Plakate drucken lassen. Zwei Wochen lang blickten von
den Litfaßsäulen die großen Augen des Vergessenen streng herab.
In fetter Schrift wurde über den Leiter des Abends, in kleinerer
über den Referenten informiert. Als die hauptstädtischen Zeitun-
gen die Veranstaltung ankündigten und der Professor sich in
Radio-Interviews nach Sinn und Inhalt des Vortrags fragen ließ,
war das kleine Theater schon ausverkauft.

Am Tag zuvor, am Samstag also, war ein Auto unterwegs nach
Schwedenow. Die trocknen Wege boten wenig Schwierigkeiten.
Sandige Stellen ließen sich umfahren. Die Hitze, die seit Wochen
herrschte, hatte selbst die Pfützen der Torfseeniederung trocknen
lassen. Die Luft war unbewegt, so daß die Staubfahne, die das
Auto aufwirbelte, sich erst nach Minuten wieder senkte.

Pötschs Kinder spielten auf der Straße. Sie mußten der bunt-
geschmückten Dame, die am Steuer saß, eine Auskunft geben.

,,Wo wohnt Herr Pötsch?''

,,Welcher? Fritz oder Ernst?''

,,Ernst.''

,,Sie wohnen beide hier.''

Die hochhackigen Sandalen der Dame waren für das Kopf-
steinpflaster des Hofes schlecht geeignet. Stolpernd und rutschend,
vom wütend bellenden Hofhund irritiert, erreichte sie die Haustür,
wo sie ihrer üppigen Gestalt durch Geradheit wieder Würde geben
konnte. So gut gelang ihr das, daß Elke sich, als sie ihr gegen-
überstand, wie eingeschrumpft vorkam.

Der Name der Dame sagte Elke nichts, und da sie ihre Unkennt-
nis nicht verbarg, bekam sie, an der Tür noch, gleich zu hören,
wo Frau Dr. Eggenfels ihrem Mann begegnet war. Zweimal, im
Institut, und wie sie einander gleich so gut verstanden hatten, daß
sie es als Versäumnis hätte betrachten müssen, ihn nicht aufzu-
suchen, wenn sie nun schon einmal in dieser Gegend war, in dieser
wunderschönen Gegend, die einer Mitarbeiterin von Professor
Menzel natürlich schon vertraut war, auch ohne sie gesehen zu
haben, weil alles und jedes hier nach Schwedenow doch roch.

114

„Ernst, komm mal her, du kriegst Besuch", rief Elke, um die Sache abzukürzen, denn die Begeisterung, die aus den Damenaugen strahlte, war ihr peinlich, und Arbeit wartete genug auf sie. Leider schien Ernst das Rufen nicht zu hören und gab der Besucherin so Zeit, sich auch noch für die Küche zu begeistern, die durch ihre Größe und durch ihren roten Steinfußboden Erinnerungen weckte an eine Jugend, die nicht leicht war. „Doch wer hat's schon leicht?"

Da Elke klar war, daß nun die Einzelheiten dazu folgen würden, nahm sie die Damenhand, die (wohl um Begeisterung auch körperlich zu vermitteln) feucht auf ihrem Arm lag, und zog an ihr Frau Eggenfels, die solche Vertraulichkeit sehr rührte, ins Wohnzimmer, wo Omama von einer Fernsehkindersendung so gepackt war, daß sie nur böse knurrte, als die Frau Doktor sie begrüßen wollte.

Da Wochenende war, an dem Fritz neuerdings stets verreiste, arbeitete Pötsch in dessen Zimmer. Elke holte ihn. Der unangemeldete Besuch riß ihn so plötzlich aus dem vorigen Jahrhundert in die Gegenwart, daß er sich in ihr nicht gleich zurechtfand. Er war so sehr verwirrt, daß er als Antwort auf die Worte, die den langen Händedruck begleiteten, nur immer nickte, statt zu sagen: Ja, er freute sich nicht weniger als die Besucherin.

Das tat er zwar keineswegs, doch war für Elke trotzdem die Situation verändert, als sie ihn Hand in Hand mit so viel imposanter Weiblichkeit[148] verlegen stehen sah. Sie ging nun nicht an ihre Arbeit, sie setzte sich und unterstützte ihren Mann in dem Bestreben, herauszubringen, was die Dame eigentlich wollte.

Schwedenow-Altertümer wollte sie besichtigen, konnte denken, wer an der Menge der benutzten Wörter deren Bedeutung maß. Denn von dem Dichter und dessen Heimat sprach sie unaufhörlich, und wenn sie dieses Thema kurzzeitig mal verließ, war immer nur von ihrer Begegnung mit Pötsch im Flur des Instituts die Rede und von dem, was sie damals ihm versprach. Pötsch verriet nicht, ob er davon noch etwas wußte, und auch den sanften Ton, in den sie bei dieser Gelegenheit fiel, erwiderte er nicht, obwohl er sich sonst um Freundlichkeit bemühte.

„Gibt's denn keinen Kaffee heute?" fragte Omama, als ihre Sendung endete, und nahm die Besucherin erst jetzt zur Kenntnis. Sie gefiel ihr nicht, das war ihr anzusehen. Die Dame war geschminkt und rauchte. Mehr Grund für ihre Abneigung brauchte Omama nicht. Um die zu zeigen, wurde sie zum schlechtgelaunten Kind. Wer denn das sei, wollte sie von Elke wissen, und ob der Kuchen reichte für so viele Leute. Sie behauptete, daß es schlecht röche und ließ dabei offen, was sie meinte: den Zigarettenrauch, den Schweiß oder das Parfüm. Erst als Frau Eggenfels zu allen Unarten gute Miene machte, wandte sie sich an sie selbst.

,,Und warum stören Sie meinen Sohn bei seiner Arbeit?"

,,Um ihm einen guten Rat zu geben."

,,Hopfen und Malz ist bei dem verloren."[149]

Während Frau Eggenfels, gleichbleibend freundlich und geduldig, sich erklären ließ, warum der Sohn (der finstern Gesichts dabei saß, seiner Mutter aber nicht den Mund zu verbieten wagte) schon immer seinen eignen Kopf gehabt und Ratschläge ausgeschlagen hatte, ging Elke, um Kaffee zu kochen, in die Küche. Als sie beim Kuchenschneiden war, kam die Frau Doktor und fragte, ob sie helfen durfte. Sie durfte Sahne schlagen und war nicht ungeschickt dabei. Sie konnte sogar, glaubte man ihr, Kuchen backen und hatte Rezepte im Kopf, die Elke noch nicht kannte und sich gleich notierte. Am besten freilich konnte die Frau Doktor reden, stets emphatisch und von einer Begeisterung erfüllt, von der nie klar wurde, ob sie der Sache galt, von der sie sprach, oder ihr selbst, die so geschickt und schnell mit jedem über alles reden konnte – auch mit Elke über ihren Mann, von dem sie sehr, so sehr begeistert war, daß ihre Augen sich mit Tränen füllten, aber nicht (noch nicht) überliefen und ein vollendetes Make-up zerstörten. Elke war fasziniert von diesen großen runden Augen, die (braun übrigens) das insgesamt zu dick geratene Gesicht beherrschten und nur dazusein schienen, um die Gefühle, die die Frau immerzu bewegten, auszudrücken. Erstaunlich war die Schnelligkeit, mit der die Seelenwogen das Auge füllten und, wenn sie verebbten, austrocknen konnten, so daß Gesprächspartner den Übergang von Rührung zu beispielsweise Bosheit an ihren Blicken schneller merken konnten als an ihren Worten.

Seiner Energie und Zielstrebigkeit wegen und auch wegen seines Fleißes wurde der abwesende Hausherr in der Küche also sehr gelobt – einleitungsweise, wie sich weiterhin ergab. Denn auf das große Lob folgten sogleich die großen, großen Sorgen, die Kollegin

Eggenfels sich machte. Durch Umstände bedingt, vielleicht verstärkt durch eigne Neigung, war der Bewunderte in seiner Arbeit isoliert geblieben, ein Einzelgänger, fast ein Eigenbrödler,[150] der Gefahr lief, lebensfremd zu werden, lebensfern auf jeden Fall und damit, weil Vergleiche fehlten, zur Selbstgerechtigkeit geneigt. Sehr gequält wurde sie, die Sahneschlägerin, durch diese Sorgen, die so leicht behoben werden konnten durch ein gutes Kollektiv, das bekanntlich klüger war, als jedes noch so kluge Einzelwesen, das sich im stillen Kämmerlein um Wissenschaft bemüht.

Wenn Frau Eggenfels verschlissene Begriffe wie Kollektiv und stilles Kämmerlein benutzte, wurden sie von Gefühlen so veredelt, daß sie jede Klischeehaftigkeit verloren und wie neu und unbenutzt erschienen. Elke war auch weit davon entfernt, Anstoß daran zu nehmen. Im sprachlichen Bereich war sie nicht sonderlich empfindlich. Sie war auch nicht belustigt, sie war befremdet darüber, daß jemand eigne Gefühle für so bedeutsam hielt, daß er sie ungezwungen offerierte, und sie war empört: Wie konnte diese Frau sich anmaßen, solchen Gefühlsaufwand mit ihrem, Elkes, Mann zu treiben?

,,Warum erzählen Sie mir das?"

,,Weil ich der Meinung bin: Ihr Mann gehört an unser Institut."

,,War das nicht klar?"

,,Ja", sagte Frau Eggenfels kurz und schlicht, aber so schwebenden, abschlußlosen Tons, daß es wie ein ,,Ja, aber ..." klang. In ihren nun trocknen Augen stand die Angst, und ihre Stimme stockte, als sie ,,Ich fürchte ..." sagte, den Schneebesen beiseite legte und Elke nah und näher kam.

,,Sie müssen mir helfen", flüsterte sie. ,,Um Ihres Mannes willen!"

Sie drückte Elke auf einen Stuhl, nahm sich selbst einen und setzte sich Elke gegenüber, so nah, daß beider Knie sich berührten. Sehr leise und sehr hastig redete sie nun, ganz Frau zu Frau, auf Elke ein und schwitzte dabei sehr. Nach einem Lob für Pötschs Bescheidenheit war viel von Furcht und Angst die Rede. Natürlich fürchtete sie nicht den Mann: sie fürchtete für ihn, sie hatte Angst um ihn. Die schon erwähnte Selbstgerechtigkeit war es, die ihn gefährden könnte, seine Uneinsichtigkeit, Halsstarrigkeit. ,,Verstehen Sie?"

117

Elke verstand nicht und bekam flüsternd nun zu hören, wie ernst die Lage war, so ernst, daß sie Frau Eggenfels das Herz abdrückte. Professor Menzel hatte doch ein Buch geschrieben, und Elkes Mann hatte zum gleichen Gegenstand eine Abhandlung verfaßt, die Frau Eggenfels zwar nicht gelesen hatte, von der sie aber wußte, daß der Professor sie als einen Gegenentwurf zu seinem eigenen Werk empfand. Das war ja des Eigenbrödlers gutes Recht und nur in wissenschaftlichem Disput zu klären. Besser geeignet war kein Ort dafür als Menzels Institut mit seinem Gremium von Fachleuten, mit seiner Abgeschlossenheit. „Familienstreit", flüsterte Frau Eggenfels, „trägt man doch in der Stube aus und geht damit nicht auf die Straße."

„Die Zeitschriften meinen Sie? Die drucken es ja nicht."

„Vergessen!" sagte die Besucherin und bewies, daß ihre Miene auch Großmut zeigen konnte. „Vergessen auch die Drohung Ihres Mannes, jenseits der Grenzen zu publizieren, obgleich ..."

Wie der Satz weitergehen sollte, erfuhr Elke leider nie, weil die Frau Doktor in ihm unterbrochen wurde und später nicht mehr dazu kam, ihn fortzusetzen. Omama war so respektlos, mit Geschrei nach Kaffee den schönen Fluß der Rede aufzuhalten. Fernseh-Förster Kiekbusch[151] sollte nämlich bald erscheinen und die Mahlzeit dann schon fertig sein.

„Ja, ja, sofort", rief Elke, löste sich von der Wissenschaftlerin und wurde sehr geschäftig. Mit Frau Doktors Hilfe saßen sie wenige Minuten später schon am Kaffeetisch, Omama nervös und ruppig, Pötsch verdrießlich, Frau Eggenfels begeistert von der gemütlichen Familienrunde, die fröhlich zu unterhalten sie für ihre Pflicht ansah. Elke war nicht so ruhig, wie sie wirkte. Um ihren Ärger zu bekämpfen, nahm sie sich vor, über Frau Eggenfels innerlich zu lachen. Sie kannte jetzt das Thema der Besucherin und konnte die Anstrengungen komisch finden, die nötig waren, um den zerrissenen Faden[152] neu zu knüpfen.

So dachte sie und täuschte sich dabei. Sie konnte sich nicht amüsieren, obwohl die Anstrengungen der Rednerin beträchtlich waren. Sie konnte nicht einmal die schauspielerischen Leistungen bewundern, die ihr geboten wurden. Der ganze Auftritt erbitterte sie mehr und mehr. Als die geschickte Gesprächsleiterin von den auf das Geschirr gemalten Blumen über die des Gartens und des

Friedhofs erst zu Schwedenows unentdecktem Grab und von diesem, wie von ungefähr, auf den bevorstehenden Vortragsabend gekommen war und tiefe Rührung über diese Krönung jahrelanger Studien zeigte, kürzte Elke die Sache ab, indem sie sagte: ,,Ich glaube, Frau Eggenfels will dich davor warnen, morgen mehr zu sagen, als in Menzels Buch nachzulesen ist.''

Erstaunlicherweise nahm Frau Eggenfels diesen Eingriff gar nicht übel. Sie lächelte Elke vielmehr dankbar zu und sagte: ,,Nicht warnen, sondern raten will ich.''

Nun wollte Pötsch sich auch mal äußern, kam aber vorläufig nicht dazu, da er noch einmal hören mußte, er sei der erste nicht, der gut von ihr beraten worden wäre. Manche jungen Leute, die erst hatten mit dem Kopf die Wand berennen wollen,[153] waren später gekommen, um ihr zu danken, für ihre Um- und Voraussicht und für ihre Geduld. Einer von diesen hatte dann auch den Spitznamen gefunden, unter dem sie bekannt sei, im Institut und darüber hinaus, ein übertriebener Name gewiß, sie mußte herzlich darüber lachen, als sie ihn zum erstenmal hörte, aber gut gemeint war er, das war nicht zu leugnen. Der Spitzname aber hieß: Guter Stern des Instituts.

,,Noch fünf Minuten'', sagte Omama und meinte den Beginn ihrer Sendung damit.

,,Sie sind in Professor Menzels Auftrag hier?'' fragte Pötsch, als er endlich zu Wort kam.

Nun konnten Frau Eggenfels' Augen auch noch zeigen, daß sie Würde auszustrahlen verstanden. ,,Wer will es wagen, lieber Kollege Pötsch, zwischen Auftrag und innerer Berufung[154] zu unterscheiden, wenn Pflicht und Neigung zusammenfallen.''

Um ihre Worte nachklingen zu lassen, schwieg sie ein bißchen, aber die Kunstpause wurde durch Elke zerstört: ,,Ich finde, daß man nur sagen kann, was man denkt.''

,,Es geht um die Zukunft Ihres Mannes!'' sagte Frau Eggenfels beschwörend.

,,Ach was!'' antwortete Elke, schenkte den letzten Kaffee ein und verzichtete darauf, der Frau zu erklären, was ihre ablehnende Geste bedeuten sollte. ,,Was sagst du dazu?'' fragte sie dann, blieb aber ohne Antwort. Denn Pötsch hörte gar nicht mehr hin. Gedankenvoll starrte er ins Leere, stand plötzlich auf, murmelte etwas von Arbeit und Nachschlagen und ging.

Omama schaltete den Fernseher an. Elke begann das Geschirr abzuräumen. Frau Eggenfels half ihr. Als sie in der Küche die Frage stellte, ob der Aufsatz nun wirklich in Hamburg erscheinen sollte, breitete sich nach Elkes Antwort Schmerz über ihre Züge aus. Was Elkes Mann wohl sagen würde, wollte sie wissen, wenn seine Frau das für ihn bestimmte Essen dem feindlichen Nachbarn[155] hinüber brächte, nahm aber Elkes Entgegnung, die stünde mit allen Nachbarn gut, dann doch nicht zur Kenntnis, wandte sich vielmehr mit der Bemerkung, sie fühle sehr wohl, daß ihre Mission beendet sei, stolz zum Gehen, ging aber doch nicht gleich, weil ihr nötig schien, Pötsch noch einmal die Hand zu drücken.

,,Bitte, seien Sie vernünftig morgen", sagte sie, als Pötsch geholt war. ,,Gern würde ich Professor Menzel etwas Positives bestellen."

,,Einen Fund habe ich gemacht", sagte Pötsch, ,,eine neue Spur entdeckt, über einen Onkel aus Pommern. Bestellen können Sie: Bald werde ich ihn haben, den Beweis."

Aus großer Tiefe kam der Seufzer, den Frau Dr. Eggenfels ausstieß. Dann setzte sie zu ihrem Schlußwort an. Sie, die es, wie das Ehepaar nun erfuhr, vom elternlosen Kellerkind zur Wissenschaftlerin mit drei nicht unbedeutenden Publikationen gebracht und sich einem stürmereichen Leben mit vielen seelischen Erschütterungen gewachsen gezeigt hatte, drohte hier an der Haustür, wo es um die Zukunft eines begnadeten jungen Wissenschaftlers ging, ihren Gefühlen zu erliegen — was sie nicht nur sagte, sondern auch handgreiflich deutlich machte durch ihre Finger, die angstvoll die Stelle massierten, unter der sie hinter Fleisch und Fett ihr Herz vermutete. Schuld an ihrem gefährlichen Zustand war natürlich Pötschs Selbstgerechtigkeit, die sie zum Abschied, traurigen Blicks, Standhaftigkeit zu nennen sich nicht scheute. ,,Welch edle Haltung!" rief sie, ,,wird hier an eine unedle Sache verschwendet."

Und dann geschah es: Die Augen liefen ihr über. Doch konnten die Tränen zum Glück viel nicht zerstören, da ein Spitzentüchlein zur Hand war.

Am Abend erwähnte Pötsch den Besuch mit keinem Wort, und als Elke über das Küchengespräch zu reden begann, fiel ihm dazu nur ein, daß die Frau mit Madame de Staël[156] Ähnlichkeit hatte, von der er viel wußte, da Schwedenow ihr begegnet war. Das bunte Tuch, mit dem sie ihr Schwarzhaar umwunden hatte, erinnerte ihn an den Turban, den die Staël auf Gérards berühmtem Gemälde trägt. Bei beiden Frauen belebten braune Augen ein unschönes Gesicht. Beider Stärke war Redegewandtheit. Der Unterschied war nur der, daß der einen alles geistvoll geriet, der anderen aber sentimental.

„Viel mehr interessiert mich", sagte Elke, „ob du ihren Ratschlägen morgen folgen willst."

„Mein Referat ist doch schon seit Tagen fertig."

„Was du auch tust", sagte Elke, „mir ist es recht, das solltest du wissen. Ich lege weder Wert darauf, einen heldischen Mann[157] zu haben noch einen promovierten."

18. *Kapitel* Gewitter

Am nächsten Tag, am Sonntag, sahen sich Professor Menzel und Ernst Pötsch zum letztenmal. Die Bekanntschaft, die unter anderen Umständen eine Freundschaft hätte werden können, ging zu Ende, mit wenig Worten, aber es blitzte und donnerte dabei. „Wie im Theater war es gestern im Theater", sagte Brattke, als man montags im Institut den Fall besprach. „Eine Tragödie nur für Eingeweihte, mit unsichtbarer Leiche. Der Fürst kann wieder fröhlich sein: Die Laus, die er sich in den Pelz gesetzt hat, ist er los. Die arme Laus!"

Es war der Tag, an dem die große Hitzewelle mit Schwüle ihren Abschied nahm. Die Sonne, die man seit Wochen schon nicht mehr sehen mochte, war verschleiert. Südwind brachte schon am Morgen feuchte Wärme. Selbst die Kinder hatten schlecht geschlafen. Lediglich Elke war am Morgen richtig munter. „Man gewöhnt sich an alles", bekam jeder Jammernde von ihr zu hören.

Fritz hatte sich ihrer Bitte, Bruder und Schwägerin nach Berlin zu fahren, nicht verschließen können. Er war seit kurzem Besitzer eines alten Autos, mit dem er seine Wochenendfahrten unternahm. Auch diesmal war er Freitagabend weggefahren, war aber Sonntagmittag wieder da. Zwei Karten hatte er sich für den Vortrag seines Bruders vor Wochen schon bestellt und auf Elkes erstaunte Frage „Zwei?" nur dumm gegrinst. In seinem Auto war es zugig und sehr laut. Man schwitzte in ihm nicht und konnte sich nur schreiend verständigen.

Im Theater war Fritz aufgeregter als sein Bruder. Auf der Suche nach der Person, die er als seine Begleiterin angekündigt hatte, rannte er umher und vergaß dabei, seinem Bruder für den Vortrag Glück zu wünschen. Der merkte nichts davon. Er hatte andere Probleme, erst einmal das, ins Theater hineinzukommen. Ich bin der Referent! zu sagen, brachte er nicht fertig, als er am Eingang zurückgewiesen wurde, weil er keine Karte hatte. Elke mußte die Sache klären, wobei ihn peinlich berührte, daß sie nicht flüsterte, sondern mir normaler Stimme sprach, so daß die Umstehenden es hörten und ihn ansahen. Elke erkundigte sich auch nach dem Bühneneingang, ließ ihn dann aber, seinem Wunsch entsprechend, allein. Die Begegnung mit Menzel, die er sich frostig vorstellte, wollte er sie nicht miterleben lassen.

Doch er hatte sich in dem Professor wieder mal getäuscht. Wohl hatte er Souveränität erwartet, nicht jedoch Herzlichkeit. Die aber verstand Menzel in seinen Ton zu legen, als er ihn den Theaterleuten vorstellte. Er fragte Pötsch nach dem Grad seiner Aufregung, bot ihm Kognak an und ließ auch die Erkundigung nach der angeblichen Ur-Ur-Ur-Enkelin des Gefeierten nicht aus.

Der Alkohol stieg Pötsch sofort zu Kopf. Die Hitze, die in dem kleinen Raum hinter der Bühne noch größer war als auf der Straße, trocknete ihm den Mund aus, er war schweißnaß. Mit zitternden Beinen lehnte er an der Wand. Dem Gespräch über Beleuchtung, Betätigung des Vorhangs und Bildprojektion konnte er nicht folgen. Manchmal nickte er zu dem, was der Professor vorschlug. Dann gingen die Theaterleute. Einige Minuten war er mit dem Professor allein.

,,Wie dir zumute ist, brauchst du mir nicht zu sagen'', sagte Menzel, während er damit beschäftigt war, mit einem Taschentuch sich das Gesicht zu trocknen. ,,In einer Hinsicht nämlich geht es mir wie dir: Ich muß, wie du, dem Publikum jetzt Einigkeit mit meinem Widersacher demonstrieren (was von der Ehe bis zu Staatsgeschäften übrigens alltäglich ist). Ansonsten aber bist natürlich du viel schlechter dran. Du mußt, nachdem die Untergrundkämpfe für dich verloren sind, entscheiden, ob du mich öffentlich angreifst oder nicht. Solche Entscheidung fällt nicht leicht. Fragtest du mich um Rat in dieser Sache, ich würde sagen: laß es sein, du kannst doch nur verlieren. Die Dummköpfe dort im Saal begreifen sowieso nicht, was du willst. Wir beide aber sind in solchem Fall geschiedene Leute. Natürlich hast du eine große Wut auf mich. Ich war sehr hart zu dir, das mußte sein. Böse war es nicht gemeint, nur ernst, sehr ernst. Dir geht's um ein Phantom, das du, wie ich dich kenne, Wahrheit nennst. Mir geht es um viel mehr: um Sein oder Nichtsein in Wissenschaft und Nachwelt.[158] Gesichert habe ich mir in der Geschichte der Geschichtsschreibung einen Ehrenplatz, indem ich Schwedenow auf einen setzte. Ich habe graues Haar gekriegt dabei, und nun kommst du aus deinem Dorf und machst mir (ich glaube dir ja: in aller Unschuld) das kaputt. Dir muß doch klar sein, daß mir jedes Mittel recht ist, dich daran zu hindern."

Die letzten Worte hatte der Professor schon sehr schnell gesprochen, denn man winkte ihnen. Der Vorhang war schon hoch. Sie mußten auf die Bühne.

Pötschs Bewußtsein funktionierte in den ersten Minuten seines Auftritts nur unvollkommen. Zwar spürte er das Zittern seiner Hände, merkte, daß das Hemd ihm naß am Rücken klebte, doch von Menzels Einleitung hörte er kein Wort und auch an seine eignen Anfangssätze konnte er sich später nicht erinnern. Daß er sehr laut las, war das erste, was er merkte. Daß er auch richtig las und nicht zu schnell, ließ ihn so ruhig werden, daß er es wagte, manchmal aufzusehen. Aus dem Dunkeln traten jetzt Gesichter hervor. Er sah Taschentücher, die schweißige Stirnen wischten. Die Aufmerksamkeit, die ihm die Leute durch Ruhe zeigten, tat ihm gut.

Das Ablesen seines Referats ging so mechanisch vor sich, daß er dabei an anderes denken konnte – und zwar so klar und scharf, wie es ihm danach nie mehr vergönnt war. Warum der Professor seine Forschungen zu unterdrücken versucht hatte, konnte er plötzlich verstehen: Menzels Buch war nicht nur im Faktischen vor seinem Erscheinen überholt, wenn Pötschs Behauptungen stimmten, auch in Deutung und Wertung litt es sehr, wenn der Mythos von einem vorbildlichen Heldenleben zerstört war.

Für Pötsch überraschend war, daß dieser Gedanke, von dem er annahm, er hätte ihn noch nie gedacht, in ihm schon angelegt gewesen sein mußte; denn im Referat, das er monoton herunterlas, war seine Wirkung schon zu spüren. Es war vom Wissen um die Lüge an Schwedenows Lebensende stark bestimmt und stellte manche Ansicht Menzels, ohne ihn zu nennen, schon in Frage. Zu einer Widerlegung Menzels war das vielleicht schon der erste Schritt. Pötsch dachte aber nicht daran, den zweiten zu wagen. Widerlegen wollte er Menzel nicht, er wollte ihn überzeugen. Dazu fehlte ihm aber immer noch der letzte Beweis. Von dem begann der Redner nun zu träumen.

Erst als Menzels Stimme ihn in die Wirklichkeit zurückrief, wußte er, daß sein Referat beendet, daß er erlöst war. Natürlich kam Menzel nicht umhin, ihm noch einen Hieb zu versetzen, den er aber, fair wie er war, mit keinem Namen versah. Außer Pötsch wußten daher nur Eingeweihte, wer mit den Kleinigkeitskrämern und Detailfetischisten gemeint war, die, objektiv gesehen, Schwedenow in die Fänge der Reaktion trieben – was aber, nach Menzel, ein aussichtsloses Beginnen war, da, dank seines „Märkischen Jakobiners", der progressive Historiker und Dichter bald fester Bestandteil sozialistischer Kulturtradition sein würde.

Auf solch ernste Töne[159] auch noch Heiterkeit folgen zu lassen, war Menzel seinem Ruf schuldig, und das Publikum dankte es ihm schon bei der geistreichen Anspielung auf die vielen Liter vergossenen Schweißes mit Gelächter. Für seinen Schlußspaß aber kam dem Professor der Himmel zu Hilfe. Während er in kühner Verbindung[160] der Hoffnung auf Schwedenows Weiterleben und dem Ableben der Hitzewelle Ausdruck gab, begann draußen ein heftiges, lautes Gewitter. Der Jubel, der nun losbrach, war so, als hätte man dem Professor die Abkühlung zu verdanken. Menzel versäumte nicht, bei der Entgegennahme des Beifalls traute Eintracht mit dem Referenten zu bekunden.

Elke stand mit Fritz und dessen Begleiterin an der Garderobe. Die Überraschung, die Pötsch erwartete, hatte sie schon hinter sich. Er sah Frau Unverloren erst, als diese sich errötend an Fritzens Arm hängte und Pötsch der Heimlichkeiten wegen um Verzeihung bat.

Als Pötsch begriffen hatte und mit den Worten: „Ach so, ihr beide ..." zu einer Art Gratulation ansetzen wollte, trat Professor Menzel in den Kreis und bat, freundschaftlich den Arm um Pötschs Schultern legend, um die Erlaubnis, den Star des Abends für einige Minuten entführen zu dürfen, da die Bildreporter nach ihm schrien.

Nun war das zwar eine Übertreibung, doch gab es tatsächlich

124

einen Fotografen, den Menzel tags zuvor gebeten hatte, die Popularisierung Schwedenows zu unterstützen. Der hatte am Professor schon seine Schuldigkeit getan, jetzt waren Meister und Schüler dran, mal auf der Bühne, mal davor, ernst, heiter, stehend, sitzend, in freundschaftliche Gespräche mit Zuhörern vertieft. Zwei Filme wurden voll dabei. Die Bilder bekam Pötsch nie zu sehen.

Einer der Zuhörer, mit denen Pötsch freundschaftliche Gespräche zu mimen hatte, war der lange Brattke, der aber nicht nur mimte, sondern wirklich sprach, allerdings so mürrischen Gesichts, daß der Fotograf ihn rügen mußte.

,,Wäre ich gewissenlos'', sagte Brattke und beugte sich dabei zu Pötsch herunter, ,,könnte ich stolz darauf sein, an dem Erziehungsprozeß mitgewirkt zu haben, dessen Ergebnisse Sie uns heute demonstrierten. Da ich es nicht bin, muß ich zwei Lehren aus dem Vorgang ziehen. Die erste heißt: Man soll Kritik nicht einen lehren, der sie nicht verschweigen kann, die zweite: Moralischer Sieg und Selbstmord sind fast Synonyme. Zum Abschied kann ich nur noch sagen, daß mir zwar lieber wäre, wir brauchten keinen voneinander zu nehmen, daß ich Ihnen aber rate, über ihn froh zu sein. Ein nützlicher Schreibsklave, wie zum Beispiel Sleidan einer war, wären Sie doch nie geworden. Als Karl V. den Sleidan (geistreich wie Chefs manchmal sind) seinen Leiblügner[161] nannte, da widersprach der nicht. Ich fürchte, er war stolz darauf.''

Professor Menzel machte sich die Mühe solch langer Abschiedsrede nicht, dafür war er aber nicht mürrisch, sondern freundlich, als er sagte: ,,Verzeih, daß ich dir die Sachfehler verschweige, von denen dein Aufsatz wimmelt. Könnte es doch sein, ich brauchte sie einmal – für einen Verriß, zu dem eine Publizierung mich natürlich zwänge. Wahre Freundschaft wäre es, wenn du das verstehen könntest. Gute Heimfahrt in dein Dorf und: Lebewohl!''

Elke wartete draußen auf der Straße. Das Gewitter hatte sich verzogen. Die Luft war feucht und kühl. Wasser spritzte auf, als Fritz den Wagen vorfuhr. Elke vermutete, daß ihrem Mann ein Schnaps jetzt gut bekommen würde, aber Pötsch wollte nach Hause. Auch Frau Unverloren war sehr müde.

Als Fritz vor ihrer Haustür hielt, schaltete er den Motor aus. ,,Wir beide'', sagte er, in feierliches Hochdeutsch fallend, und sah dabei, um klarzumachen, wen er außer sich noch meinte, zu Frau

Unverloren hinüber, die ihren Arm in seinen gelegt hatte und verlegen ihre Wange an seinem Jackenärmel rieb, ,,wir beide haben euch noch etwas mitzuteilen."

,,Wir gratulieren!" sagte Elke.

,,Danke, aber da ist noch was", sagte Fritz. ,,Das mit dem Küchenumbau, das ist nicht mehr nötig. Den Trecker, wißt ihr, hab ich satt. Ich steige auf ein Taxi um. Ich meine: Ich ziehe zu ihr nach Berlin. Trifft euch das sehr?"

,,Nein, gar nicht", sagte Elke, und ihr Mann hatte mal wieder ein Zitat zur Hand. Es war aus Schwedenows ,,Verwelktem Frühlingskranz" und hieß: ,,Du lieber Gott, wie sich doch alles himmlisch ineinander fügt."[162] Dann sagte er, von Grußworten abgesehen, bis zum nächsten Morgen gar nichts mehr, erst, weil das Auto zu sehr lärmte, dann weil Elke, kaum lag sie, auch schon eingeschlafen war.

Erst am Morgen nach dem Frühstück, als er noch bei Elke in der Küche blieb, wurde klar, womit er sich die Nacht hindurch beschäftigt hatte. Auf Elkes Frage, was nun mit ihm würde, antwortete er nämlich so: ,,Die Sachfehler, von denen der Professor spricht, muß ich so schnell wie möglich finden. Notwendige Korrekturen werde ich Lepetit vorsichtshalber telegraphieren. Sofort muß ich damit beginnen, alle Jahreszahlen und Ereignisse noch einmal zu überprüfen. Auch bei Verwandtschaftsverhältnissen, die sehr verwirrend sind, können Fehler unterlaufen sein. Da der alte von Massow, der Obrist a. D., viermal geheiratet hat und alle seine Frauen Geschwister hatten, war Schwedenow mit Onkeln und Tanten reich gesegnet. Die auseinanderzuhalten ist vor allem deshalb so einfach nicht, weil Tanten mütterlicherseits Onkel väterlicherseits heirateten (also auch Massow hießen), und weil zu allem Unglück die zweite Frau, Maxens Mutter, nicht nur eine verehelichte, sondern auch eine geborene von Massow war — eine Schwester des preußischen Justizministers übrigens, dessen Rolle in Schwedenows Leben noch unbekannt, aber wahrscheinlich wichtig ist. Von einem Onkel, der zum Jura-Studium rät, ist in den frühen Tagebüchern schon die Rede. Der Stolper Onkel[163] wird er dort genannt, wahrscheinlich nach der Stadt in Pommern. Kommt der spätere Justizminister auch dort her, müßte man nach dessen Korrespondenz mal suchen. Vielleicht im preußischen Staatsarchiv?"[164]

So lang und noch viel länger fiel am Morgen in der Küche Pötschs Antwort auf Elkes Frage nach seiner Zukunft aus. Am Abend versuchte sie wieder davon zu reden − und erfuhr nur neue Einzelheiten über den Minister. Da gab sie es auf. Sie wußte nun, daß ihr Mann in endloser Wiederholung nur das eine denken konnte: Ich muß es ihm beweisen, ich muß es ihm beweisen.

19. Kapitel   Friedhofsruhe

Wenige Tage später beförderte Frau Seegebrecht einen Brief, der aus der Lüneburger Heide kam, nach Schwedenow. Er hatte folgenden Wortlaut:

Sehr geehrter Herr Pötsch!
Daß ich den Empfang ihres Aufsatzes ,,Suche nach einem Grab'' erst heute bestätige, kann ich mit der Arbeitsüberlastung, die die Herausgabe eines umfangreichen Werkes (20 Bogen)[165] mit sich bringt, entschuldigen. Daß ich Sie aber über den Charakter ebendiesen Werkes so lange im unklaren ließ, ist mit nichts zu entschuldigen. Des ersten Versäumnisses wegen muß ich Sie um Verzeihung bitten, das zweite aber will ich mit diesem Brief gutmachen.

Das Sammelwerk ,,Restauration in Deutschland''[166] verdankt seine Entstehung der Überzeugung, daß heutige Politik in Europa getragen sein muß von den Säulen: Sicherheit, Stabilität und Frieden. Auf der Suche nach Traditionen eines solchen politischen Humanismus boten sich mir die Kräfte an, die das Schicksal Deutschlands in der längsten Friedenszeit des 19. Jahrhunderts bestimmten: in der sogenannten Restaurations-Periode, also der Zeit nach den von der Französischen Revolution und Napoleon heraufbeschworenen fast 30jährigen Kriegswirren. Daß die Lage Europas damals in mehr als einer Hinsicht der unsrigen nach Hitlers Kriegen glich, liegt auf der Hand, daß aber damals wie heute ein gesunder Konservatismus die einzige Rettung war und ist, wagen nur wenige einzugestehen. Damals gab es diese Kräfte, die sich über die Revolution und den in ihrem Gefolge auftretenden Nationalismus hinweg die Idee vom alten Europa bewahrt hatten. Sie lassen sich zusammenfassen in einem Namen: Metternich.[167] Sein Wappen sollte heute das unsere sein. Ihn von dem Schmutz, den anderthalb Jahrhunderte Geschichtsschreibung auf ihn geworfen haben, zu befreien, ist ein Anliegen meines Buches. Das Biedermeier, Zeit nostalgischer Sehnsucht heute, Zeit der Ruhe und Geborgenheit, war sein Werk. Seine Größe wurde uns bisher verstellt durch preußisch-deutschen Nationalismus und durch Fortschrittsgläubigkeit. Da Hitlers Krieg das eine, Atomtod und Umweltvergiftung das andere für uns zerstört haben, können wir die Bedeutung dieses wahren Friedensfürsten erst jetzt wieder erkennen.

Soviel zu meinem Buch, nun aber zu Ihrem Aufsatz, dem ich, im voraus sei es gesagt, meinen Respekt nicht verweigere. Nicht nur mit Interesse, mit wachsender Spannung habe ich ihn gelesen und kann aus intimster Zeitkenntnis mit Bestimmtheit sagen: Wenn letzte Beweise Ihnen auch fehlen, gibt es keinen Grund, die Ergebnisse Ihrer Forschung anzuzweifeln. Überall wo in Zukunft Max von Schwedenows Name fällt, wird man, Ihrer Verdienste gedenkend, auf Maximilian von Massow verweisen müssen. Erlauben Sie mir, Ihnen dazu als erster zu gratulieren.

Tatsachen sind es also nicht, die ich an Ihrer Arbeit zu bemängeln habe, es ist Ihre Haltung zu ihnen, die mich stört. Sie lassen sich (Ihre Lage bedenkend, möchte ich hinzufügen: zwangsläufig) durch Vorurteile Ihre sonst so scharfen Blicke trüben. Das drückt sich oft nur in der Wortwahl aus (wenn Sie zum Beispiel den inneren Frieden Deutschlands Friedhofsruhe nennen), durchgehend aber in der Interpretation von Fakten. So ist die Karlsbader Konferenz für Sie ,,Höhepunkt geistiger Unterdrückung'' und leitet ,,finstere Zeiten'' ein. Bester Herr Pötsch, das tut mir weh! Nicht weil Sie anderer Meinung sind als ich, sondern weil Sie damit nur nachbeten, was schwarz-weiße, schwarzweißrote und rote Historiker[168] Ihnen vorgebetet haben, und weil Sie dabei ganz vergessen, gegen wen das, was Sie ,,Despotie'' nennen, gerichtet war: gegen die nationalistischen Schreihälse nämlich, die, wären sie nicht niedergehalten worden, wirkliche Despoten hätten werden können, weil sie ein Dogma hatten, das jedermann aufzuzwingen ihre Absicht war. So gesehen trugen, so paradox das klingt, die Zensurbeschlüsse von Karlsbad entscheidend dazu bei, die Geistesfreiheit zu erhalten, und ein Schwedenow-Massow, der ihre Bestimmungen in Tat umzusetzen sich bemühte, verriet nicht, wie Sie meinen, erstrebenswerte Ideale: er fand sie erst im Alter und hätte deshalb einen Ehrenplatz in meinem Buch durchaus verdient. Dazu wäre aber eine vorurteilsfreiere Sicht vonnöten, als Sie sie haben – oder besser: haben können.

Ich schicke Ihnen also Ihre verdienstvolle Arbeit mit dem Ausdruck tiefsten Bedauerns anbei zurück, ohne Ihnen etwa vorzuschlagen, sie in dem von mir angedeuteten Sinn zu ändern. Selbst wenn Sie es wollten, könnten Sie es nicht. Dazu sind Sie dem Fortschrittsglauben, den ich nicht teile, aber zu achten mich bemühe, zu sehr verfallen.

Hochachtungsvoll grüßt Sie

Ihr Alfons Lepetit

20. *Kapitel* Steine

Im Frühjahr, wenn Sonne die Städter zum erstenmal wieder ins Freie lockt, oder im Herbst, zur Pilzzeit, kommt es vor, daß der Weg zwischen Liepros und Schwedenow auch von Fremden begangen oder befahren wird. An der Wegkreuzung, von der sie nicht wissen, daß sie Dreiulmen heißt, wird dann ihre Aufmerksamkeit erregt von einem Mann, der sich auf dem nach der Spreeniederung abfallenden Hang des bewaldeten Hügels im wurzeldurchwachsenen Erdreich zu schaffen macht. Während die Einheimischen, die den Anblick gewohnt sind, von ihren Mopeds und Treckern herab nur die Hand zu flüchtigem Gruß heben, steigen die Fuß- oder Radwanderer aus Berlin oder Frankfurt neugierig den Hügel hinauf, weil sie sich nicht erklären können, was da ein Mann im Walde allein zu graben und zu hacken hat. Jedem zweiten fällt ein Witzwort über Schatzgräberei ein, wenn er auf dem Erdwall steht, den der schwitzende Mann aufgeworfen hat, um die Grundmauern eines Hauses freizulegen, zwischen denen er weitergräbt und sich dabei durch Zuschauer nicht stören läßt. Stößt sein Spaten auf Widerstand, legt er ihn beiseite und scharrt den Stein vorsichtig mit den Händen heraus, Feldsteine schleudert er achtlos in den Wald, Backsteine aber, auch Teile davon, säubert er behutsam, besieht sie von allen Seiten und schichtet sie aufeinander. Grußworte erwidert er kurz aber freundlich, ist, wenn Orientierungshilfen verlangt werden, zu Auskünften bereit, vermeidet jedoch Gespräche, die seine Arbeit aufhalten könnten.

Er habe so etwas Gehetztes, sagen die Leute zum Lieproser Gastwirt, wenn sie sich nach dem Waldgräber erkundigen: in den Bewegungen sowohl als auch in den Augen, die auffallend tief im unrasierten Gesicht lägen. Der Wirt nickt dann verstehend und versichert, daß der Mann, ein früherer Lehrer, jetzt Traktorist, harmlos sei: wohl habe er sich um einen Teil seines Verstandes studiert,[169] der andere Teil aber, den man zum Leben und Arbeiten brauche, sei völlig intakt, und da er eine patente Frau habe, die ihn ans Essen und Trinken erinnere, es ihm auch bringe, wenn er sonnabends und sonntags dort draußen grabe, sei um ihn nicht zu fürchten. Auf die Frage, was der Mann dort mit so viel Aufwand suche, zuckt der Wirt nur die Achseln. Das weiß er so wenig wie seine einheimischen Kunden, die sich schon abgewöhnt haben, darüber zu rätseln.

Nur ein Herr Brattke von ZIHH in Berlin, der in Schwedenow manchmal zu Gast ist, weiß darüber Bescheid und erzählt es Interessenten gern in der Hoffnung, sie erfreuen Pötsch, wenn sie mal bei Dreiulmen vorbeikommen, mit einer sachkundigen Bemerkung, in die sie am besten den Stolper Onkel einflechten, von dem seine gegenwärtigen Forschungen ausgehen.

Julius Eberhard Wilhelm Ernst von Massow hieß der Mann, kam aus dem pommerschen Stolp, wurde in Berlin Justizminister und war, wenn Pötschs Hypothesen stimmten, derjenige von Maxens vielen Onkeln, der in den Tagebüchern vorkommt. In dessen Briefen nun, die Pötsch nach langem Suchen in einem alten Stolper Kreiskalender fand, ist zweimal von einem Neffen Maximilian die Rede, der sich, zum Entsetzen der Familie, aufs Schreiben kapriziert, einsam im Walde lebt und krank ist vor Kummer, weil er eine Bürgerliche, die er haben will, nicht kriegt. Ein Ort wird dabei nicht genannt, dafür aber das die Verwandtschaft amüsierende Gerücht kolportiert: der Liebeskranke habe in seiner ärmlichen Behausung mehrmals den Namen der Verehrten in Ziegelsteine eingeritzt.

Nun fahndet Pötsch nach einem dieser Steine, die die Identität Max von Schwedenows mit Maximilian von Massow unzweifelhaft beweisen würden. Daß die Hoffnung auf Erfolg bei Dreiulmen nur gering ist, weiß er. Liegen dort doch nur die beim Abriß verschmähten Steine. Die Mehrzahl wurde, wie man weiß, im Dorf verbaut. Die Häuser, Scheunen, Ställe, in denen sie stecken könnten, kennt Pötsch schon. Im Winter, wenn Grabarbeiten nicht mehr möglich sind, wird er sie inspizieren. Auch werden immer wieder Ställe, in denen kein Vieh mehr steht, jetzt abgerissen. Wer Pötsch an Wochenenden bei Dreiulmen nicht mehr findet, sollte ihn auf der Müllkippe zwischen Liepros und Trebatsch suchen. Dort wird er im Bauschutt wühlen und von Triumphen träumen: In der Hand den Backstein, in den vor 170 Jahren der Name Dorette eingegraben wurde, betritt er Menzels Orkus und sagt: Hier ist er, Herr Professor, der Beweis!

Notes to the text

1 **Theater:** the setting (see also Chapter 7) is the *Urania* theatre in East Berlin, the **Hauptstadt der DDR**. The Urania organisation has a special interest in making science and culture accessible to the general public and organises radio and television programmes as well as adult education courses.

2 **Empire:** the severe classical style fashionable during the Napoleonic Empire (1804–15).

3 **Das Bild des ... Dichters:** reads like a description of the portrait of Jean Paul included on p. 139 of de Bruyn's *Das Leben des Jean Paul Friedrich Richter* – a first indication of the way in which literary history and creative imagination are interwoven into the detail of the text.

4 **Prominentensüchtige:** 'people who love to get close to well-known personalities'.

5 **Funk- und Fernsehzeitung:** *FF-Dabei* (circulation 1.4 million) is the GDR's weekly illustrated guide to radio and television programmes.

6 **Liepros ... Schwedenow:** these are invented place-names, although closely modelled on existing villages. The setting of the story can be precisely located in the real world of the Mark Brandenburg – see the map included in the Introduction.

7 **unter Ausnutzung des linken, erhöhten Wiesenrains ...:** 'using the raised meadow's edge on the left, Menzel had attempted to drive through the extensive pool of water, only to get stuck...'

8 **und da, wenn es um Menge und Güte ...:** 'and, since Menzel was always more resourceful in situations where the quantity as well as the quality of the arguments counted, his wife's feet would have been the ones to get wet...'

9 **Pötsch, dessen Gesichtsbildung und Gebaren ...:** 'Pötsch, whose features and behaviour showed him to be the sort of person who has to be asked three times before he dares to permit himself a luxury....'

10 **von ... etwas unsicherem Adel:** the use of 'von' before the surname was the prerogative of the aristocracy, although there were many cases of middle-class Germans claiming aristocratic status simply by adding the 'von' to their name.

11 **Freundschaftsbund:** 'sealed their bond of friendship in his name', making a formal decision to call each other 'du'. See Chapter 12.

12 **Die Allgemeine Deutsche Biographie:** the most detailed nineteenth-century source of biographical information, published in fifty-five volumes between 1875 and 1910.

13 **Das bekannte ... Goethe-Zitat:** 'Was du ererbt von deinen Vätern hast,/erwirb es, um es zu besitzen!' (*Faust* Part 1, Scene 3) – much quoted in the GDR as part of its policy of fostering interest in the cultural heritage of the era of Goethe and Schiller , who were viewed as having provided the intellectual foundations for a future socialist society.

14 **das ... verschmähte, verschleuderte oder vergessene [Erbe]:** the lack of recognition given to outstanding authors such as Jean Paul, Hölderlin and Kleist – initially by Goethe and Schiller themselves, once they became establishment figures, and more recently by Marxist theoreticians such as Georg Lukács –

has been highlighted in the GDR since the 1970s, although more effectively by authors like de Bruyn than by academics of Menzel's ilk.

15 **die Bourgeoisie...:** a first example of Menzel's ideological perspective – 'the bourgeoisie, who, although they were prepared to hide their profiteering behind a cloak of cultural respectability, were not prepared to foster progressive traditions'.

16 [Franz] **Mehring** (1846–1919): the socialist historian, whose works include detailed studies of Prussian history in the Napoleonic era.

17 **exorbitant:** like **fulminantest** later in this paragraph, an example of Menzel's sloppy use of foreign loan-words.

18 **"Ein märkischer Jakobiner":** the Jacobins, led by Robespierre, were the most radical of France's revolutionaries after 1789 and were responsible, in 1793–94, for the Reign of Terror which eroded popular support for the Revolution. There are some echoes in this paragraph of Wolfgang Harich's introduction to his book *Jean Pauls Revolutionsdichtung* (see excerpt in the *Arbeitsteil*), although it is intended as a caricature of ideologically blinkered writing in general. (Harich in fact argues that Jean Paul should *not* be viewed as a 'deutscher Jakobiner', pp. 120–1.)

19 **schon deshalb nicht...:** 'not least because many of the aspects of his personality he thought he had discovered in Schwedenow's work had probably only developed as a result of his reading it'.

20 **Ludwig Leichhardt** (1813–48): one of the pioneering explorers of Australia, who made his intrepid journey to Port Essington (on the North coast) in 1844.

21 **seine wichtigsten Spätwerke:** these are all invented titles, but generally reminiscent of works of this period by other authors. Like Jean Paul he produces a trilogy of 'revolutionary' novels, with the *Geschichte Emils* sounding in addition like a variant on *Emile ou l'éducation*, by the French author Jean-Jacques Rousseau. Yet a volume of poems entitled 'Withered Spring Garland' indicates disillusionment and hints at the contradictions which Menzel seeks to ignore. The 'elms' quote from 'Mein Heim' is borrowed from a Hölderlin poem, 'Die Eichbäume'. **Koalitionsfeldzüge bis zum Baseler Frieden:** the anti-French coalition of European nations was formed in 1793, and the Treaty of Basle signed between France and Prussia in 1795, when Prussia withdrew from the conflict.

22 **Franz Robert:** an invented figure, although his name recalls that of the poet Stefan George (1868–1933), who rediscovered Jean Paul as a serious author around 1900. (See *Das Leben des Jean Paul*, p. 376.)

23 **der junge Graf Barfus:** De Bruyn is here placing an historical event (which occurred in the real 'Schloß Liepros') in the context of the 1790s, where the action in Schwedenow's first novel is supposed to occur. The historical source is Theodor Fontane, whose account of the fortunes of the famous Prussian Barfus family comes in his essay 'Schloß Kossenblatt' (see *Die schönsten Wanderungen durch die Mark Brandenburg*, pp. 93–5).

24 **Trebatscher Wäldchen:** a scene borrowed from Jean Paul's life and relocated in the Mark (see *Das Leben des Jean Paul*, p. 86).

25 **Obrist:** the fact that the hero's father in this 'novel of education' is a high-ranking military officer gives it its distinctively Prussian flavour.

26 [Maximilien] **Robespierre** (1758–94): after assuming the leadership of the French Revolution, he himself died at the guillotine at the end of the Reign of Terror.

27 **Königin Luise** (1776–1810): the wife of King Friedrich Wilhelm III of Prussia, renowned for her beauty, to whom Jean Paul dedicated the first volume of his novel *Titan* (see *Das Leben des Jean Paul*, p. 214).

28 **die bloße Erwähnung ...**: 'the mere mention of the historian's name produced an automatic yawn which could not be suppressed, however hard she tried to discipline herself'.

29 **ein Fremdling im eignen Hause**: a quotation from Hölderlin's novel *Hyperion*. The original refers to Germany's blindness to the insights of its outstanding creative talents.

30 **Kreisstadt**: Beeskow is the administrative centre of the rural district (Landkreis) to which Schwedenow and Liepros belong.

31 **"kleinbürgerlich-revolutionärer Demokrat fronbäuerlicher Herkunft"**: a pointed reminder of the absurdity of such obsessive socio-economic labelling, which tells us nothing about the quality of an author's work.

32 **Internats-Oberschüler**: there is boarding accommodation available at low cost at the GDR's 'Erweiterte Oberschulen' (sixth-form colleges) to enable gifted pupils from country areas to enjoy the same educational opportunities as those living in towns. Pötsch's local college, in his 'Kreisstadt' Beeskow, would have been impossible to reach on a daily basis using the rudimentary bus service.

33 **Doch hätte wohl ...**: 'Yet even if it had emerged that they were definitely related, one hopes that this would not have been his main reason for choosing her.'

34 **Pötschs Thema ...**: in Pötsch's carefully planned 'lecture' he has now reached the section entitled (in his mind) 'Documents'.

35 **von Massow**: the von Massow family was very important in the Mark Brandenburg in the eighteenth and nineteenth centuries, holding various high offices in the government and army of Prussia. **Friedrich Wilhelm Maximilian** is, however, entirely an invention of de Bruyn's.

36 **Lützen**: an indecisive battle fought in May 1813 by the Prussian-Russian alliance against the French; part of the build-up to the Battle of Leipzig (the 'Völkerschlacht') in October 1813, when Napoleon's army suffered a crucial defeat.

37 **"Verlorene Ehre"**: the title echoes that of Schiller's story *Der Verbrecher aus verlorener Ehre*, while the plot outline is vaguely reminiscent of Kleist's play *Prinz Friedrich von Homburg*, which was written after the Battles of **Jena** and **Auerstedt** (1806), when the Prussian army was soundly defeated.

38 **während er redend seine Gedanken verfertigte**: Pötsch's attempt to work out his ideas as he speaks evokes another famous work of the period – Kleist's essay 'Über die allmähliche Verfertigung der Gedanken beim Reden'.

39 **seine wissenschaftlichen Gänge**: note the pun – 'as his academic thought-processes/pacing up and down had left their mark ...'.

40 **festes System von Personenumschreibungen ...**: 'she had however ... developed a fixed system of indirect ways of describing people which was absolutely foolproof'.

41 **Werk der ideologischen Standortbestimmung**: 'a study concerned with defining the author's ideological position', i.e. aiming to counteract the over-emphasis on biographical detail (and personal contradictions) in works by 'bourgeois' scholars.

42 **Appendix über den Historismus:** for Menzel, historicism is the mistaken belief that knowledge of history is the key to an understanding of today's world; he assumes that a theoretical grasp of the Marxist laws of human development is more important.

43 **von den Umständen ...:** another play on words – 'in anderen Umständen sein' is an old-fashioned way of referring to pregnancy.

44 **wäre den Lesern zu wünschen ...:** 'it would be most agreeable if this chapter could provide our readers with a vivid pictorial image of the beautiful and valuable things ...'.

45 **die ... Villensiedlung:** 'exclusive residential area' – the description suggests an area like Grünau on the South-East perimeter of Berlin, developed in the late nineteenth century, the era of *Jugendstil*, and seemingly untouched by all the social and political upheavals of the years since then.

46 **Kranz von ... Mädchenleibern ...:** 'a ring of intertwined girls' bodies with breasts as small as pins' (an example of *Jugendstil* decorative art).

47 **das ... Hör- und Redegitter ...:** 'before he managed to locate the inconspicuous listening and speaking grille and, adapting to the volume of the machine, to shout his name into the gatepost'.

48 **Verlust ihrer Selbständigkeit:** an ironic comment on the effects of enforced land-collectivisation, completed in the 1960s, which effectively made many small farmers redundant, in a country where there was officially no unemployment.

49 **hoffte, daß der Bernardiner ...:** 'hoped that the St Bernard, which he already felt confident enough about to hold at his side, provided he took care, might casually be made the subject of a focused discussion'.

50 **daß man ... aufheben könnte:** 'that one might save oneself the trouble of paying him compliments ... and keep them for an occasion when his wife happened to be present'.

51 **das seltsame Nebeneinander ...:** 'the curious combination of personality traits usually regarded as incompatible ...'

52 **Frau Spießbach:** Menzel's sensitivity to the 'commonness' of a word like '-bauch' is a further pointer to the insincerity of his revolutionary writings; Pötsch's idea that aristocrats, for similar reasons, used to call all their male servants **Anton**, derives, however, (according to de Bruyn) from 'Klatsch im Volk' rather than historical fact.

53 **ein Schwedenow-Bonmot:** 'the quality of a book is inversely proportionate to the quality of the table it was written on' – the sort of provocative aphorism which Jean Paul often used. (See *Das Leben des Jean Paul*, pp. 72, 248.)

54 **Fayence:** faience is painted and glazed pottery; marquetry (**Intarsien** pl.) is wood inlaid with ivory, precious stones, etc.; for **Empire**, see note 2 above; **Biedermeier** refers to the dominant art style of the period (1815–48), mainly associated today with the images of middle-class complacency conveyed in its painting.

55 [Leopold von] **Ranke** (1795–1886): one of Germany's best known historians.

56 [Heinrich, Freiherr von] **Bülow** (1757–1807) and [Christian, Freiherr von und zu] **Massenbach** (1758–1827) were military historians of the Napoleonic era.

57 **die Literaten:** the list includes most of the leading German authors of the period 1789–1815. **Schwedenow** is the only fictitious name among them.

58 **Orkus ... Hades ... Elysium ... Tartarus:** all terms from classical mythology. Orcus is the underworld and Hades its god; Elysium is paradise and Tartarus the infernal place of punishment.

135

59 **die Punkte eins, zwei, drei und vier:** these are explained in the next chapter as Pötsch summarises them to his wife.

60 **wäre dieser Ausdruck ...:** 'if this expression were not inappropriate for subject-matter which, although it concerned the public, was not intended for its ears'.

61 **Träumer, Utopisten, Besserwisser ... Nörgler, Querulanten:** the narrator is being ironical in his choice of these terms, which were all frequently used by authority-figures in the GDR to denigrate their critics.

62 **nach Menzel-Zitaten referierte ...:** 'reported, using phrases of Menzel's'.

63 **eine staatlich inszenierte Feier seines 165. Geburtstags:** only a slight exaggeration on de Bruyn's part of the official determination in the GDR to celebrate any anniversary which might demonstrate the vitality of its cultural heritage!

64 **dessen Patronat ...:** 'which Menzel, with a show of reluctance, had agreed to chair; he had however suggested someone else's name as speaker, to create the impression that there already was widespread interest (in Schwedenow)'.

65 **die lichten Höhen ...:** 'led him to imagine himself already ascending the shining pinnacles of fame'.

66 **Frage bei der Ankunft:** this refers back to the last line of Chapter 6 and indicates Elke's growing suspicion that her husband has already decided that the whole family should move to Berlin.

67 **ZIHH ... ZIHiHi:** there is, of course, no such place in the GDR as the **Zentralinstitut für Historiographie und Historiomathie** (the word 'Historiomathie' is de Bruyn's satirical invention). Research in the GDR is, however, concentrated in dozens of 'Zentralinstitute' of this kind, under the aegis of the 'Akademie der Wissenschaften'.

68 **bis der Professor ...:** 'until the Professor discovered its existence or, as malicious gossips claim, persuaded the powers-that-be that it existed'.

69 **[Friedrich von] Gentz** (1764–1832): a Prussian diplomat who quickly grew sceptical in the 1790s of the prospects for the new French Republic (see p. 276 of *Das Leben des Jean Paul*). He is better known for his subsequent role as Secretary of State to Austria's Chancellor Metternich.

70 **Standen doch ...:** 'he didn't simply want his corrections to be discussed, even though they were important enough ...'.

71 **Kellerkind:** one of the generation of Berlin children who had to survive the bombing raids of the last years of the war, and the deprivations of the post-war period, in the cellars of the devastated city.

72 **durch Rückenkrümmung ...:** 'by leaning over to bring his head down to the height of people of normal proportions'.

73 **Sätze, die das Andererseits umkreisten ...:** 'sentences which skated around the "on the other hand" without ever specifying it'.

74 **Einhard ... Nithard:** like Schwedenow, these are fictitious authors, although their names and their publications (referred to below) have an authentic medieval ring to them.

75 **"Vita Caroli Magni" ... "Historiarum Libri":** The Life of Charlemagne" ... "Books of Historical Events". Although the ninth century, the era of Early Feudalism, saw some of the earliest works of German literature, Latin was still the dominant literary language.

76 **eine Rezension ...:** 'a review so well-informed that it gave the lie to his assertion that his main field of interest was the early feudal era'.

77 **Fernsehfunk:** another reference to *FF-Dabei*, the GDR's programme magazine (see note 5).

78 **Des Rätsels Lösung ... liegt tiefer, oder, wenn man will, auch höher:** Brattke is hinting that the fault lies in the SED's whole cultural policy (which, until the 1970s, generally saw literature only as a medium for illustrating political ideas), not just with individuals like Menzel.

79 **Befreiungskriege:** the Prussian-led campaigns of 1813 to liberate Germany from Napoleonic control.

80 **Das ist der Kamm ...:** an adaptation of the saying 'man kann nicht alles über einen Kamm scheren' – 'That's the comb he uses as he shears (Schwedenow's) entire work, and anyone familiar with it knows how close-cropped it emerges from this shearing.'

81 **die Methode, die Schule machen könnte:** Brattke's summary of Menzel's book which follows is derived from de Bruyn's critical reading of Harich's *Jean Pauls Revolutionsdichtung*.

82 **Ist diese Manipulation ...:** 'Even though it is easy to recognise this as manipulation, the reader who knows nothing about Schwedenow will be taken in by the way in which his work ... is manipulated.'

83 **Rotkäppchens Aufruf zur nationalen Erhebung:** A reading of the Grimm Brothers' version of *Little Red Riding Hood* in German is highly recommended at this point! De Bruyn has always been fond of parodying the style of other authors. (He published a volume of them, entitled *Maskeraden*, in 1966.) Although his main target is again Harich, this 'revolutionary' interpretation of *Rotkäppchen* is only the latest in a long line of reworkings of the fairy story: see the anthologies by Ritz and Zipes listed in the Select bibliography.

84 **hat sie sich selbst ... eskamotiert:** a satirical example of a mixed metaphor arising from Menzel's misuse of loan-words – 'has done a disappearing act in the knacker's yard of the history of knowledge'.

85 **Essigmutter:** 'mother of vinegar' (substance produced by bacteria during fermentation) – as the word is not linked etymologically with 'mother', either in German or in English, this provides a typical example of over-interpretation. (Jean Paul referred to his satirical writing as his 'Essigfabrik', as de Bruyn reminds us on p. 81 of his biography.)

86 **Sansculotte:** nickname for the French Revolutionaries, but it derives from the fact that they wore *long* trousers rather than the knee-length breeches ('culottes') of the upper classes!

87 **Zeit der Romantik:** the Romantic era in German literature, which dates from around 1800, brought about (amongst many other things) a new interest in unspoilt nature.

88 **Glocken von Jena und Auerstedt:** presumably refers to the public mourning following the defeat of the Prussian army by the French at these two battles of 1806.

89 **Blaue Blume:** the mystical flower sought by Heinrich von Ofterdingen in the novel of the same name by Novalis (1772–1801), used here as shorthand for the utopian longings of Germany's generation of Romantic poets.

90 **Töne des ideologischen Klassenkampfes ... über den Äther:** radio and television programmes from the Federal Republic (the 'Klassenfeind' in ideological language) can be received in most parts of the GDR.

137

91 **Lützows wilde, verwegene Jagd:** a quote from perhaps the most famous ballad of the 'Befreiungskriege', 'Lützows wilde Jagd', by Theodor Körner (1791–1813), who died in battle serving with the volunteer corps established by Major Lützow.

92 **die Jakobinermütze:** the red cap worn by the Jacobins as a symbol of their newly-won freedom.

93 **Erhebung im doppelten Sinne:** it means 'raising oneself up' (after a humiliation) as well as 'uprising'.

94 **Tilsiter Frieden:** The treaty signed in 1807 at the East Prussian town, marking a temporary armistice in the Napoleonic Wars.

95 **... das Strahlende zu schwärzen und das Erhabene in den Staub zu ziehen:** Pötsch, outraged at this attack on Menzel, is, in effect, comparing him with Joan of Arc! (He is quoting from Schiller's poem 'Das Mädchen von Orléans'.)

96 [Georg Heinrich von] **Berenhorst** (1733–1814); another conservative military historian whose views are likely to have clashed with those of Schwedenow.

97 **Der Geist sprudelte nur so:** 'It took this to make his intellect sparkle ...'.

98 **das "Gelehrte Teutschland":** a standard reference work on German writers of this era, compiled by J. G. Meusel (1743–1820).

99 **[das] reguläre 28. Ulanen-Regiment:** part of the Prussian cavalry, distinguished by its Polish-style uniform ('ulanka').

100 **Kaiserzeit:** the period between the creation of the unified German Reich in 1871 and the end of the First World War (1918).

101 **erst für den französischen Kaiser...:** the Prussian army was obliged to fight under Napoleon's command during his unsuccessful Russian campaign of 1812, before regaining its independence on the side of the Allies during the Wars of Liberation. Individual hopes of freedom were, in turn, dashed by the restoration of the Prussian King's absolute power in 1815.

102 **von Massow:** the unabbreviated entry would read 'geboren 1770 in Schwedenow in der Kurmark, 1814 Rittmeister, 1815 ausgeschieden, gestorben als Vize-Präsident des Königlichen O.-Z.-K.'. (The final abbreviation is a complete mystery to Pötsch at this stage.) The **Kurmark** was the administrative term for the area of the Mark around Berlin, originally ruled over by the Electors ('Kurfürsten') of Brandenburg.

103 **Mauer:** This is the Berlin Wall, built in 1961, an unavoidable topographical feature of the city, yet it had been virtually a taboo subject in East German literature during the 1960s and 1970s. There are many cemeteries originally situated at the boundaries between the city boroughs along which the Wall was built, including the military 'Invalidenfriedhof', which may be the one referred to here.

104 **Wie sich ... alles ineinander fügte!:** 'How remarkably everything fell into place!' – an ironical aside of the kind often found in Jean Paul's work, which de Bruyn is now playfully imitating.

105 **bis er begriff...:** 'until he realised that the transformation of this individual and his work could be shown to be typical of the whole unfortunate development of these years'.

106 **revoltierende Studenten:** after 1815 German students, organised in 'Burschenschaften', were in the forefront of the campaign for a democratic and united nation.

107 **länger unterwegs ... als ... auf dem Seeweg aus Australien:** incoming post from the Federal Republic to the GDR has often been subject to long delay, for unspecified security reasons, at the hands of the postal authorities.

108 **Wilhelm von Humboldt** (1767–1835), the great humanist, was Prussia's reforming Minister of Education between 1808 and 1810. **Die Karlsbader Beschlüsse** were the decrees of 1819 suppressing radical political activity of all kinds within the German Confederation (established in 1815 as part of the Restoration).

109 **der Zensor Massow:** 'if he had ever, in his field of research, come across Massow the censor'.

110 **Elisabeth von Quandt:** another fictional figure; the **Altmark** lay to the West of the Kurmark (see note 102), separated from it by the River Elbe.

111 **Jan Hus** (1373–1415): a religious reformer burnt at the stake for his alleged heresy; **Böhmen** (Bohemia) is the northern part of today's Czechoslovakia, and **Franzensbad** (Františkovy Lázně) one of its many spa towns.

112 **packt den das Grauen ...:** 'anyone who cares about independence of thought and feeling is seized with horror'.

113 **sehr viel Anpassungsfreudigkeit ...:** 'it would take an exceptional love of conformity to join in every time fashions change'.

114 **Jugendweihe:** the secular ceremony for East German children normally held at the end of their eighth school year, signifying their commitment to become responsible socialist citizens.

115 **ein riesengroßer schwarzer [Wagen]:** in the GDR context this automatically implies a Russian-made *Tatra*, chauffeur-driven for state dignitaries like the Minister Fritz, who appears later in this chapter.

116 **Frankfurt, Cannes, Venedig:** mentioned here as the venues for major cultural festivals in the West.

117 **Sie waren die Missionare ...:** the most biting criticism in this book of the complacency and arrogance of the GDR's new ruling class. The phrase **in den modernsten aller Rinderställe** echoes Voltaire's *Candide*, the classic eighteenth-century satire of a ruling class which believed itself to be living 'in the best of all possible worlds'.

118 **Letzteres wäre vielleicht ...:** '*That* might have been asking too much.'

119 **exquisiten Schnaps:** 'exquisite' would be a misleading translation here: it means 'spirits bought in an Exquisit shop', i.e. a cut above the basic product sold in a 'Kaufhalle', but still inferior to Western spirits, which could only be bought with Western currency in an 'Intershop'.

120 **pretium affectionis:** the Latin equivalent of 'Gefühlswert'.

121 **eine Zeitung von 1950:** in its early years the GDR's leadership advocated the reunification of Germany as a neutral state separate from the 'decadent' West, and all remotely relevant quotes from authors like **Goethe** were exploited to support this aspiration. Official endorsement from the Soviet leader Josef **Stalin** (1879–1953) came in his telegram greeting the creation of the GDR in 1949, which he saw as the first step towards 'das einheitliche, unabhängige, demokratische, friedliebende Deutschland'.

122 **Sieger der Geschichte:** a cliché of the Stalin era – that communism would rapidly be established worldwide as part of mankind's historical evolution.

123 **innerhalb des Besonderen ...:** 'even amongst these special feelings some which were particularly special'.

139

124 **die junge Intelligenz des platten Landes:** another example of the patronising attitudes of the GDR's new elite — 'das platte Land' is both a general word for 'the country' and a reference to the plains of the Mark Brandenburg.

125 **Wohnmöglichkeiten:** it is crucial to Pötsch's plans that he finds someone willing to swap accommodation, since there is a serious shortage of housing in the GDR generally, and particularly in East Berlin.

126 **Frau Unverloren:** a trick de Bruyn has learnt from Theodor Fontane's use of irony is to give minor figures names which contrast directly with their personalities. From the outset she is a caricature of 'Verlorenheit'.

127 **in tiefstem Sächsisch:** 'in a broad Saxon accent' -- the old North-South rivalry between Prussians and Saxons still survives in the GDR in the form of jokes about their respective accents and character-traits.

128 **Zeitung:** this is *Neues Deutschland*, the Party newspaper, which always formally recorded events such as the birthdays of important citizens in terms of glowing praise for their achievements.

129 **der Ton ... des Wir-sind-ja-unter-uns:** The sense is — we're all friends (and Party members) together, so it's all right to speak our minds openly (in contrast to the propagandist tones of *Neues Deutschland*).

130 **Walter Ulbricht** (1893–1973): the Party leader from 1946 (the year the SED was established) until 1971, when he was replaced by Erich Honecker. **Nationalpreise** were awarded annually for outstanding contributions to the GDR's progress.

131 **daß sich Leere gut überblicken läßt:** 'that emptiness can be easily surveyed'.

132 **Bleibendes stiften nur Bücher:** 'only books create an enduring memorial' — a questionable paraphrase of Hölderlin's famous line 'Was bleibet aber, stiften die Dichter' (from his poem 'Andenken').

133 **Felsen Öffentlichkeit ... Adler Ehrgeiz:** 'I have allowed myself to be chained to the rock of Publicity, and Ambition is the eagle tearing out my liver' — a pretentious comparison of his sufferings to the punishment suffered by the Greek god Prometheus, the creator of mankind, in the classical myth.

134 **Brüderschaft trinken:** 'to drink to our becoming close friends'.

135 **Versuch einer Inbesitznahme des Fremden...:** 'the attempt to take possession of the quality you have which is different, the opposite to me, what I lack'.

136 [Johannes] **Sleidan** (1506–56) and **Johannes von Müller** (1752–1809) were both leading German historians of their day. They are best known for the two works mentioned here, Sleidan for his study of the reign of Emperor Charles V (a contemporary of his), and Müller for his history of the Swiss Confederation.

137 **Rebellen durften bei ihm ...:** 'Rebels were always permitted in (Menzel's) domain to aspire to free themselves from whatever chains bound them.'

138 **hatte den schlechten Geschmack von Blasphemie ...:** 'smacked unpleasantly of the sort of blasphemy which always betrays how inescapably bound one is to the God one is cursing'.

139 **stilvergleichende Methoden:** i.e. making a detailed comparison of the stylistic features of Schwedenow's literary works and Massow's post-1813 publications.

140 **Disqualifizierung der Form:** 'attacking its formal deficiencies' — this was a familiar tactic in the GDR, with the critic opting for stylistic nit-picking rather than a direct admission of political hostility to the content of the book.

141 **Krankheit als Schwäche:** another favourite ploy of Menzel's generation of critics was to use terms like 'sick' and 'decadent' to undermine views which challenged the 'healthy' Party line.

142 **Positivismus:** positivism, which originally referred to the methods of empirical analysis, came to mean (in Marxist criticism) disregard for theoretical coherence. It is therefore a term of abuse here.

143 **... einfacher, einen Herausgeber als einen Leser zu finden:** Menzel is implying that academic publications in the Federal Republic rarely make the public impact they do in the GDR. Once again he is avoiding the real issue − the political implications of publishing in the West.

144 **"Die Erbuntertänigkeit der Bauern der Mittelmark vor den Reformen ...":** the reforms which abolished hereditary serfdom in Prussia were initiated in 1807; **Mittelmark** was used virtually interchangeably with the term *Kurmark* (see note 102) for the area of the Mark Brandenburg around Berlin.

145 **"Hiermit erlaube ich mir ...":** 'I hereby take the liberty of sending you the enclosed essay with a view to publication' (formal letter style).

146 **die geschichtswissenschaftliche Zeitschrift ... die Monatsschrift für Literatur-geschichte:** these are lightly disguised references to the *Zeitschrift für Geschichtswissenschaft* (actually published in Berlin), and *Weimarer Beiträge: Zeitschrift für Literaturwissenschaft.*

147 **Ob man hochachtungsvoll ...:** Pötsch's dilemma is whether to end his letter formally ('Hochachtungsvoll'), as one Party member to another ('mit soziali-stischen Grüßen'), or informally ('mit freundlichen Grüßen'); including an 'Ihr' before his signature would add a further note of respect.

148 **mit so viel imposanter Weiblichkeit:** 'with such a formidable mass of feminity'.

149 **Hopfen und Malz ist bei dem verloren:** (coll) 'He's a hopeless case.'

150 **ein Einzelgänger, fast ein Eigenbrödler:** the passage which follows contains a succession of clichés used by Party loyalists to disqualify individuals who came into conflict with the **gutes Kollektiv** which it claimed to represent.

151 **Fernseh-Förster Kiekbusch:** an invented television programme − the title suggests mindless entertainment.

152 **um den zerrissenen Faden ...:** 'to take up the thread of the conversation where it had been broken off'.

153 **Manche jungen Leute, die erst hatten mit dem Kopf die Wand berennen wollen:** Frau Eggenfels's reference to 'banging heads against a brick wall' is an un-witting reminder of a well-known comment by the East German author Anna Seghers (1900−83) on Germany's insensitive treatment in the past of many of its most gifted intellectuals, as the 'Land, an dessen gesellschaftlicher Mauer sie ihre Stirnen wund rieben'. Pötsch is faring no better than poets like Hölderlin and Kleist did in the era of the fictitious Schwedenow.

154 **zwischen Auftrag und innerer Berufung:** the idea that 'Auftrag' (a task carried out for the Party) and 'innere Berufung' (a personal sense of vocation) can be so harmonious is an ideological cliché often exposed as mere wishful thinking.

155 **... dem feindlichen Nachbarn ...:** Frau Eggenfels is referring to Pötsch's last-ditch plan to have his research published in the Federal Republic. Elke, in contrast, believes in the 'gutnachbarliche Beziehungen' which the two German states claimed they wished to develop when they signed their 'Grundlagen-vertrag' in 1972.

156 **Madame de Staël** (1766–1817): the widely-travelled French author who knew many of the leading figures in German cultural life during the French Revolutionary era and wrote the influential book *De l'Allemagne*. François **Gérard** (1770–1837) painted the famous 'turban' portrait.

157 **ein heldischer Mann:** an echo of the famous line in Bertolt Brecht's play *Leben des Galilei*, when the scientist Galileo refuses to martyr himself for his beliefs – 'Unglücklich das Land, das Helden nötig hat.' For Elke the other extreme, of conformism to further an academic career, is equally unacceptable.

158 **Sein oder Nichtsein in Wissenschaft und Nachwelt:** 'Whether or not my name is known in academic circles and in the years to come.' (Menzel is thinking of Hamlet's famous 'To be, or not to be' speech in Shakespeare's play.)

159 **Auf solch ernste Töne …:** 'To live up to his reputation, Menzel had to ensure that these serious sentiments were followed by amusement.'

160 **Während er in kühner Verbindung …:** 'While he was expressing, with a bold juxtaposition, his hopes that Schwedenow would live on and the heatwave fade away.'

161 **Leiblügner:** an invented word, combining the meanings of 'Leib' in words like 'Leibeigner' and 'Leibwächter' with 'Lügner' to convey the sense of 'servant and official liar'.

162 **"Du lieber Gott, wie sich doch alles himmlisch ineinander fügt.":** This phrase appeared earlier in a less flowery form (see note 104) when Pötsch's researches were going well; it now has an ominous ring, however, as Pötsch senses that his fate has been sealed.

163 **der Stolper Onkel … der spätere Justizminister:** this is an historical figure, the Julius Eberhard Wilhelm Ernst von Massow also mentioned in Chapter 20, who was a minister during the reign of Frederick the Great (1740–86). **Stolp** (Słupsk) is a town near the Baltic coast, now in Poland.

164 **das preußische Staatsarchiv:** the entire Prussian state archives were integrated after the war into the GDR's 'Zentrales Staatsarchiv'.

165 **20 Bogen:** this refers to the number of sheets of printer's paper to be folded into shape for the production of this large volume.

166 **"Restauration in Deutschland" … ein gesunder Konservativismus:** Lepetit's view that the Restoration era between 1815 and 1848 should be a model for post-1945 Europe conveniently ignores its anti-democratic, repressive tendencies, which brought about the revolutionary movements of 1848.

167 **[Klemens] Metternich** (1773–1859), who presided over the Restoration, as worked out at the Congress of Vienna (1814–15), was the Austrian Chancellor between 1812 and 1848.

168 **schwarz-weiße, schwarzweißrote und rote Historiker:** a reference to the flags of Prussia, the German Empire and communism, and thus to historians writing during the different eras they represent.

169 **wohl habe er sich um einen Teil seines Verstandes studiert:** 'he had apparently studied so hard that he had lost part of his reason'.

Arbeitsteil

1 Fragen und Aufgaben zum Text

Vorspiel im Theater

Woran erkennen wir, daß 'der Referent' [Pötsch] diese Situation nicht gewohnt ist? Was unterscheidet 'den anderen Herrn' [Menzel] vom Referenten? Wie wird das Publikum charakterisiert? Welche 'normalen' Erwartungen des Lesers in bezug auf den Abschluß des Vortrags werden enttäuscht? Welches Bild der Massenmedien in der DDR wird hier vermittelt?

Begegnung im Walde

Mit welchem Ziel fahren Herr und Frau Menzel nach Liepros? In welcher Stimmung befindet sich Frau Menzel? Versuchen Sie, das Gespräch des Ehepaars in direkter Rede wiederzugeben. Was ist die Haltung der Menzels Pötsch gegenüber? Welchen Eindruck macht Pötsch auf Sie? Woran erkennt er, daß sein Gesprächspartner Professor Menzel ist?

Der Vergessene

Hat der Erzähler richtig geraten, wenn er Ihre Reaktionen als Leser bzw. Leserin antizipiert? Wie unterscheidet sich diese Erzählhaltung von anderen, die Sie schon kennen? Was ist die Funktion des Kulturerbes in der DDR? Warum ist dort die Schriftsteller-Generation, der Max Schwedenow angehört, von besonderem Interesse? (Siehe Zeittafel oben.) Was will Menzel durch sein Werk über Schwedenow beweisen? Welche Vorteile genießt Pötsch als Schwedenow-Forscher? Welche Nachteile?

Die Prüfung

Wie bedeutend scheint das Dorf Liepros in der Vergangenheit gewesen zu sein? Und heute? Wie erklären Sie den Unterschied? Welche Zwecke verfolgt Menzel in seinem Gespräch mit Pötsch? Wie erlebt Frau Menzel die 'Männer-Gesellschaft' DDR? Wird sie uns nach dieser Erklärung sympathischer? Kommentieren Sie Pötschs Überraschung am Ende des Kapitels.

Goldene Träume

Was für ein Bild vom Alltag auf dem Lande wird durch die Beschreibung
der Familie Pötsch vermittelt? Wie haben sich Elke und Ernst kennengelernt? Vergleichen Sie die Thesen von Franz Robert, Menzel und Pötsch zur
Herkunft Schwedenows/von Massows. Was zeichnet Pötschs wissenschaftliche Methode aus? Inwiefern wird uns in diesem Kapitel eine Karikatur der
tüchtigen Hausfrau angeboten? (Siehe auch Materialien, Texte 14–15.)

Dorfnachrichten

Beschreiben Sie Frau Seegebrechts Informationspolitik. Finden Sie ihre
Machtstellung im Dorf eher bedrohlich als lächerlich? Was besagt Pötschs
Aufregung vor dem Telefonat mit Menzel über seinen Charakter? Was
will Menzel mit seiner 'Telefonrede' bewirken? Gelingt es ihm?

Im Orkus

Welches Bild der Villensiedlung vermittelt uns der Erzähler? Warum ist
Pötsch 'vorläufig noch blind' für deren Schönheiten? Wie funktioniert
eine elektroakustische Sprechanlage? Welche Hoffnungen setzt Pötsch
in den Bernhardiner? Wofür will Menzel gelobt werden, wofür nicht? Was
stört Pötsch während seines Rundganges durch das Haus? Was lernt er
im positiven Sinne? Was erklärt sein heiteres Gemüt bei der Rückfahrt?

Wirkung von Alpenveilchen

Inwiefern wird Elke durch diese einleitende Beschreibung als Vorbild
dargestellt? Finden Sie Pötschs Wiedergabe von Menzels 'Vier-Punkte-
Plan' unkritisch? Woran liegt das? Wie erklären Sie die unmittelbare
'Wirkung von Alpenveilchen'? Was bewirkt dieses ganze Gespräch aber
längerfristig bei Elke? Erläutern Sie de Bruyns satirische Absichten, die
durch den Namen des Forschungsinstituts zum Ausdruck kommen.

Interpretationen

Warum fühlt sich Pötsch enttäuscht, als er das Institutsgebäude sieht?
Was führt zu der Beklemmung, die Pötsch nach seinem ersten Gespräch
mit Frau Dr Eggenfels überfällt? Worin besteht die eigentliche 'Originalität' Brattkes? Finden Sie Brattkes Verwendung von feudalen Metaphern
für die Zustände im Institut aufschlußreich oder übertrieben? Warum?
Wie wird Menzels Methode von Brattke charakterisiert? Warum trotzt
'große Dichtung' solcher vereinfachenden Behandlung? Was versteht
Brattke unter 'Menschlichkeit'? Worin besteht die Parodie bei 'Rotkäppchens Aufruf'? Listen Sie einige Beispiele bewußter Übertreibung bzw.
absurder Interpretationen auf. Was fällt an Menzels Verständnis des
Begriffs 'Zielgruppe' auf?

Suche nach einem Grab

Welche Gefühle löst die Einladung zur Geburtstagsfeier beim Ehepaar Pötsch aus? Führen Sie einige Beispiele für Pötschs Gründlichkeit bei seinen Forschungen zu Schwedenows Tod auf. Überzeugt seine Hypothese? Kommentieren Sie die Szene vor der Berliner Mauer als Versuch, ein politisches Tabu zu überwinden. Auf welche Weise wird die DDR-Bürokratie dabei kritisiert? Warum erscheint Massows Wandlung zum Zensor als typisch für 'die ganze unglückliche Entwicklung dieser Jahre'? Wie wirkt sich bei Pötsch der Forschungsdurchbruch im Privatleben aus?

Klein-Winnie

Wie wird die Auffassung von Mode als 'Diktatur' begründet? Was besagen die Vorbereitungen des Ehepaars Pötsch zur Geburtstagsfeier über die Kluft zwischen Stadt- und Landleben in der DDR? Woran erkennt man, daß Elke die Erzählhaltung jetzt weitgehend bestimmt? Suchen Sie sich Hinweise auf ihre Gefühle bzw. Gedanken aus. Wie wird die DDR-Elite charakterisiert? Was wirkt herablassend an Menzels Einführung des Ehepaars Pötsch? Warum spielt die Frage der Wohnmöglichkeiten eine große Rolle bei Elkes Überlegungen über einen Umzug nach Berlin? Wie gelingt es dem Erzähler, den Neid des Lesers auf die Köstlichkeiten auf dem Tisch zu stillen?

Laudatio

Worin besteht Menzels Talent als Redner? Warum täuschen sich die Gäste, wenn sie meinen, daß hier 'unter sich' offen und kritisch geredet wird? Gibt es Anzeichen dafür, daß sich in der Ära Honecker (von 1971 bis 1989) die politischen Haltungen dieser stalinistischen Generation überhaupt geändert haben? Ist es etwa bezeichnend, daß 'nur Tanzmusik der zwanziger bis fünfziger Jahre' gespielt werden darf?

Wahre Freundschaft

Inwiefern gelingt es Menzel in diesem Monolog, für sich etwas Mitleid zu erwecken? Warum hat er in seinem Werk keine Gedichte Schwedenows behandelt? Warum ist Menzels politischer Aufstieg letzten Endes so unbefriedigend gewesen? Aus welchen widersprüchlichen Gründen will er jetzt mit Pötsch Brüderschaft trinken?

Festfolgen

Kommentieren Sie Pötschs Haltung zu den Schichtarbeitern während seiner Hin- und Rückfahrt nach und von Berlin. Warum wird die Omama in dieser Szene zum erstenmal mehr als Karikatur? Wie erklären Sie Fritzens gleichbleibende Gelassenheit?

Bewerbung

Inwiefern tragen die Hinweise auf die Hitzewelle weiterhin zum negativen Bild des ZIHH bei? Wie erklärt Brattke Menzels Duldung seiner kritischen Kollegen? Warum ist Brattke aber an Menzel stärker gebunden, als er wahrhaben will?

Warnung

Mit welchen Mitteln versucht Menzel, Pötschs Aufsatz zu verdammen? Warum vermeidet er den inhaltlichen Kern des Aufsatzes? Stimmt es, daß der Aufsatz ihm jetzt 'gehört'? Warum wird dieses Gespräch als 'Audienz' beschrieben?

Briefe

Stellen Sie sich vor, wie Pötschs förmlicher Brief an die Redaktion der geschichtswissenschaftlichen Zeitschrift nach seiner Selbstbefragung aussieht: schreiben Sie ihn auf! Warum ist dieses Bestreben zum Scheitern verurteilt? Wie ändert sich Pötsch psychologisch während dieser Krise?

Der gute Stern

Mit welchen erzählerischen Mitteln wird die Darstellung von Frau Eggenfels hier besonders negativ gefärbt? Warum ist es wiederum bezeichnend, daß Elkes Perspektive hier dominiert? Suchen Sie Beispiele für die Klischeehaftigkeit von Frau Eggenfels' Sprache. Wie unterscheidet sich Elkes Direktheit von den 'schauspielerischen Leistungen' ihrer Gesprächspartnerin? Warum hat Pötsch selber so wenig Anteil an diesem Gespräch?

Gewitter

Wie unterscheidet sich die Darstellung des Schwedenow-Vortrags in diesem Kapitel von der im Vorspiel? Erläutern Sie Menzels Haltung während seines Gesprächs mit Pötsch vor dem Vortrag. Wie kritisch geht Pötsch im Vortrag gegenüber Menzel vor? Zu welchen radikaleren Einsichten ist er inzwischen gelangt? Hat das Gewitter irgendwelche symbolische Bedeutung, oder ist es einfach als realistisches Detail zu verstehen? Was meint Brattke, wenn er die Ereignisse im Theater als 'Tragödie nur für Eingeweihte, mit unsichtbarer Leiche' beschreibt?

Friedhofsruhe

Fassen Sie Lepetits Begriff von Restauration zusammen. Was hat dieser mit Menzels Geschichtsbild gemeinsam? Will de Bruyn damit etwa sagen, daß der Wissenschaftsbetrieb im Westen identisch ist mit dem der DDR? Oder wie sollten wir diesen Aspekt der Erzählung sonst verstehen?

Steine

Warum wird der letzte Kapitel im Präsens erzählt? Welche metaphorische Bedeutung gewinnt dadurch Pötschs 'Gräberei'? Wird sich an seinem Schicksal etwas ändern, wenn er den gesuchten Backstein letzten Endes doch findet? Ist Elke genausosehr Opfer dieser Zustände wie Pötsch? Welchen Schluß sollte 'der mündige Leser' [wichtiger Begriff in der Literaturdiskussion in der DDR] aus diesem Kapitel ziehen?

2 Materialien

Der Schriftsteller Günter de Bruyn

[1] Nicht grundlos hat man ihn einen Moralisten genannt − wenn dieses Wort nur nicht im Kopf des deutschen Lesers sogleich die Vision eines erhobenen Zeigefingers erstehen ließe. Doch ein Moralprediger, ein Besserwisser, Spaß- und Spielverderber ist dieser Autor eben gerade nicht, sondern von alledem das gerade Gegenteil. Er kennt die Menschen und kann sie nicht in 'kleine' und 'große' Leute aufteilen; er weiß auch von sich selbst, daß ihre Stärken die Kehrseiten ihrer Schwächen sind, und umgekehrt. Er ist, als Autor, gerecht zu ihnen, ohne jemals selbstgerecht zu sein, er nimmt sie und sich, wo immer es angeht, mit Humor. So zögere ich nicht, ihn freundlich zu nennen; ja − diesmal paßt das so selten zutreffende Wort: menschenfreundlich. (Christa Wolf, 'Laudatio', 158)

(a) Wundert es Sie, daß de Bruyns weltbekannte DDR-Schriftstellerkollegin diesen 'altmodischen' Begriff 'Moralist' wählt? Warum ist nicht etwa von seinem sozialistischen Engagement die Rede?

(b) Erläuern Sie Begriffe wie 'Moralprediger', 'Besserwisser', 'kleine und große Leute' mit Bezug auf die frühere Kulturpolitik der SED. (Stichworte 'Parteilichkeit', 'positiver Held', usw.)

(c) Ist Ihres Erachtens 'Menschenfreundlichkeit' eine gemeinsame Voraussetzung für Schriftsteller heute in Ost und West? Begründen Sie Ihre Antwort.

[2] [De Bruyn] nimmt seine Würde aus der Sache, die ihn besetzt hält. Denn die Besessenheit, mit welcher der Amateur-Forscher Pötsch ... seine märkischen Forschungen betreibt, die besitzt der Autor selbst in hohem Maße, und die Versuchung, sich in dieser Entdeckerlust, in Akten- und Quellenstudium, in penibelster, durch Lokaltermine erworbener Detailkenntnis zu verlieren, mag auch an ihn herangetreten sein, doch bannt

147

er sie ..., indem er sich durch einen Kunstgriff Distanz verschafft: Ganz wenig nur, um einige Grade, verrückt und verschiebt er die Figur des dörflichen Schwedenow-Forschers ins Provinzielle, Skurrile, Abseitige, zuletzt Abwegige – und hat ein Neben-, kein Ebenbild geschaffen, immer noch gut als positive Kontrastfigur zu dem karrierelüsternen, seine Forschungsergebnisse manipulierenden Berliner Professor, aber doch auch selbst ein kleines bißchen belächelnswert – bis ganz am Ende sein Schicksal noch einen tragischen Zug bekommt. Die Frage nach den Verhältnissen, die den autoritären, berechnenden Professor Menzel nach oben tragen und den an den Rand gedrückten braven Pötsch verrückt machen – die muß der Leser sich selber stellen. (Christa Wolf, 'Laudatio', 155)

(a) Erläutern Sie Wolfs Wortspiel 'ein Neben-, kein Ebenbild'. (Das Wort 'Nebenbild' finden Sie in keinem Wörterbuch!)

(b) Wie distanziert sich de Bruyn von dem fiktiven Pötsch? Listen Sie die biographischen Unterschiede und Pötschs 'negative' Charakterzüge auf! Finden Sie Pötsch mehr als 'ein kleines bißchen' belächelnswert?

(c) Wie wichtig ist dieser autobiographische Kern für die Glaubwürdigkeit des Textes? Spielt das Autobiographische auch eine entscheidende Rolle bei anderen Erzählungen, die Sie mögen?

Ein politischer Roman? Die neue wissenschaftliche Elite als Bedrohung des Sozialismus?

[3] [Auszug aus der *Verfassung der DDR* – in der Fassung von 1968, wo erstmals versucht wurde, der 'wissenschaftlich-technischen Revolution' Rechnung zu tragen]
– Wissenschaft und Forschung sowie die Anwendung ihrer Kenntnisse sind wesentliche Grundlagen der sozialistischen Gesellschaft und werden durch den Staat allseitig gefördert.
– Mit dem einheitlichen sozialistischen Bildungssystem sichert die Deutsche Demokratische Republik allen Bürgern eine den ständig steigenden gesellschaftlichen Erfordernissen entsprechende hohe Bildung. Sie befähigt die Bürger, die sozialistische Gesellschaft zu gestalten und an der Entwicklung der sozialistischen Demokratie schöpferisch mitzuwirken.
– Die Deutsche Demokratische Republik fördert Wissenschaft und Bildung mit dem Ziel, die Gesellschaft und das Leben der Bürger zu schützen und zu bereichern, die wissenschaftlich-technische Revolution zu meistern sowie den ständigen Fortschritt der sozialistischen Gesellschaft zu gewährleisten. (Artikel 17, 1–3: zitiert nach *Honeckers Verfassung*, hrsg. Friedrich-Ebert-Stiftung, in der Reihe *Die DDR – Realitäten/Argumente*, Bonn, 1981, 57–8)

148

(a) Welches Licht wirft Menzels Aufstieg auf diese 'allseitige Förderung' von Wissenschaft und Forschung?

(b) Kommentieren Sie Pötschs Bildungsgang als Musterbeispiel für die erweiterten Bildungschancen in der DDR. Wie steht es aber mit der 'schöpferischen Mitwirkung'?

(c) Warum muß die Gesellschaft nicht nur bereichert, sondern auch 'geschützt' werden? Sehen Sie darin eine mögliche Erklärung für Menzels Haltung gegenüber Pötsch?

[4] Wo Wissenschaft zentraler Gegenstand [der neueren DDR-Literatur] ist, gibt es den Karrieristen, und das gewiß nicht nur als Stilmittel der Kontrastierung. Er ist eine tragende Figur, ein Kennzeichen des Betriebs; er gehört dazu. Egal ob Natur- oder Gesellschaftswissenschaftler, ob charmant oder gallenbitter, ob im Rampenlicht oder im Hintergrund — der Karrierist ist ein Typ, der durch allgemeine Merkmale charakterisiert ist. Dazu [gehört ...] Menzel bei de Bruyn: Sie sind Produkte der DDR-Sozialisation und politisch angepaßt, Wissenschaft ist ihnen ein austauschbares Mittel zum Zweck der Karrieresicherung, sie sind rücksichtslos gegenüber anderen Menschen und Erkenntnissen. Menzel z.B., ein charmant-eitler, telegener und einflußreicher Professor, ein rastloser Stürmer auf die Höhen opportuner Wissenschaft, manipuliert seinen Forschungsgegenstand zur Mehrung des eigenen Prestiges...

Das Sozialverhalten von Wissenschaftlern kommt nicht gut weg; das gilt für externes Gruppenverhalten ebenso wie für die Verhältnisse und Verhaltensweisen im Wissenschaftsbetrieb. Was ersteres anbetrifft, so [schildert] de Bruyn ... das Abgehobensein einer privilegierten Kaste, ihre Entfremdung von den Werktätigen, ihr Selbstwertgefühl, wie es sozial organisiert ist. De Bruyns Lehrer vom Lande und seine Frau können da nur noch staunen.

Der Wissenschaftsbetrieb selbst wird in diversen Facetten geschildert. Zu den einschlägigen Themen gehören etwa:
— Innerwissenschaftliche Gruppenbildungen ...
— Die Überführung wissenschaftlicher Kontroversen auf eine Ebene der persönlichen Auseinandersetzung, in der neue Ideen als Störgrößen und als Bedrohung der eigenen Reputation wahrgenommen werden ...
— Wissenschaft als durch Rationalität verschleierte Scharlatanerie ...
— Die Übung des Ideenklaus ...
Die Defizite und Erwartungen, die Literatur in Richtung Wissenschaft moniert bzw. formuliert, haben eine eigentümliche Struktur. Sie machen Politik — als Ursachenfeld oder als Lösungsinstanz der Probleme — nicht explizit, und auch Ökonomie kommt eher indirekt vor. Es sieht so aus,

als würde eine Veränderung insbesondere von der Lebenswelt her erwartet: eine sanfte Revolution, die Wissenschaft ... als potentiellen Partner begreift. Dies und der Umstand, daß das Angemahnte ernsthaft und wahrhaftig vorgetragen wird, sichern die Autoren vor dem ... Verdacht, sie wollen einen Gefühlsbrei anrühren und gegen die so genannten harten Tatsachen mobilisieren. Ich sehe keine Larmoyanz, wohl aber vieles, was bei Akteuren und bei Beobachtern Nachdenken anregen kann und soll. (Förtsch, 'Literatur als Wissenschaftskritik', Auszüge)

(a) Beschreiben Sie Menzels Weg nach oben. Stimmt es, daß bei ihm Wissenschaft lediglich 'austauschbares Mittel zum Zweck der Karrieresicherung' ist?

(b) Wie funktioniert dieses Gruppenverhalten während Menzels Geburtstagsfeier? Wird hier etwa zwischen Wissenschaftlern, Politikern und Medienstars differenziert?

(c) Gibt es Anzeichen von 'Gruppenbildung' im ZIHH, von 'Scharlatanerie' oder 'Ideenklau' in Menzels Arbeitsweise? Trifft diese Kritik im allgemeinen hier zu? Wäre es möglich gewesen, die Auseinandersetzung über Schwedenow auf einer rein wissenschaftlichen Ebene durchzuführen?

(d) Betrachtet de Bruyn Wissenschaft als potentiellen Partner des einfachen Bürgers der DDR? Kann eine heutige Gesellschaft ohne eine wissenschaftliche Elite überhaupt funktionieren?

'Märkische Forschungen' im Spiegel der Kritik

[5] Ich finde es einleuchtend, daß ... Menzel zur Selbstkritik nicht fähig ist: für fraglich halte ich es, daß Meinungsstreit und Kritik als Korrektive nicht wirken zu können scheinen. Und weiter: Ist − betrachtet man den Schluß von de Bruyns Erzählung − der Verfechter der Wahrheit eher als einzelgängerischer Sonderling denn als geachteter Mann im Wissenschaftsbetrieb (oder einem anderen Betrieb) denkbar? Andere Bücher geben andere Antworten. Da gibt es Romanfiguren, die befällt ebenfalls eine Art, wenn es erlaubt ist, sie so zu nennen, 'Menzelscher Krankheit'. Mancher kommt durch sie durch, überwindet sie. So schließen die verschiedenen literarischen Antworten teils einander aus, teils ergänzen sie sich.

Daß innerhalb der Wechselbeziehungen zwischen dem Charakter und den Umständen die Möglichkeit aufgedeckt wird, die Menzel gehabt hätte, einen anderen Weg zu gehen, das gehört für mich zum Realismus dieser Erzählung. Ich sage das antithetisch gegenüber Deutungen, denen zufolge der Realismus des Buches darin liege, daß Menzel die Oberhand behalte.

150

Ich bin geneigt, solche Deutung eher wie den Untertitel der Erzählung ironisch aufzufassen. Denn die 'Oberhand' behält er doch nur äußerlich. Die Möglichkeit für Menzel, besser zu werden, wird nicht besonders stark ins Blickfeld gerückt, aber sie ist im Text wie im Leben da. Daraus erwächst die auch gesellschaftliche Verurteilung Menzelscher Haltung. (Höpcke, *Probe für das Leben*, 55–6)

(a) Was spricht dafür, daß diese Bemerkungen als 'offizielle' Bewertung der Erzählung zu betrachten sind? (Klaus Höpcke war zu diesem Zeitpunkt stellvertretender Kulturminister der DDR, für Literaturpolitik zuständig.)

(b) Wie versteht Höpcke den Begriff Realismus?

(c) Finden Sie es ermutigend, daß sich der 'Bücherminister' bereit zeigt, ein politisch unbequemes Buch auf diese Weise zu verteidigen?

(d) Ist Menzel so besserungsfähig, wie Höpcke meint?

[6] *Ein offener Brief an Günter de Bruyn*

Was mich ... so stört, so unbefriedigt läßt, ist Ihr Schluß, der ja gar kein Schluß, sondern nur ein klägliches Ende des Lehrers in einer bizarren Suche nach einem Stein des Unweisen im Walde ist. Damit machen Sie sich über einen von Ihnen so liebenswert gezeichneten echten kleinen Wissenschaftler unlustig. Ja mehr: Alles, was uns so an dem kleinen Lehrer bewegte, erweist sich als falsch, wir sind auf jemanden hereingefallen, der nur eine Macke hat. Entweder haben Sie uns mit dem Lehrer Pötsch überhaupt oder mit seinem Ende hereingelegt.

Wenn Sie das wollten, haben Sie das natürlich sehr, sehr geschickt gemacht, wie Sie ja überhaupt ein wirklich guter Schriftsteller sind – aber es ist nicht fair von Ihnen.

Sie werden fragen, warum Sie fair zu uns, insbesondere zu uns Wissenschaftlern sein sollen. Und diese Frage ist durchaus berechtigt. Aber wenn Sie nicht fair sein wollen, dann verhalten Sie sich doch wenigstens so uns gegenüber, daß wir ein anderes Verhalten zu einer so liebenswert von Ihnen gezeichneten Gestalt wie des Lehrers Pötsch haben können als ein bedauerndes Achselzucken. Dadurch setzen Sie den Wert Ihrer ganzen Erzählung herab. (Kuczynski, *Sinn und Form*, No 4, 1979, 914)

(a) Jürgen Kuczynski äußert seine Meinung hier ausdrücklich als (international respektierter) DDR-Wissenschaftler und akzeptiert, daß es in der DDR 'vielleicht gar nicht so wenige' Wissenschaftler wie Menzel gibt. Finden Sie aber seinen Protest über das fehlende Happy-End berechtigt?

(b) Sind Sie mit Kuczynskis Beschreibung von Pötsch einverstanden? Kommentieren Sie das Wortspiel über den 'Stein des Unweisen' und Ausdrücke wie 'kleiner Lehrer' und 'liebenswert ... gezeichnet'.

[7] Eine Hilfe für die Phantasie des Erzählers und des Lesers ... [ist] die Erfindung einer kunstreich in die Historie eingefädelten Figur, die so täuschend echt mit Wirklichkeit ausgestattet ist, daß sie sich aus dem Geflecht von Ort, Zeit und Geschichte nicht mehr herauslösen läßt. Nur ist das immer ein Weg in die Vergangenheit, und Zufall kann es nicht sein, daß in der DDR- Literatur dieser Weg immer häufiger eingeschlagen wird. Man wird den Verdacht nicht los, daß immer mehr Schriftsteller ihren Stoff nicht wählen, sondern sich in ihn flüchten. Allzuoft klammert man sich an Dichterbiographien oder historische Schauplätze – im Fall von Günther [sic] de Bruyns Novelle gewiß einmal zuviel ...

Man kann das Buch gleich wieder vergessen. Es ist zu brav und zu bieder, der Autor verschenkt alle Pointen. Verglichen mit dem dünnen Sud dieser sich in die Verstellung rettenden Literatur verdienten Sophie Höchstätter oder Louise von Francois, bemühte Verfasserinnen romantisch-historisierender, einkleidend- illustrierender Novellen [im 19. Jahrhundert] umfangreiche Gesamtausgaben, denn sie verstanden doch noch etwas von Spannung, Effekt und Dramaturgie, die einem Autor offenbar vergehen, wenn ihm die Zensur über die Schulter sieht. Hier ist alles öde und trocken wie der märkische Sand. (Gregor-Dellin, *FAZ*, 19.5.79)

(a) Finden Sie diesen Vorwurf 'Flucht von der Gegenwart' überhaupt berechtigt?

(b) Gibt es Stellen in der Erzählung, wo Ihres Erachtens diese angebliche Angst vor der Zensur sich erkennen ließe?

(c) Inwiefern hat de Bruyn doch gezeigt, daß er etwas von 'Spannung, Effekt und Dramaturgie' versteht? Oder gelingt es ihm beim Erzählen, das Interesse des Lesers auf andere Art und Weise zu gewinnen?

[8] Als schönes Beispiel einer fruchtbaren Kooperation zwischen einem (offiziell) hochangesehenen Gelehrten und einem der vielen überall in seinem Lande tätigen Laienforscher hätte der DDR-Autor Günter de Bruyn seine 'Erzählung für die Freunde der Literaturgeschichte' inszenieren können. Stattdessen hat er eine ebenso unterhaltsame wie bitterböse Satire vorgelegt, hat ein scheinbar harmlos-entlegenes Sujet so ins Licht gedreht, daß all seine Aspekte sichtbar werden und zusammengenommen ein Bild jener Welt ergeben, an deren Peripherie diese Geschichte scheinbar angesiedelt ist – eine literarische Leistung, der man einigen Seltenheitswert zusprechen darf ...

De Bruyn ... wagt sich ans 'Allerheiligste'. Er ketzert gegen das Dogma der Identität von Wahrheit und Parteilichkeit, zeigt auf den offiziell geleugneten aber dennoch nachweisbar vorhandenen Gegensatz zwischen dem 'ideologisch Richtigen' und dem objektiv Zutreffenden. Gäbe es den nicht, so wäre seine Erzählung nicht möglich. De Bruyn exemplifiziert ihn, indem er ihn personalisiert – und zwar so, daß beim Leser nicht der Eindruck entstehen kann, Menzel und Pötsch seien bloß Demonstrationsfiguren eines Lehrstücks. Sie sind 'lebensechte' Individuen. Das aber macht die Sache, ideologisch gesehen, nur noch brisanter. Denn Menzel, der Vertreter des 'richtigen' Standpunkts, der mächtige Günstling der Mächtigen, hat ganz und gar nichts von einem 'positiven Helden'. Er ist eitler Opportunist, süchtig nach dem Beifall derer, die gleich ihm zu [der] den Massen entfremdeten Neuen Klasse gehören ... Pötsch dagegen, ein wahrer Parsifal, ist eine grundehrliche Haut und so weltfremd – in der Menzelwelt fremd –, daß man sich doch ein bißchen wundern muß, wie er in der DDR, und sei's auch in der tiefsten Provinz, als Lehrer tätig sein kann. (Werth, *Süddeutsche Zeitung*, 23./24.5.79)

(a) Fassen Sie zusammen, wie de Bruyn in seiner Erzählung Klischees des sozialistischen Realismus bloßgelegt hat.

(b) Finden Sie den Text so ketzerisch, wie Werth meint?

(c) Warum wundert sich der Rezensent über die Weltfremdheit des Lehrers Pötsch? Wer war Parsifal? Trifft der Vergleich zu?

Der Streit um das Kulturerbe

[9] Die vorliegende Arbeit setzt sich das Ziel, diesen Mißstand beheben zu helfen [daß Jean Pauls heroische Romane nicht mehr gelesen werden], überzeugt, daß er als Dauerschwund an Kultursubstanz wie als Indiz mangelnden progressiven Bewußtseins gleich beklagenswert ist. Sie möchte den zu Unrecht, wenn auch keineswegs zufällig, in Vergessenheit geratenen drei Romanen aufs neue die Geltung erkämpfen, die ihnen zukommt ... Jean Paul – so soll dem Leser von heute zur Evidenz gebracht werden – hat für das Bildungsideal des harmonisch entwickelten Menschen, anders als Goethe und Schiller, ja in betontem Gegensatz zu ihnen, eine primär *politische Verwirklichung* gesucht und hat diese schließlich gestalterisch ausprägen können, weil sein Demokratismus, inspiriert durch den Sturm auf die Bastille, ihn ... Utopien revolutionärer Überwindung der deutschen Misere entwerfen ließ, die den gehaltvollsten Teil seiner Lebensleistung zum noch unabgegoltenen Geisteserbe der Linken machen. Daß die deutschsprachige Linke sich dessen bewußt werde, daß sie den um die Wende vom 18. zum 19. Jahrhundert überragendsten Vorkämpfer ihrer Bestrebungen wiederentdecke – darauf kommt es an, das ist der

Zweck, auf den das vorliegende Buch hinauswill, wenn es Jean Pauls heroische Romane als das relevanteste künstlerische Echo wertet, das die Französische Revolution, noch bevor ihr Vermächtnis von den Armeen Napoleons über den Rhein getragen wurde, im deutschen Sprachraum zu antwortender Resonanz brachte. (Harich, *Jean Pauls Revolutionsdichtung*, 7–8)

(a) Vergleichen Sie diese Einleitung mit dem Bericht über Menzels Radio-Interview (Kapitel 2). Inwiefern hat de Bruyn sie zur Grundlage einer Parodie gemacht?

(b) Wie ist der Begriff 'die deutsche Misere' zu verstehen?

[10] Da ist Jean Pauls Verhältnis zur Französischen Revolution. Bis zum Sturz der Girondisten [1793] steht er ihr positiv gegenüber, dann schweigt er sich aus, um sich vier Jahre später vom jakobinistischen Terror zu distanzieren. Von der Revolution insgesamt distanziert er sich öffentlich nie ... Und so entstehen dann in diesen Jahren der Revolution die beiden Romane, die die Jahre eigner Entstehung darstellen. Revolutionsjahre, aber in Deutschland, das keine Revolution hervorbringt, nur Hoffnung darauf, die sich im Roman verkörpert in Idealgestalten, die Revolution vorzubereiten bereit sind ...
Revolutionärem Aktivismus leisten also die Skrupel des Moralisten Jean Paul Widerstand. Das bleibt so bis in die Zeiten der Restauration hinein, in denen er, bei aller Sympathie für die rebellischen Studenten, die Tat des Kotzebue-Mörders Sand [1819] verurteilt. Klar ist nur, daß es anders werden muß in Deutschland, ob aber durch Umsturz oder Reform, bleibt für ihn problematisch ... So wie in seinem politischen Denken zwischen den Polen Revolution und Reform eine Spannung besteht, ist auch sonst ein Dualismus in ihm wirksam, der sein Leben und Werk so uneinheitlich und so interessant macht. Engagement und Innerlichkeit, Weite und Enge, Scherz und Ernst, Gefühlsüberschwang und Nüchternheit liegen dicht beieinander. (De Bruyn, *Das Leben des Jean Paul*, 113–14, 116–17)

(a) Dient also der dualistische Moralist Jean Paul dem Erzähler de Bruyn als Vorbild?

(b) Wo liegt aus de Bruyns Sicht der Grundunterschied zwischen Jean Paul und dem fiktiven Schwedenow?

[11] Von Beeskow nach Kossenblatt sind noch anderthalb Meilen [etwa 11 Km]. Ein leichter Wagen nahm mich auf, und in brennender Sonnenhitze machte ich den Weg. Die Landschaft ist trostlos, und die Dörfer sind arm. Überall mahlender Sand und Kiefernheide, dazwischen Brach- und Fruchtfelder, die letzteren so kümmerlich, daß man glaubt die Halme zählen zu können. Auf Meilen hin eine reizlose Öde. Und doch hat der märkische Sand auch seinen Zauber. Ich werde des Wellenterrains zwischen Biesenthal und Prenden nicht leicht vergessen: in den Taleinschnitten ein Wassertümpel und Binsengestrüpp; auf der Höhe hüben und drüben eine Fichte, ein Kiefernbusch; der Boden gelb, der Himmel grau und am Wege ein Stein, ein verwehter Tannenapfel; über dem allen aber nichts Lautes und Lebendiges als eine Krähe und die Schläge der Biesenthaler Turmuhr, die beide langsam über die Öde hinziehen. Wer solchem Bilde begegnet, der hat die Poesie des märkischen Sandes kennengelernt. (Fontane, *Die schönsten Wanderungen*, 90)

(a) Diese Gegend um Kossenblatt (das fiktive Liepros) wurde von de Bruyn als Schauplatz seiner Erzählung gewählt. Inwiefern ist in den Schilderungen dieser Landschaft in der Erzählung etwas von diesem 'Zauber', dieser 'Poesie', noch zu entdecken?

(b) Ist diese Gegend, wie sie in der Erzählung beschrieben wird, durch die sozialistische Umgestaltung der DDR wesentlich verändert worden? Wenn ja, zum Guten oder zum Schlechten?

[12] Das Verständnis für [den märkischen Dichter Schmidt von Werneuchen (1764–1838)] ist ... heute auch größer denn je: Weil die Städte größer, hektischer und ungesunder, die Reservate 'nackter ländlicher Natur' kleiner geworden sind und immer mehr Städter den Traum einer Stadtflucht träumen – ohne ihn Wirklichkeit werden lassen zu wollen oder zu können. Aber für Menschen, die Grund haben, sich vor den Folgen des technischen Fortschritts zu fürchten, hat solch ein Traum einen seelischen Wert in sich selbst. Er muß nicht unbedingt realisierbar sein, aber als Möglichkeit schön und genau. Schmidt von Werneuchens kindlich-heitere, unreale-heile Landwelt, die aus vielen konkreten Dingen zusammengesetzt ist, scheint in diesen Traum gut zu passen ... Schmidts glückbringendes Land-Paradies gibt es nicht und hat es auch zu seiner Zeit nicht gegeben, aber es gab und gibt die Sehnsucht danach – die niemand heute sich so unbefangen auszusprechen erlaubt, wie er es tat: so ohne Rücksicht auf tiefere Problematik. (De Bruyn, *Lesefreuden*, 69)

(a) De Bruyns Landwelt hat sicher ähnliche heitere Züge, aber würden Sie sie auch als 'unreal-heil' beschreiben?

(b) Wie werden in seiner Erzählung die Beziehungen zwischen Städtern und Landbewohnern dargestellt?

Ein Gegner der Frauenemanzipation?

[13] Wenn man Frauen, die mit beiden Beinen im Leben stehen, also im Beruf wie in der Familie Vorbildliches leisten, fragt, wie sie denn beides unter einen Hut bringen, dann erwähnen sie ... stets diese Quelle ihrer Kraft und ihres Selbstvertrauens: die vielseitige materielle und ideelle Unterstützung durch den Staat und die Gesellschaft sowie das Verständnis und die Hilfe des Mannes, der Familie und des Arbeitskollektivs.

Besonders waren es die auf der Grundlage des großen sozialpolitischen Programms des VIII Parteitages der SED 1971 in den letzten vier Jahren gefaßten gemeinsamen Beschlüsse der Partei der Arbeiterklasse, der Regierung der DDR und der Gewerkschaften, die zur bedeutenden Verbesserung des Lebens werktätiger Frauen und Mütter, junger Ehen und kinderreicher Familien geführt haben ... Sozialistische Familienpolitik orientiert darauf, allseitige objektive materielle und ideologische Bedingungen zu schaffen, die für die Entwicklung harmonischer Lebensumstände in Ehe und Familie von den Bürgern genutzt werden können. (*Die Frau im Sozialismus: Informationen, Fakten, Zahlen über die Gleichberechtigung in der DDR*, hrsg. Panorama DDR, Berlin, 1976, 36)

(a) Glauben Sie, daß die Frauenemanzipation durch staatliche Maßnahmen dieser Art gefördert werden kann? Begründen Sie Ihre Antwort.

(b) Wie verträgt sich diese Aussage mit der Wirklichkeit bei Elke?

(c) Was ist der Unterschied zwischen Elkes Behauptung, daß sie 'mit beiden Beinen auf der Erde' steht (Kapitel 7), und dem Hinweis hier auf Frauen, die 'mit beiden Beinen im Leben' stehen?

[14] Elke ist ihrem Mann Hausfrau, Mutter der Kinder, Zuhörerin, so etwas wie selbstverständliches Inventar. Von Partnerbeziehung kann nicht die Rede sein. Alle emanzipierten Frauen (und Männer) werden de Bruyn Übertreibung, Karikatur oder Schlimmeres vorwerfen, wenn sie etwa die Szene lesen, in der Pötsch nach der Begegnung mit Menzel seiner Frau mit kühnem Schwung Wonnen der Schreib-Planung, die Umrisse künftiger Forschung und ehrgeizige wissenschaftliche Ziele schildert – und dabei

156

spült Elke das Geschirr, holt ihm einen trockenen Pullover, trocknet ab, wischt den Fußboden. Einfühlende, völlige Identifikation mit Pötsch wird durch Szenen wie diese verhindert. Alle seine Liebe verbraucht er für Schwedenow, für Elke fällt nicht einmal ein Rest ab. Eheliche Intimität ist durch fast geschlechtsloses Nebeneinander ersetzt. (Hirdina, *Günter de Bruyn*, 74)

(a) Sehen Sie in dieser Szene eine Polemik gegen die Emanzipation der Frau? Wenn nicht, wie ist Elkes Haltung sonst zu verstehen?

(b) Wie erklären Sie Elkes plötzliche Entwicklung von diesem Kapitel an?

[15] Gute Familien sind eine schlechte Vorbereitung auf das Leben, dachte Elke Pötsch, geborene Schwedenow, manchmal. Sie war in einer sechsköpfigen, in bemerkenswerter Eintracht lebenden Familie groß geworden, hatte sich lange ein erfülltes Leben nur wie das ihrer Mutter vorstellen können und deshalb die glückliche Lebensform ihrer Kindheit auch an ihre Kinder weitergeben wollen. Während der Studien- und der ersten Berufsjahre war der Wunsch, einer Groß-Familie vorzustehen, zu einer jener quälenden Sehnsüchte geworden, die man nur los wird, indem man ihnen nachgibt. Der Tod des Schwiegervaters und Schwager Fritzens Scheidung hatten die günstige Gelegenheit geboten. Aus beengten Untermieterverhältnissen waren sie in Pötschs großes Elternhaus gezogen ... Um das in Ordnung zu halten, ... hätten auch drei Personen von Elkes Tüchtigkeit zu tun gehabt. Sie war aber allein damit, denn ihr Mann und sein Bruder fühlten sich durch Berufsarbeit von Haus- und Hofverpflichtungen befreit, und Omamas Mithilfe erschöpfte sich darin, die Schwiegertochter auf alle vernachlässigten Arbeitsbereiche aufmerksam zu machen. So kam es, daß Elkes Wunsch, bald nachdem er erfüllt war, einen neuen gebar, den nämlich, die Folgen des ersten wieder rückgängig zu machen.

Aus diesem Grunde verlangte Pötschs Frage bei seiner spätabendlichen Heimkehr keine Antwort: sie hatte die Befragte schon oft dadurch gegeben, daß sie die Frage gestellt hatte. Wollen wir nicht nach Berlin oder sonstwohin ziehen? war *ihre Frage* ...

[Sie] registrierte überrascht eine Lösung ihrer inneren Verkrampfung, die es ihr seit langem unmöglich gemacht hatte, mit ihrem Mann über das zu reden, was in ihr vorging. Seit ihrem letzten Versuch, einen Umzug nach Berlin oder sonstwohin zu erörtern, war mindestens ein Jahr vergangen, das ihr vielleicht nur deshalb so besonders elend erschien, weil sie in ihm die Fähigkeit verloren hatte, ihre Klagen zu äußern ...

Es war so, daß Elkes Leiden sich auch im Schlafzimmer ausgewirkt hatten. Selbsthaß, weil sie den Umständen, die sie sich aufgeladen hatte, nicht gewachsen war, Haß auf den Mann auch, der, selbstzufrieden seinen

Liebhabereien lebend, ihr Unglück wahrzunehmen sich geweigert hatte, waren langsam in ihr zur Frigidität versteinert ...

Und dann kam diese Nacht mit Alpenveilchen und mit Hoffnung. (*Neue Deutsche Literatur* 24, No. 9, 1976, 94–5, 98)

(a) Vergleichen Sie diese frühere Fassung des siebten Kapitels mit der endgültigen Version. Auf welche Weise hat de Bruyn seinen Text geändert?

(b) Inwiefern ist Elkes Haltung in dieser Fassung – vom Standpunkt der Frauenemanzipation – psychologisch verständlicher? Finden Sie de Bruyns Sprache hier entsprechend analytischer? Suchen Sie sich einige Beispiele aus.

(c) Warum hat de Bruyn Ihres Erachtens Elkes Probleme später heruntergespielt? Wäre die Erzählung vielleicht zu tragisch geworden, wenn Pötsch am Schluß ganz isoliert gestanden wäre? Ist ihre Rolle als Sozialkritikerin in bezug auf Menzels Welt letzten Endes wichtiger im Gefüge der Erzählung als ihre Selbstverwirklichung?

Select bibliography

1 Previous editions of *Märkische Forschungen*

- *Neue Deutsche Literatur* 24, No. 9 (1976), 74–99 (Chapters 1–7 in an earlier draft)
- Mitteldeutscher Verlag, Halle-Leipzig, 1978 (currently in its sixth edition)
- S. Fischer Verlag, Frankfurt/Main, 1979 (reprinted as Fischer Taschenbuch 5059 in 1981)
- Aufbau Verlag, Berlin and Weimar, 1982 (bb-taschenbuch 488, together with de Bruyn's *Preisverleihung*)
- DEFA film version, directed by Roland Gräf, released 1982 (available from Goethe-Institut in UK)

2 Other related work of de Bruyn's

- 'Zur Entstehung einer Erzählung' (1980 lecture, reprinted in the two recent collections of his work *Frauendienst: Erzählungen und Aufsätze*, Halle-Leipzig, 1986, 172–84, and *Lesefreuden: Über Bücher und Menschen*, Frankfurt/Main, 1986, 316–32, as well as in Hirdina, *Günter de Bruyn*, 143–52)
- *Das Leben des Jean Paul Friedrich Richter*, Frankfurt/Main, 1978 (Fischer Taschenbuch 2130)
- 'Taten und Tugenden: *Dya-Na-Sore*, Meyern und Arno Schmidt' (1978), in *Lesefreuden*, 72–108
- 'Zum Beispiel Kossenblatt', afterword to Theodor Fontane, *Die schönsten Wanderungen durch die Mark Brandenburg*, ed. G. de Bruyn, Berlin, 1988, 247–72

3 Reception of *Märkische Forschungen*: some examples

(a) in the GDR

Karin Hirdina, *Sinn und Form* 31, No. 4 (1979), 914–19

Klaus Höpcke, *Probe für das Leben: Literatur in einem Leseland*, Halle-Leipzig, 1982, 53–6

Jürgen Kuczynski, *Sinn und Form* 31, No. 4 (1979), 912–14

Bernd Leistner, *Weimarer Beiträge* 26, No. 3 (1980), 135–42

Sigrid Töpelmann, *Neue Deutsche Literatur* 27, No. 6 (1979), 156–60

(b) in the FRG and Switzerland

Jürgen Beckelmann, *Stuttgarter Zeitung*, 27.9.1980

Karl Fehr, *Neue Zürcher Zeitung*, 28.6.1979

Martin Gregor-Dellin, *Frankfurter Allgemeine Zeitung*, 19.5. 1979

Manfred Jäger, *Deutsches Allgemeines Sonntagsblatt*, 15.4.1979

Nikolaus Marggraf, *Frankfurter Rundschau*, 12.5.1979

Wolfgang Werth, *Süddeutsche Zeitung*, 23/24.5.1979
Sibylle Wirsing, *Frankfurter Allgemeine Zeitung*, 9.10.1979

4 General studies of Günter de Bruyn and GDR literature

Wolfgang Emmerich, *Kleine Literaturgeschichte der DDR*, Darmstadt and Neuwied, 1981 (expanded edition 1989)

Eckart Förtsch, 'Literatur als Wissenschaftskritik', in *Lebensbedingungen in der DDR* (Edition Deutschlandarchiv), Cologne, 1984, 157–68

Karin Hirdina, *Günter de Bruyn* (Schriftsteller der Gegenwart, Vol. 18), Berlin, 1983

Hannes Krauss, 'Alltagsdarstellungen in neueren DDR-Romanen', in *GDR: Individual and Society*, ed. Ingrid K. J. Williams, London, 1987, 45–55

Werner Liersch, 'Der Moralist und die Wirklichkeit', afterword to his edited volume *Im Querschnitt: Günter de Bruyn*, Halle-Leipzig, 1979, 401–20

Dennis Tate, *The East German Novel: Identity, Community, Continuity*, Bath and New York, 1984

– 'The Socialist Metropolis? Images of East Berlin in the Literature of the GDR', in *Berlin: Literary Images of a City*, ed. Derek Glass, Dietmar Rösler and John J. White, Berlin, 1989, 146–61

Marieluise de Waijer-Wilke, 'Gespräch mit Günter de Bruyn', in *Deutsche Bücher* 17, No 3 (1987), 165–78

Ian Wallace, 'Teacher or Partner? The Role of the Writer in the GDR', in *The Writer and Society in the GDR*, ed. I. Wallace, Tayport, 1984, 9–20

A. R. Wightman, 'A Socialist "Ehebruchsroman": Günter de Bruyn's *Buridans Esel*', in *New German Studies* 13, No. 2 (1985), 71–94

Christa Wolf, 'Laudatio auf Günter de Bruyn', in *Hirdina*, 153–8

5 The Kulturerbe debate

Hans-Jürgen Geerdts (ed.), *Deutsche Literaturgeschichte in einem Band*, Berlin, 1968 (an example of the simplified GDR view of its heritage)

Wolfgang Harich, *Jean Pauls Revolutionsdichtung: Versuch einer neuen Deutung seiner heroischen Romane*, Reinbek, 1974

Hans-Wolf Jäger, 'Trägt Rotkäppchen eine Jakobiner-Mütze?: Über mutmaßliche Konnotate bei Tieck und Grimm', in *Literatursoziologie*, ed. J Bark, Vol. 2, Stuttgart, 1974, 159–80

James Knowlton, '*Erbe* and its Vicissitudes: Günter de Bruyn's Re-examination of Jean Paul', in *Studies in GDR Culture and Society*, ed. Margy Gerber *et al.*, Vol. 4, Lanham and New York, 1984, 213–25

Bernd Leistner, *Unruhe um einen Klassiker: Zum Goethe-Bezug in der neueren DDR-Literatur*, Halle-Leipzig, 1978

Georg Lukács, *Skizze einer Geschichte der neueren deutschen Literatur*, Darmstadt and Neuwied, 1975

Hans Ritz, *Die Geschichte vom Rotkäppchen: Ursprünge, Analysen, Parodien eines Märchens*, Munich, 1985

Dennis Tate, 'Max Schwedenow, the identikit Romantic? Günter de Bruyn's *Märkische Forschungen*', in *Neue Ansichten: The Reception of Romanticism in the Literature of the GDR*, ed. H. Gaskill and K. McPherson, Amsterdam, 1990

Jack Zipes, *The Trials and Tribulations of Little Red Riding Hood: Versions of the Tale in Sociocultural Context*, London, 1983

6 Studies of GDR politics and society

Hendrik Bussiek, *Die real existierende DDR: Neue Notizen aus der unbekannten deutschen Republik*, Frankfurt/Main, 1984

David Childs (ed.), *Honecker's Germany*, London, 1985

Mike Dennis, *German Democratic Republic: Politics, Economics and Society*, London, 1988

Dieter Staritz, *Geschichte der DDR 1949–1985*, Frankfurt/Main, 1985

Jonathan Steele, *Socialism with a German Face: The State that came in from the Cold*, London, 1977

Vocabulary

ab.drücken, jdm das Herz –
    to cause heartache
ab.fangen, i, a to intercept
ab.flauen to ease off
der Abflußgraben, -ä drainage ditch
die Abgeschiedenheit seclusion
die Abgeschlossenheit privacy
    abgestanden stale
die Abhandlung treatise
sich ab.mühen (mit) to struggle
die Abrechnung settling the score
der Abriß demolition
    Abschiedshöflichkeiten (pl)
    polite goodbyes
ab.schließen, o, o to finish
die Abschweifung digression
    ab.sehen, a, e (von) to
    disregard
ab.sperren to close off
sich ab.strampeln (coll) to sweat
    one's guts out
ab.wehren to parry
der Abzug flue
eine Ader haben (für) to have
    feelings for
die Akribie meticulousness
    Allüren (pl) pretensions
das Alpenveilchen cyclamen
das alte Recht Roman Law
    Altertümer (pl) antiquities
    amusisch culturally illiterate
sich an.bahnen to develop
    anbei enclosed
    an.bringen, a, a to express
    anderweitig elsewhere
das Aneinanderschlagen impact
    against one another
der angeborene Name real name
    angebracht advisable
    angelegt implanted
    angestaut bottled up
    an.kommen, a, o (bei) to be
    understood

an.kündigen to announce
Anlaß (m) bieten, o, o (zu) to
    give cause for
an.laufen, ie, a to begin
das Anliegen aim
sich an.maßen to presume
an.rauchen to light up
die Anrede greeting ('Dear X')
an.regen to stimulate
an.schwellen, o, o to swell
an.sehen, a, e, es jdm – to tell
    by looking at sb
an.setzen to start off
an.stimmen to give the keynote
die Anstandsfrist polite interval
    (between conversations)
an.stoßen, ie, o to touch
    glasses
Anstoß (m) nehmen, a, o (an)
    to take offence at
der Anteil, seinen – leisten to do
    one's bit
    Antiquitäten (pl) antiques
der Antrag, einen – stellen to
    make an application
sich an.verloben to become engaged
die Archivierung placing in an
    archive
der Äther ether, air
das Atomtod nuclear death
zum Aufbruch (m) drängen to insist
    on leaving
    aufdringlich wirken to appear
    pushy
    aufeinander.schichten to stack
    up
    auf.fassen to interpret
    auf.geben, a, e, jdm ein
    Rätsel – to pose a dilemma
    auf.gehen, i, a (in) to merge
    with
    Aufguß, der zweite – (coll)
    rehash

die **Aufhebung der Tafel** formal end of meal

auf.nehmen, a, o, es – **mit jdm** to confront sb

sich **auf.raffen (zu)** to recover sufficiently to manage sth

auf.richten, sich sitzend to sit up

in **aufsteigender Linie** in ascending order

auf.stöhnen to groan loudly

der **Auftrag** instruction, mission

ins **Auge fassen** to focus on

der **Ausbeuter** (capitalist) exploiter

ausdrucksstark forthright

aus.fallen, ie, a, lang – **to** prove lengthy

Ausführungen (pl) remarks

aus.gehen, i, a (von) to radiate

aus.halten, ie. a, es – to linger

der **Ausklang** finale

aus.kommen, a, o (mit) to get by with

aus.kosten to savour

aus.laufen, ie, a (in) to drain into

aus.laden, u, a to unload

sich **aus.malen** to envisage

aus.scheiden, ie, ie to retire

aus.schlagen to refuse

außerdeutsch other than German

der **Aussichtsturm** observation tower

die **Aussöhnung** reconciliation

aus.strahlen to radiate

aus.streichen, i, i to delete

der **Backstein** brick

bahnen, sich einen Weg – to clear a path

bange, mir ist nicht – I'm not afraid

barock in the Baroque style

die **Baugrube** building site

der **Bauschutt** rubble

die **Bautechnik** construction technology

die **Beanstandung** criticism

die **Bearbeitung** manipulation

bedenken, a, a (mit) to award

Bedenken (pl) doubts, misgivings

im **Beeskow-Storkowischen** in the Beeskow-Storkow area

beflissen obsequiously

beflügelt inspired

befördern to deliver

befristen (auf) to limit to

sich **begeben, a, e (in)** to go, enter

begnadet gifted

begriffsstutzig slow on the uptake

begutachten to scrutinise

behalten, ie, a, für sich – to keep to o.s.

Behandlung (f) **erfahren** to receive treatment

beheben, o, o, Sorgen – to calm anxieties

beifällig sympathetic

das **Beisein** presence

die **Beklemmung** oppressive atmosphere

belegen to find evidence for

bemängeln to find fault with

sich **bemühen (nach)** to make one's way to

die **Beratungspause** break between sessions

die **Berechnung, aus** – in a calculating manner

der **Bernhardiner** St Bernard dog

das **Berufsgewissen** professional conscience

die **Berühmtheit** celebrity

beschlagen steamed-up

bescheinigen to confirm

der **Beschluß, -üe** decree

sich **besinnen, a, o (auf)** to recall

der **Besserwisser** (coll) know-all

bestechen, a, o to bribe

bestellen (jdm etw) to pass on (message)

bestellt sein (zu) to have an appointment with

bestimmen to determine, characterise

die **Bestimmung** provision
bestürzt bewildered
betroffen disconcerted
bewahrenswerte Erinnerungen
happy memories
bewegen to concern, move
bewegen, o, o to induce,
persuade
Bewerbungsunterlagen (pl)
application papers
sich **beziehen, o, o (auf)** to refer to
der **Bibliophile, -n** bibliophile,
book-lover
der **Bildreporter** photojournalist
die **Bildunterschrift** caption
billig mean, shabby
der **Blütenstand, -äe** (flower) head
der **Bodenbelag** floor-covering
brachliegend untapped
die **Briefzustellerin** postwoman
der **Brillenbügel** earpiece (of
spectacles)
bringen, a, a, es – (zu) to
progress
der **Brocken, kein leichter –** a hard
nut to crack
brockenweise bit by bit
die **Broschüre** pamphlet
der **Bundesgenosse, -n** ally
der **Burggraben** castle moat

dahin sein to be lost
sich **dehnen (zu)** to broaden into
dekolletiert in a low-cut dress
dekretieren to issue decrees
das **Denkmal, jdm ein – setzen** to
erect a monument to
Denkwürdigkeiten (pl)
memorable aspects
die **Despotie** despotism
die **Detailfreudigkeit** fondness for
detail
die **Deutung** interpretation
dezent discreet
der **Dichterling** third-rate poet
diensteifrig aus.harren to stick
zealously at sth
Dienstwege (pl), **über –**
through official channels

die **Direktion** administration
die **Doppelbödigkeit** ambiguity
der **Doppelbrief** bulky letter
ein **Draht** (m) **nach oben** (coll)
friends in high places
sich **drängeln** to jostle
sich **drängen** to force one's way
drängen, es drängte ihn he was
dying to
drauflos schwatzen (coll) to
start chatting away
der **Dreiklang** chord of three notes
dringen, a, u, zu jdm – to
reach sb
die **Drosselklappe** throttle valve
druckreif ready to print
das **Drumherumgerede** (coll) beating
about the bush
du und du, auf – verkehren to
be close friends
das **Du herausbringen** to address
sb as 'du'
sich **dumm stellen** to feign ignorance
die **dunkle Herkunft** uncertain
origins
der **Dunstkreis** surroundings
durcheinander.geraten, ie, a to
become muddled
durcheinander.reden to talk at
the same time
durchglüht (von) aglow with
durchkämmen to go through
with a fine toothcomb
durch.sagen to communicate

der **Ehrenplatz** place of honour
der **Eigenbrödler** eccentric
das **Eig(e)ne** one's own thing
die **Eilbotensendung** express letter
der **Einband, im – der Zeit** in the
original one-volume edition
der **Einblick** insight, awareness
ein.flechten, o, o to work in
ein.fügen to insert
ein.gehen, i, a (auf) to agree to;
make time for
eingeschrieben registered
ein.gestehen, a, a, sich etw – to
admit sth to o.s.

die Eingeweihten (pl) people in the know

die Einheimischen (pl) locals

sich ein.mischen to join in, intervene

ein.reden (auf jdn) to keep at sb; **sich etw** − to convince o.s.

ein.ritzen to carve

sich ein.schreiben, ie, ie to join up

ein.schrumpfen to shrivel up

der Einsturz, zum − **bringen, a, a** to undermine

ein.tragen, u, a to register

das Einweckglas preserving-jar

die elektroakustische Sprechanlage electro-acoustic inter-com

sich empor.arbeiten to work one's way up

engbeschrieben closely written

entgegen.kommen, a, o to encourage

entgegen.nehmen, a, o to accept

entgegen.sehen, a, e to look forward to

entgegen.setzen to contrast with

entgegen.strecken, jdm die Hand − to reach out towards

die Entgegnung retort

entgehen, i, a, jdm − to escape sbs notice

sich entladen, u, a to vent, release

entlassen to discharge

sich entpuppen (als) to turn out to be

entreißen, i, i to rescue from

das Entsetzen, in komischem − with mock horror

die Entstellung disfigurement

sich entwerfen to envisage

sich entziehen to escape from

das Erbe, die Erbschaft heritage, inheritance

das Erdreich (poet) earth

der Erdwall mound of earth

die Erhebung uprising

Erinnerungen (pl) **nach.hängen, i, a** to live off one's memories

erklimmen, o, o to climb

erliegen, a, e to succumb to

Ermittlungen (pl) **führen** to carry out investigations

die Erstausgabe first edition

der Erwartungsglanz glow of expectation

erwerben, a, o to acquire (by independent effort)

sich erwischen (bei etw) to catch o.s. doing sth

die Erzählart narrative style

der Essig vinegar

die Eßküche kitchen-cum-dining-room

das Eventualgeschenk present held in reserve

der Exkurs excursus, special section

die Extratour extra, luxury

das Fach subject; specialism; compartment

das Fachgespräch specialised discussion

die Fachthematik specialised subject-matter

das fahrtechnische Können driving skill

im Faktischen factually

fallen, ie, a to die in battle; **(in)** to switch to

die Fälschung forgery

der Familienrat family discussion

die Fänge (pl) clutches

Fassung, aus der − **bringen, a, a** to unsettle

fassungslos (vor) overcome with

der FDJler member of the *Freie Deutsche Jugend*

feierlich zumute sein to be in a festive mood

feierliches Hochdeutsch formal (High) German

feiertäglich aus.sehen, a, e to look at one's best

die Feindberührung contact with the enemy

feingemacht in their Sunday best

165

das Feld, im – bleiben, ie, ie to die in battle

der Feldstein (unquarried) stone

der Fernsprechanschluß telephone (connection)

fertig.bringen, a, a to manage

festen Boden gewinnen, a, o to reach solid ground

fest.fügen to position firmly

festgefroren rigidly frozen

die Festmeterzahl volume (of timber)

die Feuerwehraktion exercise in damage-limitation

der Filzhalbstiefel half-length felt boot

den Fingerzeig geben, a, e to provide guidance

floskelhaft conventional

die Fluchtmöglichkeit way of escaping

der Forschungsgegenstand research topic

die Fortschrittsgläubigkeit naive belief in progress

der Fortsetzungsdruck serial edition

Fragen über Fragen (pl) one question after another

der fremde Zugriff outside interference

die Freudenankündigung exciting news

Freundlich-Nebensächliches reden to indulge in friendly small-talk

die Friedhofsruhe deathly calm

fronbäuerlich of the feudal peasantry

der Frondeur dissident

Frondienste (pl) leisten to serve one's lord and master

der Fronvogt overseer

sich fügen to fit into place

die Funktion public office

der Fürstenhof royal court

fußen (auf) to be based on

die Garderobenmarke cloakroom disc

geben, a, e: es jdm – to hit back; **jdm gegeben sein** to be permitted; **sich –** to behave

die Geborgenheit security

die Gedankenfixierung mental fixation

der Gedankenumweg roundabout thought-process

gedenken, a, a to propose; recall

die Gedenktafel commemorative plaque

das Gedrucktwerden having work published

der Gefeierte man in the limelight

im Gefolge in the wake

das geflügelte Wort famous quotation

Gefühlsaufwand (m) treiben, ie, ie to make free with one's feelings

der Gefühlswert sentimental value

der Gegenentwurf antithesis

die geglückte Wendung elegant turn of phrase

die Gehaltsstufe salary scale

Gehetztes, etwas – a hounded look

sich Gehör verschaffen to attract attention

das Geißblatt honeysuckle

die Geißel schwingen, a, u to brandish the whip

die Geistesfreiheit freedom of thought

geistreich witty

geistvoll geraten, ie, a to prove wise

ein Gelächter (n) anstimmen to burst out laughing

gelassen relaxed

die Geldforderung the price demanded

die Gelehrsamkeit scholarship

gemächlich leisurely

der Gemeinderat community council

das Gemüt mood, feelings

166

der Genossenschafts-LKW
agricultural co-operative's
lorry

die gepflegte Tischunterhaltung
sophisticated table-talk

die Geradheit standing upright

die Germanistik German Studies

der Gesamtbestand complete
stock

die Geschichtsschreibung
historiography

die Geschichtswissenschaft (study
of) history

geschiedene Leute sein to have
nothing more to do with one
another

das Geschlecht clan, (noble) family

geschlechtsneutral unspecific
regarding gender

das Getöse din

gewachsen, etw – sein to be
able to cope with sth

das Gewirr von Rinnsalen maze of
rivulets

gewitzigt forewarned

gewunden tortuous

das Gleichmaß symmetry

die Gliederung structure, outline

graben, u, a to dig

der Gratulationsakt offering
congratulations

der Gratulant, -en well-wisher

Greifen, zum – nahe close
enough to touch

das Gremium body

der Griff (nach etw) reaching for
sth

der Grübler reflective person

die Grundmauer foundation wall

grundsätzlich as a matter of
principle

der Gutachter expert

gut bekommen, jdm – to do
s.o. good

der gute Stern lucky star

gut stehen, a, a (mit) to be on
good terms with

gut tun, a, a (daran) to do the
right thing

der Hals, jdm am – hängen, i, a to
embrace

die Hand, hinter vorgehaltener –
secretively

handgreiflich machen to
demonstrate

der Handlungsort setting

hartgesotten hard-boiled

der Hauptauftritt most important
scene

der Hausaltar family altar

der Hefter loose-leaf file

die heimatliche Landschaft native
surroundings

Heimlichkeiten (pl) secrecy

die heitere Stunde happy occasion

heran.lärmen to approach
noisily

heran.radeln to cycle towards

herauf.beschwören, o, o to
conjure up

sich heraus.bilden to become
established

die Herausgabe editing

herausgeputzt (coll) dressed in
her finery

heraus.haben to work out

heraus.platzen (mit) to blurt out

heraus.scharren to dislodge

das Herrenhaus manor house

herüber.schleichen, i, i to sneak
over

hervor.gehen, i, a (aus) to be
clear from

hervor.treten, a, e (aus) to
emerge from

die Heuchelei hypocrisy

Heulen, zum – sein (coll) to be
enough to make you weep

Hieb, jdm einen – versetzen to
have a dig at s.o.

das Hin und Her to-ing and fro-ing

hinauf.drängen to push
upwards

hinaus.komplimentieren to
usher out

hinein.wachsen, u, a (in) to
come to accept

der Hochwald (established) forest

Höheres (n) 'higher things'
den Holzstapel abschreiten, i, i to
    inspect the woodpile
der Hörer earpiece

ihresgleichen people like her
der Informant, -en purveyor of
    information
die Initialzündung first spark
die Innenbeschau self-scrutiny
die Intelligenz intelligentsia

der Jakobiner Jacobin
jammern to complain
der Jubilar birthday-party host
Jungenhaftes (n) a boyish
    quality
der Jüngste Tag Day of Judgment
das Jurastudium study of law

der Kachelverschluß tiled shutter
in Kalbsgröße the size of a calf
Kämmerlein (n), **im stillen** –
    cut off from the real world
der Kampf, jdm den – **an.sagen** to
    declare war on sb
die Kampfschrift political pamphlet
sich kaprizieren (auf) to insist on
keimen to germinate, stir
kenntlich (an) recognisable by
die Kettenreaktion chain-reaction
das Kirchenbuch church register
der Kitsch kitsch, sentimental art
die Kleinigkeitskrämerei fussing
    over trivialities
die Kleinkariertheit small-
    mindedness
die Kleinmalerei detailed portrayal
der Klingelknopf bell-push
die Klischeehaftigkeit stereo-
    typicality
Knack- und Zischlaute (pl)
    crackling and hissing sounds
knöchellang ankle-length
knurrig (coll) grumpy
der Kohleherd (coal-fired) range
kolportieren to spread
das Kombinat (industrial)
    combine

**kommen, a, o, es kommt noch
    besser** (coll) there's more to
    come
die Komplimentenfischerei fishing
    for compliments
der Konjunktiv subjunctive
konsequent rigorously, logically
das Konsum co-op, general store
das Kontor office
die Kontrolldurchsicht checking for
    accuracy
das Konversationslexikon, -a
    encyclopedia
das Konzept line of argument
der Kopf, jdm zu – **steigen, ie, ie**
    to go to s.o.'s head
die Korrektheit formality
Korrektur (f) **lesen** to proof-read
eine Kostbarkeit eigner Art a unique
    kind of treasure
der Krähwinkel backwater
krampfhaft in a strained way
der Krautsee Grassy Lake
der Kreiskalender district register
der Kreisschulrat district schools
    inspector
Kriegswirren (pl) chaos of war
die Kritikfähigkeit critical powers
die Kündigung resignation
kund.geben, a, e to reveal
kunstgeschmiedet made of
    ornamental wrought-iron
der Kunstgriff trick
das kunstwissenschaftliche Wissen
    knowledge of aesthetics
Kußhände (pl) **werfen, a, o** to
    blow kisses

die Labilität weakness
das Labsal refreshment
die Laubdecke layer of leaves
die Laudatio eulogy
lauernd alluringly
die Laus, sich eine – **in den Pelz
    setzen** to create trouble for
    o.s.
die Lautverstärkung amplification
der Lebenslauf career summary
ins Leere into thin air

der **Lehnsherr** feudal lord
die **Lehrbarkeit** teachability
eine **Lehre ziehen, o, o (aus)** to learn
    a lesson from
der **Lehrplan** curriculum
die **Leibeigenschaft** physical
    subservience
die **Leiche** corpse
die **Leiterstufe** rung of step-ladder
der **letzte Beweis** conclusive proof
    letzte Hand an.legen (an) to put
    the finishing touches to
das **Licht, ans – ziehen, o, o** to
    expose
die **lieben Kleinen** dear little ones
das **Liebhabergewerbe** hobby activity
    liegen, a, e (an jdm) to be sb's
    fault
die **Litfaßsäule** advertising column
der **Lobspruch, jdm einen – spenden**
    to sing sb's praises
der **Lokaluniversalismus** universal
    knowledge of local affairs
die **LPG (Landwirtschaftliche**
    Produktionsgenossenschaft)
    collective farm
    lüften to lift the veil on
    luxussüchtig addicted to luxuries

der **Magenkranke** man with
    stomach trouble
der **Märker** inhabitant of the Mark
    Brandenburg
    märkisch in/of the Mark
    Brandenburg
die **Marktlage von Futtermitteln**
    state of the fodder market
die **Marotte** quirk
    maschinenbeschrieben
    typewritten
 in **Maßen und Äußeren** in its
    proportions and appearance
    maßgerecht well-balanced
    massieren to massage
    mauern to mortar
das **Meßtischblatt** Ordnance Survey
    map
die **Miene, gute – machen (zu)** to
    keep one's composure

das **Mienenspiel** facial expressions
    mißachten to disregard
die **Mißheirat** socially unacceptable
    marriage
die **Mißstimmung** discord, friction
    mit.hören to listen in
    mit.klatschen to join in applause
    mit.reden to have a say
der **Mitspieler** member of cast
    mit.schwingen, a, u, ein Ton (m)
    von ... hat mitgeschwungen
    there was an undertone of ...
das **Mitteilungsbedürfnis** need to
    communicate
das **Mittel, mir ist jedes – recht** I
    will stop at nothing
    mitteldeutsch (here =) Saxon
die **Monographie** monograph, study
der **Morast** mire
der **Morgen** acre of land
    muffig musty
der **Mund, jdm den – verbieten, o,**
    o to stop sb talking
    mürrisch morose
sich **Mut (m) an.trinken, a, u** to give
    o.s. Dutch courage

    nach.beten to repeat uncritically
    nach.drucken to reprint
    nachgeborene Leser (pl) future
    generations of readers
    nach.gehen, i, a to yield to
    nachgelassen posthumously
    published
die **Nachkommin** (female)
    descendant
    nach.plappern to repeat parrot-
    fashion
der **Nachrichtendienst** intelligence
    work
der **Nachruf** obituary
das **Nachschlagewerk** reference work
    nach.schütten to put more in
den **Nachweis erbringen, a, a** to
    prove
    nackt stehen, a, a to be empty-
    handed
    näher bezeichnen to identify
    precisely

der Namensvetter namesake
nanu? (coll) what's all this?
der Nasenflügel side of nose
neugotisch neo-Gothic
die Niederung low-lying area
das Niveau halten, ie, a to keep up the standard
der Nörgler (coll) moaner
die Null nonentity

oberflächliches Zeug superficial rubbish
das Ober-Zensur-Kollegium Supreme Censorship Committee
der Obrist a(ußer) D(ienst) retired colonel
der Ordner box-file
die Ordnung, in der – sein to be right and proper
das Organ body, authority; **ein – für etw haben** to have an understanding of sth
die Orientierungshilfe help with directions
die Originalität distinctive feature
der Orkus Orcus, Underworld
Ortsgeschichtliches (n) local historical detail

der Part part (in play)
patent (coll) fantastic
peinlich berühren to embarrass
periodenreich rhetorically balanced
die Pfarre parish (church)
die Pfründe sinecure, cushy job
der Philister philistine
philologisch einwandfrei with impeccable scholarship
das Phlegma apathy
Plaste (f) **und Elaste** (f) plastics and rubber
die Pointe punchline
die Polster (pl) upholstery
der Polyhistor des Vertrauten polymath on local matters
Pommern Pomerania

populärwissenschaftlich aimed at a general audience
die Postamtsvorsteherin postmistress
die Postbotin postwoman
das Prädikat title, rating
prahlen (mit) to boast about
preis.geben, a, e to divulge
der Privatgelehrte, -n independent scholar
die Profilsohle treaded sole
promovieren to write a PhD thesis
promoviert with a PhD

die Quellenlage (bei) the sources available to
die Quere, jdm in die – kommen, a, o to cross sb
der Querulant, -en grumbler

raffen to gather up
die Rampe apron stage
der Rassehund pedigree dog
der Rausch rapture, ecstasy
die Reaktionsfähigkeit speed of response
recht sein, jdm – to be acceptable to sb
die rechte Hand right-hand (wo)man
der Redaktionsbeirat editorial advisory committee
die Redegewandtheit eloquence
der Redeschwall torrent of words
die Redewut frenetic talk
der Referent, -en speaker
das Register index
reiben, ie, ie (an) to rub against
reichen to serve up; **die Hand zum Ehebund –** to give one's hand in matrimony
die Reiherberge (pl) Heron Hills
reißen, i, i (an) to strain against
der Reiz attraction
Repräsentatives (n) something prestigious
das Requisit stage prop
sich richten (nach) to go along with

der **Rittmeister** captain (in cavalry)
der **Romancier** novelist
das **Romangefüge** structure of the
    novel
das **Rückgrat, jdm das — brechen,
    a, o** to break sb's spirit
die **Rührung** emotion
die **Runde** company
    rundweg ab.schlagen, u, a to
      refuse out of hand
    ruppig gruff
die **Rußklappe** (soot) inspection
    flap

der **Sachfehler** error of fact
    sachkundig well-informed
    Sachverwandtes (n) related
      issues
das **Sakrale** sacred (world)
der **Sammelband, das Sammelwerk**
    collection of essays
    sämtlich all, complete
der **Sandboden** sandy soil
    säuerlich sour
die **Schadenfreude** gloating
die **Schatzgräberei** digging for
    treasure
    schauspielerische Leistungen (pl)
      brilliant acting
    scheinobjektiv apparently
      objective
    schelmisch mischievous
der **Schenker** present-giver
sich **scheuen** to hesitate
sich **schieben, o, o** (über) to rise
    above
    schiffbar navigable
das **Schimpfwort** term of abuse
    schlau werden (coll) to get the
      message
    schleifen, i, i to polish
    schlurfen to shuffle
die **Schlußfloskel** usual concluding
    phrase
    schmächtig (coll) weedy
die **Schmeichelei** flattery
die **Schnapsidee** crazy idea
der **Schneebesen** whisk
der **Schönling** pretty boy

die **Schonung** (forest) plantation
    schöpfen (aus) to draw on
    schrägliegend lying across the
      road
der **schreibende Pensionär** pensioner
    who is also a writer
der **Schreibgedanke** idea about what
    to write
der **Schreibsklave** enslaved scribe
der **Schreihals** rowdy
    **Schriftsteller- und Gelehrten-
      lexika** (pl) reference books
      about authors and scholars
die **Schuldigkeit tun, a, a** to do
    one's duty
    Schule (f) machen to start a
      trend
die **Schulspeisung** school meals
    service
die **Schwarte** (coll) tome, opus
    schweben (über) to hold sway
      over
    schweifen (über) to roam,
      wander
der **Schweiß** sweat
die **Schweigepflicht** duty to preserve
    confidentiality
    schwer.fallen, ie, a, jdm — to
      be difficult for sb
die **Schwermut** melancholy
der **Schwerpunktplan** programme of
    priorities
die **schwindende Lust** waning of
    passion
die **Schwüle** sultriness
der **Seelenmechanismus**
    psychological chain-reaction
das **Seelentief** depression
die **Seelenwoge** wave of emotion
das **Seinige tun, a, a** to do one's bit
der **Sekretär** writing-desk
die **Selbstherrschaft** absolute power
die **Selbstverständlichkeit** self-
    assurance
    selig overjoyed
die **Sendereihe** television series
    Seufzer, einen — ausstoßen, ie, o
      to heave a sigh
die **Souveränität** superior attitude

der Spann, einen – breit several inches wide

der Spanndienst service in harness

Spaßiges (n) humorous incidents

das Spitzenjabot lace frill

das Spitzentuch lace handkerchief

der Spitzname nickname

die Sprachlehre grammar lesson

sprachunkundig ignorant of the language

die Sprechmuschel mouthpiece

stachelbewehrt barbed

städtisch-feines Schuhwerk elegant city footwear

Staatsgeschäfte (pl) affairs of state

der Stapel stack

die Stattlichkeit imposing presence

der Staub, in den – ziehen, o, o to drag into the dirt

eine Staubfahne auf.wirbeln to whip up a cloud of dust

stehen, a, a, ihr hätte es gut gestanden she would have been well advised

der Sterberegister register of deaths

das Stichwort keyword

die Stiege narrow staircase

das Stilempfinden sensitivity to style

die Stirnseite end (of table)

sich sträuben (gegen etw) to be reluctant to do sth

strecken, sich nach der Decke – to make ends meet

streifen, mit einem Blick – to glance at

der Streit, einen – aus.tragen, u, a to have a row

Stube, die große – (good) dining room

ein Stück Professor an appendage of the Professor

Sturm (m) **laufen** to get angry

stutzen to stop short

substantiviert made into a noun

sündhaft teuer ridiculously expensive

symbolträchtig laden with symbolism

tags zuvor the previous day

der Talkessel valley basin

das Tanzvergnügen dance

der Tatwille, -n desire to activate

sich täuschen (in) to be mistaken about

das Telefonat phone call

der Tempus, -i tense

die These hypothesis, theory

tiefliegend deep-set

zu Tische bitten, a, e to ask guests to take their places

die Tischgesellschaft dinner guests

tönen to sound; tint

der Torfsee Peat Lake

das Transparent banner (bearing slogan)

traute Eintracht (f) close harmony

das Treckergestänge cab-frame (of tractor)

eine Treppe höher the floor above

Tribut (m) **zollen** to pay tribute to

Trost (m) **saugen (aus)** to draw comfort from

trotzen to withstand

Tücken (pl) hidden dangers

die Type (print) character

übel.nehmen, a, o, jdm etw – to hold it against sb

überein.stimmen to correspond exactly

überfluten to flood

überholt out of date

über.laufen, ie, a to overflow

die Überlastung heavy burden

in Überlebensgröße (f) larger than life

überlegen superior

überschwemmen to inundate

übersehen, a, e to fail to notice

ein übriges tun, a, a to help further

Ufer, über die – (pl) treten, a, e to overflow its banks

um.rühren to stir

umschleichen, i, i to prowl around

umschreibend euphemistically

sich um.sehen, a, e (nach) to look out for

sich um.setzen (in) to be transformed into

die Um- und Voraussicht prudence and foresight

die Unart rude behaviour

unbeaufsichtigt unattended

unbewältigt untamed

uneingeweiht uninitiated

die Uneinsichtigkeit unreasonableness

ungefähr, wie von – as if by accident

ungehobelt unsophisticated

das Unglück, zu allem – to make matters worse

das Ungenügen inadequacy

ungerecht zu.gehen, i, a to be unjust

ungnädig gruffly, impatiently

die Unruhe, in – versetzen to worry

die Unterdrückung suppression

der Untergrundkampf guerrilla campaign

unterlaufen, ie, a, ihm ist ein Fehler – he has made a mistake

die Unterlegenheit inferiority

unterschlagen, u, a to keep quiet about; hold back

die Unterwerfung submission

unüberbietbar unsurpassable

unumschränkt absolute(ly)

Unwesentliches (n) trivial matters

unzurechnungsfähig not responsible for one's own actions

der Urahne forebear

der Ureinwohner (primitive) native

die Ur-Enkelin great-granddaughter

die Urheberin (female) originator, author

die Urkunde document, certificate

das Vaterglück joys of fatherhood

verbauen to use for building

sich verdichten (zu) to deepen into

veredeln to refine

verehelicht by marriage

verfallen, etw – sein to be a slave to sth

der Verfall, im – begriffen becoming delapidated

verfeiern, eine Schicht – to celebrate one's way through a (night-)shift

vergeuden (an) to waste on

vergönnen to grant

verhackstücken to do violence to

sich verhalten, ie, a (zu) to think about; **wie es sich verhält** the actual situation

die Verinnerlichung inner acceptance

verkümmern to wither away

der Verkünder advocate

sich verlaufen, ie, a to lose one's way

Verluste (pl) beklagen to mourn losses

vermehren (um) to augment with

der Vermerk, den – tragen, u, a to be marked

vermißen, nichts – to have no complaints

vermitteln to transmit

die Vermittlung telephone exchange

vernehmbar, -lich audible

der Verriß damning review

das Versäumnis failing; missed opportunity

verschilft overgrown with reeds

verschleudern to squander

verschließen, o, o, sich etw – to turn sth down

verschlissen dogeared, threadbare

verschmähen to scorn

verschonen (mit) to spare

der Verschwörer conspirator

versehen, a, e, etw mit keinem Namen – to do sth without mentioning names

versenken, a, u to scuttle
versetzen (in) to change into;
    place into
sich versichern to reassure o.s.
versiegen to dry up, peter out
sich verständigen to communicate
sich versteigen, ie, ie, zu dem Ausruf
    (m) to go so far as to
    exclaim
verstellen to block, obscure
verstohlen covertly
die Verstörtheit confused state of
    mind
verstreichen, i, i to elapse
verteilen (auf) to spread over
sich vertiefen to become absorbed
die Vertrautheit intimacy
verübeln, jdm etw − to hold
    sth against sb
der Verwaltungs- und Personalchef
    chief administrative and
    personnel officer
Verwandtschaftsverhältnisse (pl)
    questions of kinship
verweisen, ie, ie (auf) to point
    to; an den Rand − to
    relegate to marginal
    importance
sich verziehen, o, o to pass, move
    on; − (zu) to become
    contorted into
der Verzweiflungsausbruch tantrum
verzweigt scattered far and wide
die Volksbewaffnung arming the
    populace
die Volksbildungsgitter (pl) prison-
    bars of the education system
volkstümlich with popular
    appeal
vollführen to execute
voraus.berechnen to work out
    in advance
Vorausgegangenes (n) previous
    points
voraus.schicken, Bemerkungen −
    to make preliminary remarks
voraus.setzen to take for
    granted
vorbei.gehen, i, a (an) to avoid

vorbeten, jdm etw − to talk sb
    into believing sth
vorbildlich exemplary
vor.dringen, a, u to advance
vorehelich pre-marital
vor.führen to show, model
vor.geben, a, e to pretend
vorhin just now
vor.nehmen, a, o, sich etw − to
    undertake, resolve
vorschriftsmäßig correctly
vor.stehen, a, a to be
    responsible for
vorurteilsfrei unprejudiced
vorweg.nehmen, a, o to
    anticipate
das Vorzeigegerät prized possession

der Wahrheitsgehalt truthfulness
der Wälzer (coll) weighty tome
die Wandzeitung news-sheet pinned
    to wall
das Wappen coat-of-arms
die Wärmequelle source of heat
der Wasserspiegel water-level
der Wasserstand water-level
die Wattejacke padded jacket
die Wegwerfkunst throwaway art
weich stimmen, jdn − to soften
    sb up
weichen, i, i to give way to
weiße Flecken (pl) blank spaces
weißgetüncht whitewashed
die Wendigkeit astuteness
die Wertung evaluation
widerfahren, u, a, jdm die Ehre −
    to grant sb the honour
widerlegen to refute
der Widersacher adversary
widerstrebend reluctantly
Widerwillen (m) haben (gegen)
    to be averse to
die Wiedergabe representation
die Wiedergeburt renaissance
willfährig compliant
der Wirtschaftshof des Gutes
    farmyard of the estate
die Wissensfülle wealth of
    knowledge

174

wissenschaftlich academic, scientific

Wissenswertes (n) things worth knowing

das **Wohlergehen** well-being

wohlgelitten well-liked

wohlgesonnen sein, jdm – to be well disposed to sb

der **Wohlklang des Läutwerks** melodious ringing of the bell

wohl.sein, es sich – lassen to relax

Wort, jdm das – abschneiden, i, i; jdm ins – fallen, ie, a to interrupt sb

das **Wortgeplänkel** verbal skirmish

wortkarg perfunctory

mit **wörtlicher Rede her und hin** repeating exactly what each had said

würdigen, jdn einer Antwort – to grant sb an answer

wurzeldurchwachsen criss-crossed with roots

die **Zeitkenntnis** knowledge of the period

die **Zielgruppe** target group

Zitatenhaftes (n) literary quotes

der **Zuarbeiter** underling

Züge (pl) features; control pulls

zugegen sein to be present

das **Zugseil** tow-rope

zugute kommen, a, o, jdm – to be of benefit to sb

zu.legen, sich etw – to adopt sth

sich **zurecht.finden, a, u** to find one's bearings

zurück.nehmen, a, o to abandon

sich **zurück.sehnen** to long to be back

zustimmend in the affirmative, approving(ly)

zu.streben to head for

zu.tragen, u, a to convey

die **Zuversicht** confidence

zuvor.kommen, a, o to anticipate

zu.wenden, a, a to turn towards

zu.winken to wave at

Zweifel (pl) **aufkommen lassen** to allow doubts to arise

eine **Zwischenfrage stellen** to interrupt with a question